Axel Schnorbus/Wolfgang Glabus (Hrsg.)

Strategie für magere Jahre

Axel Schnorbus / Wolfgang Glabus (Hrsg.)

Strategie für magere Jahre

Unternehmensführung in der Krise

EDITION
BLICKBUCH
WIRTSCHAFT

Die Deutsche Bibliothek – CIP-Einheitsaufnahme

Strategie für magere Jahre : Unternehmensführung in der Krise / Axel Schnorbus ;
Wolfgang Glabus (Hrsg.). – 1. Aufl. – Frankfurt am Main : Frankfurter Allgemeine Zeitung,
Verl.– Bereich Wirtschaftsbücher, 1993
ISBN 3-929368-14-5
NE: Schnorbus, Axel [Hrsg.]

Frankfurter Allgemeine Zeitung
Verlagsbereich Wirtschaftsbücher

Verantwortlich Verlagsbereich Wirtschaftsbücher: Helmut Klinge
Gestaltung: F.A.Z.-Grafik

Satz: Fromm Verlagsservice GmbH, Idstein
Druck: Druckwerkstätten Stollberg GmbH, Stollberg
Erste Auflage 1993
ISBN 3-929368-14-5

Vorwort

Wir befinden uns mitten in den mageren Jahren, und die Frage, wie wir aus der Rezession wieder hinausfinden könnten, beschäftigt nicht nur Ökonomen und Prognostiker. Kaum eine Frage stößt in der Öffentlichkeit derzeit auf größeres Interesse, kaum eine dürfte aber auch so viel Verwirrung und Ratlosigkeit auslösen. Die Stimmung innerhalb der Unternehmen ist daher nicht gut. Doch es sind nicht nur Konjunkturschwäche oder überdurchschnittlich hohe Kosten, die die Unternehmen verunsichern. Noch nie war das Vertrauen der Wirtschaft in die Fähigkeit von Politikern und Staat, die drängenden Probleme zu lösen, so gering wie zur Zeit. Auf allen wichtigen Aktionsfeldern verdeutlichen ihre Handlungen die blanke Hilflosigkeit. Sie wirken wie paralysiert, weil sie im Grunde nur vorgeben zu handeln, in Wirklichkeit aber nichts anderes tun, als für ihr Nichtstun die Schuldigen zu suchen. Im Gegensatz zu Politikern müssen Unternehmer aber handeln. Nichtstun wird bestraft. Fehlende Konzepte, falsche Strategien und mangelndes Durchsetzungsvermögen führen unweigerlich zu Verlusten, schwindender Konkurrenzfähigkeit und damit letztlich in den Untergang. Allenthalben wird daher nach Wegen gesucht, sich gegen die Rezession zu wappnen. Krisenzeiten mobilisieren Reserven, stellen an Wissen und Können der Mitarbeiter, an die Persönlichkeit der Führungskräfte besondere Anforderungen.

„Strategie für magere Jahre“ hieß daher auch eine Serie, die im „Blick durch die Wirtschaft“, der von der Frankfurter Allgemeinen Zeitung herausgegebenen börsentäglich erscheinenden Wirtschaftszeitung, veröffentlicht wurde und die jetzt in Buchform vorgelegt wird. 24 Autoren aus der Wirtschaft, den Verbänden und der Wissenschaft geben einen Überblick über moderne Management-Methoden und Führungstechniken. Das Buch will anregen. Es will den Blick für neue Entwicklungen weiten und schließlich das Terrain für Entdeckungsfahrten zu neuem Wachstum ausloten. Die Krise hat auch eine Kehrseite – die Chance.

Denn das Wissen um den Markt und um die Marktteilnehmer eröffnet wichtige Informationen über die unterschiedlichen und oft nicht frühzeitig erkennbaren Veränderungen am Markt. Die Gründe für Erfolg oder Mißerfolg werden andernfalls nicht richtig gedeutet und, was für Unternehmen viel entscheidender ist, die erkennbaren Tendenzen für zukünftige Produkte nicht nutzbar gemacht. Die Markttransparenz wird größer, damit aber auch der Wettbewerbsdruck. Die Unternehmen müssen lernen, mit Komplexität und zunehmender Geschwindigkeit bei Produktivitätssteigerungen umzugehen. Immer feiner werden zudem die Methoden der Marktforschung, immer ausgeklügelter die Techniken, Märkte zu erschließen und zu bearbeiten. Logistik und Controlling liefern der Unternehmensführung heute wichtige Orientierungs- und Entscheidungshilfen, die Elektronik steuert und regelt die Fertigungsprozesse. Doch gerade hier zeichnen sich entscheidende Änderungen ab. Die Zergliederung der Arbeit in immer kleinere Einheiten ist an Grenzen gestoßen. Neue Produktivitätsreserven lassen sich dadurch kaum noch erschließen. Überall wird versucht, die Arbeit neu zu organisieren.

Die „Fabrik der Zukunft", diese Zauberformel aus den achtziger Jahren, wird damit zunehmend in Frage gestellt. Denn die Produktionstechnik hat einen Reifegrad erreicht, der kaum noch eine Verbesserung zuläßt. Allein mit forciertem Einsatz von Informationstechnik werden sich die Schwierigkeiten einer hochkomplexen Fertigung kaum noch lösen lassen. Die Gruppe als Nukleus industrieller Fertigung wird daher neu entdeckt. Nirgends wurde dies so konsequent verfolgt wie in Japan, nirgends die Produktion zugleich aber auch so gestrafft und durch Mobilisierung aller Kräfte schlanker gemacht. Europa hat diese Herausforderung inzwischen angenommen und ist nun seinerseits dabei, das Prinzip des Lean Management auf hiesige Verhältnisse zu übertragen.

Wir leben in einer Zeit schnellen Wandels. Die dafür notwendigen Prozesse auszulösen, die Mitarbeiter dafür zu motivieren ist eine originäre Führungsaufgabe. Die Krise, in der sich die Unternehmen derzeit befinden, mag manche zur Resignation bewegen, die meisten aber hat sie alarmiert, sie hat neue Kräfte geweckt. Die Sorge, etwa von der Konkurrenz aus Fernost überrollt zu werden, hat vielfach neue Energien freigesetzt. Überall ist das Bemühen spürbar, neue Entwicklungen aufzugreifen. Man will den Anschluß nicht verlieren. Die Bereitschaft, sich anzupassen, auf Veränderungen flexibel zu reagieren, ist daher größer geworden – wenn oft auch unter dem Druck der Verhältnisse. Magere Jahre lassen keine Zeit, liebgewordene Gewohnheiten zu pflegen oder einmal erworbene Besitzstände zu verteidigen. Magere Jahre drängen die Unternehmen zum Handeln aus Verantwortung für ihre Betriebe und für die Mitarbeiter. Dafür soll das vorliegende Buch Anregungen geben.

Frankfurt am Main, im Juli 1993 — Die Herausgeber

Inhalt

IV. Kapitel
Markt und Marketing

V. Kapitel
Herausforderung für den Mittelstand

I. Kapitel
Die Rahmenbedingungen

Was erwartet die Wirtschaft vom Staat?

Tyll Necker

Deutschland ist mit einem Bündel wirtschaftlicher und gesellschaftlicher Herausforderungen konfrontiert:

- Die Herstellung der wirtschaftlichen und sozialen Einheit Deutschlands ist mit größeren Schwierigkeiten und deutlich höherem finanziellen Aufwand verbunden als vielfach erwartet.
- Fortschritte beim Aufbau Ostdeutschlands in den Bereichen Bauwirtschaft, Handel, Handwerk und Dienstleistungen sind unverkennbar. Ein selbsttragender Aufschwung ist jedoch noch nicht erreicht.
- Der internationale Wettbewerb wird härter. Die europäische Konjunktur ist schwach.
- Deutschland stößt als Hochkostenland direkt an Mittel- und Osteuropa mit extrem niedrigen Arbeitskosten, aber mit relativ gut qualifizierten Menschen. Dieser geschichtlich einmalige Vorgang muß zu erheblichen Wanderungsströmen führen.
- Die Entwicklung der Altersstruktur der Bevölkerung in Deutschland führt zu rasch steigenden Aufwendungen für die Altersversorgung, die Krankenversicherung und für Pflegefälle.
- Die internationale Wirtschaftsverflechtung nimmt rasch zu.

Allein diese sechs Problemfelder sollten uns erkennen lassen, daß für Staat und Wirtschaft neue Rahmenbedingungen entstanden sind und »business as usual« nicht mehr möglich ist. Dabei steigen die Ansprüche an das deutsche Sozialprodukt auch aus anderen Gründen kräftig weiter:

- Der Aufbau Mittel- und Osteuropas erfordert unser aktives Engagement.
- Der europäische Binnenmarkt und die Beschlüsse von Maastricht beschleunigen den Strukturwandel.
- Auch die Entwicklungsländer fordern unsere Hilfe und unsere Unterstützung.

Die Wirtschaft ist unser Schicksal

Von Stresemann stammt das Wort: »Die Wirtschaft ist unser Schicksal.«

Die Bewältigung der wirtschaftlichen Konsequenzen dieser Herausforderungen wird nur auf dem Fundament einer gesunden und wachstumsstarken Volkswirtschaft gelingen. Anfang der neunziger Jahre erfüllte die deutsche Wirtschaft diese Voraussetzungen noch weitgehend. Infolge der nach den wirtschaftlichen Fehlentwicklungen der siebziger Jahre klaren angebotspolitischen Ausrichtung der Wirtschaftspolitik in den achtziger Jahren war das Wachstum der deutschen Volkswirtschaft – auch im internationalen Vergleich – beachtlich. Neben Japan verzeichnete die Bundesrepublik Deutschland unter den sieben größten Industrienationen die stärkste Wachstumsdynamik. Bemerkenswert war überdies, daß dieses Wachstum nicht nur vergleichsweise stetig verlief, sondern auch mit einem deutlichen Beschäftigungsaufbau verbunden war und darüber hinaus ohne nennenswerte inflationäre Spannungen ablief (siehe Tabelle 1).

	BSP real				**Preisniveau**				**Erwerbstätige in Mio.**	
	1981/85	1988	1989	1990	1981/85	1988	1989	1990	1985	1990
D	1,2	3,7	3,8	4,5	3,9	1,3	2,8	2,7	26,59	28,43
F	1,5	4,2	3,9	2,8	9,6	2,7	3,6	3,4	22,04	22,28
GB	1,9	4,3	2,3	0,8	7,2	4,9	7,8	9,5	26,77	27,17
USA	2,9	4,5	2,5	1,0	5,5	4,1	4,8	5,4	119,03	119,63
J	3,9	6,2	4,7	5,6	2,7	0,7	2,3	3,1	61,28	62,59
Quelle: Institut der deutschen Wirtschaft										

Tabelle 1: Gesamtwirtschaftliche Kennzahlen ausgewählter Länder

Inzwischen ist der Wachstumsprozeß merklich ins Stocken geraten. Gleichzeitig beschleunigten sich die Auftriebstendenzen auf der Preis- und Kostenseite so deutlich, daß es gerechtfertigt ist, von einer nachhaltigen Kostenkrise der deutschen Wirtschaft zu sprechen. Es wäre ein Fehlschluß, die seit dem Auslaufen der einigungsbedingten Sonderkonjunktur im Sommer 1991 zu verzeichnende nachlassende Wachstumsdynamik ausschließlich auf zyklische Ursachen zurückzuführen. Zunehmend belastend wirkt sich aus, daß der Staat beziehungsweise die Wirtschafts- und Finanzpolitik die neuen nationalen und internationalen Umfeldbedingungen noch nicht ausreichend wahrgenommen haben.

Einige Indikatoren zeigen heute eine Überforderung unserer Volkswirtschaft an. So ist die Staatsquote auf über 50 Prozent gestiegen, und auch die Steuer- und Abgabenquote hat ein Rekordniveau in der Nachkriegszeit erreicht. Die deutsche Leistungsbilanz war 1992 mit rund 39 Milliarden DM defizitär.

Gesamtdeutschland ist beim Wohlstandsniveau in der EG seit der Wiedervereinigung vom zweiten auf den achten Platz zurückgefallen. Wer sich reicher glaubt, als er ist, ist ständig in Gefahr, über seine Verhältnisse zu leben. Wirtschaft und Politik sind aufgefordert, der Öffentlichkeit die in diesen Daten zum Ausdruck kommenden völlig veränderten ökonomischen Voraussetzungen der gesamten deutschen Volkswirtschaft zu verdeutlichen.

Realistische finanzpolitische Bestandsaufnahme erforderlich

Wichtigste Aufgabe der deutschen Finanzpolitik muß sein, eine ungeschminkte Bestandsaufnahme vorzunehmen. Zu optimistische Annahmen über Wachstum und Beschäftigung können nur zu Dauerenttäuschungen und Verunsicherungen führen. Frustration und Politikverdrossenheit sind dann die unvermeidlichen Folgen.

Der Staat darf sich aber nicht auf eine Zustandsbeschreibung beschränken. Er muß für den staatlichen Sektor und für volkswirtschaftliche Gesamtgrößen Zielkorridore definieren und darstellen, wann und wie Fehlentwicklungen korrigiert werden sollen.

Die christlich-liberale Bundesregierung hatte mit Regierungsantritt 1982 zum Beispiel als Ziel ausgegeben, die Staatsquote wieder auf 40–42 Prozent zurückzuführen. Bis 1989 wurde durch eine sparsame Haushaltspolitik und schrittweise Steuersenkungen die Staatsquote auf 45 Prozent zurückgeführt und damit ein lang anhaltender Aufschwung in Gang gesetzt.

Wann und wie will die Bundesregierung zum Beispiel den Anstieg der Abgabenleistungen und der Staatsverschuldung begrenzen und zurückführen? Wie sollen die Transferleistungen für die neuen Bundesländer auf ein gesamtwirtschaftlich vertretbares Maß zurückgeführt werden? Wie und wann sollen konsumtive Zahlungen für Ostdeutschland zugunsten investiver Leistungen umgeschichtet werden?

Bereits die Entwicklung konsistenter Zielvorstellungen könnte den Standort Deutschland stärken und Investitionen und Innovationen anregen. Heute ist für die Wirtschaft ein Ende der Kostenkrise noch nicht erkennbar.

- Die Rentenversicherungsbeiträge steigen zum 1.1.1994 um mindestens 1,5 Prozent.
- Die Mineralöl- und Versicherungssteuer wird erneut erhöht.
- Der Solidarbeitrag soll ab 1995 jährlich zusätzlich 28 Milliarden DM aus Einkommen- und Körperschaftsteuern erbringen. Hinzu kommt eine Erhöhung der Vermögensteuer.

Der Kostendruck allein aus Steuern und Abgaben nimmt daher in Deutschland noch erheblich zu. Die Schuldenaufnahme des Staates explodiert und damit die Belastungen der Haushalte mit Zinsen und Rückzahlungen.

Die Wirtschaft braucht zu allererst eine Perspektive, denn so kann es nicht weitergehen.

Standortwettbewerb

Politiker scheinen zu vergessen, daß im europäischen Binnenmarkt nicht nur Unternehmen und ihre Produkte im Wettbewerb stehen, sondern auch die Rahmenbedingungen, unter denen gewirtschaftet wird. Der gleiche Setzling entwickelt sich sehr unterschiedlich, ob er in einen guten Boden gepflanzt wird oder in einen schlechten, ob Feuchtigkeit und Temperatur stimmen oder nicht.

Deutschland hat zum Beispiel die höchste Besteuerung einbehaltener Gewinne im internationalen Vergleich. Wer würde schon in Hessen investieren, wenn in Bayern nur die halben Ertragsteuern zu bezahlen wären? Deutschland und zum Beispiel Holland und Großbritannien stehen aber im Binnenmarkt zueinander wie die Bundesländer. Eine entscheidende Forderung der Wirtschaft muß daher lauten, daß die Rahmenbedingungen des Wirtschaftens wettbewerbsfähig sein müssen. Wettbewerbsfähigkeit der Rahmenbedingungen heißt nicht unbedingt identische Steuersätze. Wer mehr öffentliche Leistungen bietet, kann dafür auch mehr Steuern und Abgaben verlangen. Das Kosten-/Leistungsverhältnis muß aber wettbewerbsgerecht sein und darf nicht zum Handicap unseres Standortes werden.

Kurzfristig keine gleichen Lebensverhältnisse in Ost und West

Politik und Gesellschaft müssen die Illusion aufgeben, in Ost und West seien in wenigen Jahren gleiche Lebensverhältnisse zu schaffen. Eine solche Theorie kann nur zu Ansprüchen führen, die nicht erfüllt werden können. Statt der notwendigen Aufbruchstimmung entstehen Spannungen bis hin zu Streiks.

Es hat sich als schwerer Fehler herausgestellt, daß bei den Tarifverhandlungen, nicht nur bei der IG Metall, sondern auch im öffentlichen Dienst, die wirtschaftlichen Realitäten unberücksichtigt bleiben und selbst große Zuwächse bei den Realeinkommen zu erheblicher Unzufriedenheit führen. Die beim Abschluß der Stufentarifverträge gemachten Fehler sind aus der damaligen Lagebeurteilung und den erhofften Chancen der Ost-Exporte durchaus erklärlich. Wenn aber bei Gewerkschaften selbst heute Fehler nicht korrigiert werden dürfen, so zeigt dies eine beunruhigende Starrheit.

Priorität für Arbeitsplätze

Alle Verantwortlichen – die Tarifpartner und der Staat – müssen der Erhaltung und Schaffung von Arbeitsplätzen Priorität einräumen. Unsere Kostenkrise darf nicht durch überhöhte Einkommensforderungen und Fehlentwicklungen bei den Lohnzusatzkosten verschärft oder verlängert werden.

Ein ganz besonders absurdes Beispiel für eine politische Fehlentwicklung ist der Plan der Bundesregierung, eine umlagefinanzierte Pflegeversicherung einzuführen. Durch weitgehenden Verzicht auf Selbstbeteiligung der Leistungsfähigen und durch die absehbare Entwicklung der Altersstruktur unserer Bevölkerung muß eine umlagefinanzierte Pflegeversicherung eine gefährliche Dynamik zu Lasten der Arbeitskosten und der Arbeitsplätze entwickeln. Es gibt weit bessere Modelle, um die Versorgung bedürftiger Pflegefälle zu verbessern.

Kampf der Deindustrialisierung im Osten

In Ostdeutschland mußte die Industrie die schwersten Verluste hinnehmen, seit sie im internationalen Wettbewerb steht. Die Bundesregierung fördert Investitionen in vielfältiger und hilfreicher Weise. Wo aber aufgrund des Lohnschocks die preisliche Wettbewerbsfähigkeit verlorengegangen ist, fehlen die Aufträge. Investitionen ohne Aufträge haben keine Zukunft und müssen austrocknen. Darum wäre eine Wertschöpfungspräferenz, die die Wertschöpfung im Industriebereich in Ostdeutschland mit einem staatlichen Zuschuß fördert, nicht nur eine wirksame Absatzhilfe, sondern auch eine zielführende Investitionsförderung. Alle Bemühungen des BDI, industrielle Arbeitsplätze auf dem Wege einer Wertschöpfungspräferenz zu sichern, sind bisher leider vergeblich geblieben. Statt dessen explodieren die Kosten der Arbeitslosigkeit.

In Westdeutschland hat die Werthilfe dazu beigetragen, einen Strukturbruch zu vermeiden, ohne die Spielregeln der Marktwirtschaft aufzuheben. Eine Förderung nach Leistung – und die selbst erbrachte Wertschöpfung ist ein guter Leistungsmaßstab – ist allemal besser als der Ausgleich von Verlusten bei Treuhandunternehmen und industriellen Kernen. Hohe Subventionen für Treuhandunternehmen lähmen den Strukturwandel, belasten die nicht subventionierten privaten Wettbewerber und machen Unternehmen von subjektiven Einzelfallentscheidungen der Treuhand abhängig.

Das Leistungsprinzip stärken

Übereinstimmung sollte darin bestehen, daß es angesichts der – auch wirtschaftshistorisch – einmaligen Bündelung verschiedener Herausforderungen zunächst dringend erforderlich ist, sich auf die entscheidenden Grundprinzipien der Sozialen Marktwirtschaft zu besinnen. In diesem

Zusammenhang gilt es insbesondere, dem Leistungsprinzip wieder stärkere Geltung zu verschaffen.

Es bildet eine der entscheidenden Voraussetzungen für Wachstum, Wohlstand und sichere Arbeitsplätze. Die Formulierung immer neuer Ansprüche an das Sozialprodukt von verschiedenen Gruppen der Gesellschaft hatte auch schon vor der Wiedervereinigung ein Ausmaß erreicht, das die Leistungskraft unserer Volkswirtschaft zu überfordern drohte. Seinen sichtbaren Niederschlag hat der Bedeutungsverlust des Leistungsprinzips in der verhängnisvollen Arbeitszeit-Diskussion des letzten Jahrzehnts gefunden. Mit dem stark wachsenden Wohlstand in den achtziger Jahren sank offenbar auf breiter Front das Bewußtsein, auf welchen Grundlagen dieses Wachstum beruht.

In Westdeutschland können wir inzwischen den – mehr als zwiespältig zu bewertenden – Titel »Freizeitweltmeister« für uns in Anspruch nehmen. Mit Blick auf die geleistete Jahresarbeitszeit vergrößert sich der Abstand zu unseren wichtigsten Konkurrenten immer weiter (siehe Tabelle 2). Diesem Trend muß dringend Einhalt geboten werden.

	1970	1980	1985	1990
D	1 889	1 701	1 646	1 567
F	1 930	1 768	1 663	1 667
GB	2 101	1 897	1 905	1 912
USA	1 930	1 941	1 982	1 981
J	2 252	2 140	2 148	2 103
Quelle: Institut der deutschen Wirtschaft				

Tabelle 2: Arbeitszeiten im Verarbeitenden Gewerbe (Stunden pro Jahr)

Private Investitionen sind der Motor einer jeden Volkswirtschaft. Da sich Wachstum – das heißt die Ausweitung des Produktionspotentials – über unternehmerische Investitionen vollzieht, muß zugleich die Stärkung der Investitionskraft der Unternehmen erneut in den Mittelpunkt der Wirtschaft- und Finanzpolitik gerückt werden. Die sinkende Investitionsdynamik in den vergangenen Jahren ist ein ernsthaftes Warnsignal für drohende Störungen in der Zukunft. Aus diesem Grund hat der BDI schon sehr frühzeitig, nachdem sich erneut erste Schwächezeichen auf der Angebotsseite unserer Volkswirtschaft bemerkbar machten, die sogenannte »Belastungs- und Standortdiskussion« belebt, die – zumindest, was die Analyse der Situation betrifft – auch allmählich von der Politik aufgegriffen wird.

Vordringlich ist jetzt die Erarbeitung und Realisierung einer konkreten wirtschaftspolitischen Strategie zur Sicherung des Produktions- und Investitionsstandortes Bundesrepublik Deutschland. Da deutsche Unternehmen – und dies gilt in besonderem Maße für die Industrie – im internationalen Wettbewerb immer noch mit erheblichen Kostennachteilen antreten, die sich in verschiedenen Bereichen niederschlagen, muß im Zentrum einer derartigen Konzeption die nachhaltige Kostenentlastung der Unternehmen stehen.

Die Besteuerung der Arbeitsplätze

Als erstes bleibt in diesem Zusammenhang die Reform der Unternehmensbesteuerung weiterhin anzumahnen. Trotz der dreistufigen Steuerreform, deren letzte Stufe Anfang 1990 in Kraft trat, liegt die Steuerbelastung der deutschen Unternehmen immer noch weit höher als bei den wichtigsten Konkurrenten.

Nimmt man die spezifischen Unternehmenssteuern in den Blick, hat der Abstand der Bundesrepublik gegenüber vielen Industrieländern seit 1988 deutlich zugenommen. Darüber hinaus führen betriebliche Vermögens- und Gewerbesteuer nach wie vor zu einer Sonderbelastung der deutschen Unternehmen. Auch im Interesse der Sicherung international wettbewerbsfähiger Arbeitsplätze gilt es dringend, diese kumulierenden Steuern auf ein international vergleichbares Maß abzubauen.

Die fehlerhafte Steuerstruktur und die hohe Steuerbelastung sind ein gravierendes Investitionshemmnis. Dies ist insbesondere unter dem Wachstumsgesichtspunkt negativ zu werten. Eine derartige Steuerbelastung blockiert nicht nur inländische Investitionen. Auch die Anziehungskraft für ausländisches Kapital läßt nach, wie die seit Jahren negative Bilanz der Auslandsinvestitionen zeigt. Abgesehen davon, daß die deutsche Volkswirtschaft damit auf den Import technischen Fortschritts aus dem Ausland verzichtet, kommt es auch zu einem unmittelbaren Export von Arbeitsplätzen. Angesichts des dringenden Erfordernisses, in den nächsten Jahren neue Arbeitsplätze in einer Größenordnung von mindestens 3 Millionen in den neuen und alten Bundesländern zu schaffen, sollte die Finanzpolitik hier schnell reagieren.

Dies gilt um so mehr, als sich die von der Unternehmenssteuerreform unmittelbar Betroffenen, nämlich Kommunen und Wirtschaft, nach jahrelangen Bemühungen auf ein gemeinsames Konzept zur Reform der Gewerbesteuer geeinigt haben. Dieses entspricht sowohl den Anforderungen der Gemeinden an eine Gemeindefinanzreform als auch dem Entlastungsbedarf der Wirtschaft. Damit ist eine von der Politik immer wieder geforderte wesentliche Voraussetzung zur Reform der Unternehmenssteuer erfüllt.

Angesichts der schwierigen Lage in den öffentlichen Haushalten strebt die Bundesregierung bei der nunmehr angekündigten Steuersatzsenkung für gewerbliche Einkünfte allerdings eine aufkommensneutrale Lösung an.

So verständlich diese Haltung aus statischer Sicht ist, unter wachstumspolitischen Gesichtspunkten ist eine derartige Entscheidung falsch. Gerade die Erfahrungen mit der dreistufigen Steuerreform haben den engen Zusammenhang zwischen Steuerentlastung, verbesserter Ertrags- und Gewinnsituation der Unternehmen, Investitionswachstum und Beschäftigungsaufbau eindrucksvoll bestätigt. An diese Erfahrungen gilt es anzuknüpfen und mit einer echten Steuerentlastung die Wachstumsgrundlagen dauerhaft zu stärken. Nicht unterschätzt werden sollten auch die positiven Auswirkungen, die eine solche Reform für die Startchancen der Unternehmen in den neuen Bundesländern hätte.

	Körperschaftssteuer			**Gesamtsteuerbelastung**		
	1988	**1991**	**Differenz**	**1988**	**1991**	**Differenz**
D	56,0	50,0	– 6,0	70,8	66,2	– 4,6
F	42,0	34,0	– 8,0	60,9	52,2	– 8,7
GB	35,0	30,0	– 5,0	35,0	33,0	– 2,0
USA	45,3	45,3	0	45,3	45,3	0
J	49,3	44,0	– 5,3	64,1	59,2	– 4,9

Quelle: Institut der deutschen Wirtschaft

Tabelle 3: Spitzensätze der Körperschaftsteuer und Gesamtsteuerbelastung einer Kapitalgesellschaft

Umweltschutz mit Augenmaß

Neben der Steuerbelastung muß die Belastung der Unternehmen mit Abgaben für den Schutz der Umwelt einer kritischen Prüfung unterzogen werden. Die Bundesrepublik nimmt schon heute bei den Ausgaben für den Umweltschutz eine internationale Spitzenstellung ein.

Sie betragen rund 1,6 Prozent des Bruttosozialprodukts, was einer absoluten Summe von knapp 40 Milliarden DM entspricht. Von diesen Gesamtausgaben trägt die Industrie immerhin mehr als die Hälfte, nämlich 59 Prozent. In den wichtigsten Konkurrenzländern liegen die Umweltausgaben nicht nur niedriger; die Wirtschaft ist dort auch mit wesentlich geringeren Finanzierungsanteilen belastet.

Aktuelle Pläne der Bundesregierung sehen die Einführung weiterer Umweltsteuern und Lenkungsabgaben vor. Die von der EG-Kommission vorgeschlagenen und von der Bundesregierung unterstützten Pläne zur Einführung einer Energie- und CO_2-Steuer würden der deutschen Industrie bis zum Jahre 2000 Mehrbelastungen bis zu 8 Milliarden DM jährlich aufbürden. Hinzu kommt die vom Umweltministerium angekündigte Abfallabgabe, die ebenfalls mit zusätzlichen Belastungen in Höhe von 5 bis 6 Milliarden DM verbunden wäre.

Die Industrie erwartet angesichts des damit verbundenen Kostenschubes, daß bei den anstehenden Gesetzesnovellierungen im Umweltbereich die finanziellen Auswirkungen auf die Unternehmen stärker berücksichtigt werden. Der umweltschutzbedingte Mittelabfluß aus den Unternehmen darf nicht ein wachstumshemmendes Ausmaß erreichen. Angesichts des auch im internationalen Vergleich hohen Umweltstandards der Bundesrepublik Deutschland gilt es darüber hinaus, sorgfältig abzuwägen, wo in gesamtwirtschaftlicher Perspektive der Grenzertrag jeder investierten D-Mark höher ist. Das Argument, daß Umweltschutzabgaben in der Regel zu Investitionsmaßnahmen an anderer Stelle führen und von daher der Aufwand des einen Unternehmens zum Ertrag des anderen Unternehmens wird, ist in diesem Zusammenhang nur bedingt stichhaltig.

Umweltschutzaufwand und Umweltschutzertrag fallen in der Regel in verschiedenen Branchen an, so daß eine derartige Verrechnung nicht über die gesamtwirtschaftlichen Risiken hinwegtäuschen kann.

Administrative Fesseln beseitigen

Die Wirtschaft erwartet vom Staat weiter eine drastische Beseitigung von Investitionshemmnissen. Besonders in den neuen Bundesländern darf die Politik nicht in ihren Bemühungen nachlassen, den Ausbau einer voll funktionsfähigen Verwaltung voranzutreiben und Planungs- und Genehmigungsverfahren zu beschleunigen und zu vereinfachen.

Verkrustete Strukturen aufzubrechen und die Wirtschaft von unnötigem staatlichen Regelwerk zu befreien ist nach wie vor eine allgemeine wirtschaftspolitische Aufgabe. Zahlreiche ausländische Beispiele belegen, daß mit der *Privatisierung* staatlicher Aufgaben – und zwar auf der Ebene aller Gebietskörperschaften – und mit entschiedenen *Deregulierungsschritten* in einzelnen Wirtschaftssektoren gesamtwirtschaftlich beträchtliche Effizienzgewinne realisiert werden können und verschüttete Wachstumsreserven wieder frei werden.

Nach wie vor werden 30 Prozent des Bruttosozialprodukts in Deutschland in stark regulierten Bereichen der Wirtschaft erzeugt, wobei die Schwerpunkte dieser regulierenden Eingriffe weniger im Industriesektor selbst liegen, sondern in anderen Wirtschaftszweigen, etwa der Landwirtschaft und dem Verkehr.

Insbesondere die kontrollierte Verkehrsmarktordnung, deren Eingriffsintensität in Europa nach wie vor einzigartig ist, führt in der Bundesrepublik Deutschland zu einem Tarifniveau, das deutlich höher liegt als in den anderen Mitgliedsstaaten der Gemeinschaft. Da die Transportkosten einen wesentlichen Teil der Gesamtkostenbelastung der Unternehmen ausmachen, können auch in diesem Bereich mit entregulierenden Maßnahmen des Staates erhebliche Wachtumspotentiale freigesetzt werden.

In den kommenden Jahren gilt es daher, die Liberalisierungsimpulse, die von der EG-Verkehrspolitik ausgehen und die im Rahmen des Binnenmarktes weiteren Auftrieb erhalten, auch auf nationaler Ebene konsequent fortzuführen.

Solange auf staatlicher Ebene allerdings weiterhin Verteilungsziele und die Scheu vor Eingriffen in vermeintliche Besitzstände dominieren, ist zwangsläufig mit wachstumsschädlichen Effizienzeinbußen zu rechnen. Neben der Privatisierung staatlicher Aufgaben – mit der übrigens nach Auffassung der Monopolkommission dreistellige Milliardenbeträge zur Entlastung des Bundeshaushaltes erwirtschaftet werden könnten –

und der Schaffung zusätzlicher unternehmerischer Freiräume in einzelnen Wirtschaftssektoren stellt sich in diesem Zusammenhang auch unmittelbar die Frage nach dem erforderlichen Umfang der staatlichen Administration und Verwaltung.

Lean Government

Umfang, Qualität und Effizienz des öffentlichen Sektors gewinnen im Rahmen der Standortdiskussion erhebliche Bedeutung. Andere Staaten haben die herausragende Rolle staatlicher Leistungsstandards mittlerweile erkannt und sind um nachhaltige Verbesserung in diesem Feld bemüht. Die Aufgabe, die staatliche Verwaltung sowohl unter Effizienz- als auch Kostenaspekten ständig auf nationaler Ebene kritisch zu hinterfragen und zu durchforsten, stellt sich auch vor dem Hintergrund der zu erwartenden Bürokratisierungstendenzen infolge der fortschreitenden europäischen Integration. Einer Mega-Bürokratie in Europa, die sich aus nationalen und europäischen Bürokratieebenen zusammensetzt, muß schon in ihren Anfängen entgegengewirkt werden. Es ist nicht nur »Lean Production«, sondern auch »Lean Government« gefragt.

Gegen Protektionismus

Fehlentwicklungen drohen auch bei einem Scheitern der GATT-Uruguay-Runde. Die Bundesregierung sollte keine Mühen und Anstrengungen scheuen, für einen erfolgreichen Abschluß der Uruguay-Runde zu sorgen.

Die deutsche Wirtschaft ist bei einem Scheitern der Verhandlungen mehr als fast jedes andere Land von den negativen Folgewirkungen betroffen. Ein Drittel des Volkseinkommens erzielt die Bundesrepublik Deutschland mit dem Export von Gütern und Leistungen.

Rund ein Drittel aller Arbeitsplätze hängen von den Ausfuhren ab, in der Industrie sogar über 50 Prozent. Die Sicherheit dieser Arbeitsplätze wäre ernsthaft gefährdet, wenn ein Scheitern der GATT-Uruguay-Runde zu einer Zerrüttung des Welthandels führte. Wohlstand, Wachstum und Beschäftigung würden weltweit von massiven Unsicherheiten überschattet. Das Abgleiten der Weltwirtschaft in mehr Protektionismus wäre infolge eines Mißerfolges der Genfer GATT-Verhandlungen nahezu unausweichlich. Auch der Nord-Süd-Konflikt würde sich erneut verschärfen, wodurch der Druck der Armutswanderungen in die Wohlstandszone, also auch nach Deutschland, weiter zunehmen würde.

Rückschläge drohen auch den ehemaligen kommunistischen Ländern, die beim Aufbau marktwirtschaftlicher Strukturen insbesondere auf den freien Zugang zu den Weltmärkten angewiesen sind. Die zukünftige Entwicklung der deutschen Volkswirtschaft, Umfang und Sicherheit der Arbeitsplätze und nicht zuletzt der Aufbau in den neuen Bundesländern, der auch der Unterstützung ausländischer Investoren bedarf, hängen wesentlich von einem erfolgreichen Abschluß der GATT-Uruguay-Runde ab.

Diese keineswegs alle anstehenden Probleme berücksichtigende Darstellung der wichtigsten Erwartungen der Wirtschaft an den Staat verdeutlicht die Dimension der Aufgaben, die in den nächsten Jahren erfolgreich gelöst werden müssen. Die deutsche Industrie sieht dabei keineswegs nur die Politik in der Verantwortung. Die Bundesrepublik Deutschland war wirtschaftlich in den zurückliegenden 40 Jahren auch deshalb so erfolgreich, weil es einen umfassenden politischen und wirtschaftlichen Grundkonsens und Dialog zwischen allen gesellschaftlichen Gruppen gab. Politik, Wirtschaft und Gewerkschaften sollten sich gemeinsam darum bemühen, diesen Konsens zu aktivieren, um die Lösung der gewaltigen Herausforderungen in Freiheit und Wohlstand zu sichern.

Strukturwandel trotz schwächerer Konjunktur langsamer

Wie sich die Branchenstrukturen in den neunziger Jahren verändern werden

Hugo Dicke

Die Frage, wie sich die Branchenstrukturen in den neunziger Jahren verändern werden, beschäftigt nicht nur Unternehmensführer und Gesellschafter. Auch Arbeitnehmer und ihre Interessenvertretungen sowie Politiker wollen gerne wissen, wie sich die Beiträge der einzelnen Branchen zur gesamtwirtschaftlichen Wertschöpfung und damit die Branchenstrukturen in Zukunft entwickeln werden. Aus diesem Wissen möchten sie den Spielraum ableiten, den eine bestimmte Branche für die Entlohnung von Produktionsfaktoren im Vergleich zu anderen Branchen am Standort Deutschland bieten wird.

Welchen Wert das Wissen über die relative Stärke von deutschen Branchen am Vorabend eines großen westeuropäischen Marktes hat, scheint eine berechtigte Frage zu sein. Denn eine Prognose der deutschen Branchenstrukturentwicklung hat für Anleger, Gesellschafter oder auch Arbeitnehmer, die international mobil sind, nur einen eingeschränkten Wert, da ihr Entscheidungskalkül auf Maximierung absoluter zukünftiger Einnahmeüberschüsse angelegt ist. An welchem Standort auch immer diese Überschüsse erzielt werden können, dürfte ihnen wohl gleichgültig sein. Bänden sie ihre Fähigkeiten und ihr Kapital an eine Branche, die zwar in Deutschland, nicht aber auch international die wachstumsstärkste ist, so würden sie zwar ihre künftigen Einkommen erhöhen, aber nicht das größtmögliche Einkommen erzielen. Wer aber zum Standort Deutschland keine Alternative sieht, wird Prognosen der deutschen Branchenstrukturen uneingeschränkt als wertvoll für seine Entscheidungen ansehen. Tröstlich für den national orientierten Anleger mag sein, daß der Verzicht auf die internationale Dimension im Falle der deutschen Wirtschaft vor allem aus zwei Gründen nicht gar zu sehr ins Gewicht fällt:

Erstens gilt Deutschland in der Länderbewertung internationaler Experten als hervorragender Wirtschaftsstandort; er rangierte in der Vergangenheit an vorderer Stelle auf der internationalen Rangskala. Es gibt freilich keine Garantie, daß dies auch in Zukunft so bleibt. Es bedarf vielmehr großer Anstrengungen, diesen Platz im Nationenwettbewerb nicht zu verlieren. Insofern sind die kurz-, mittel- und langfristigen Wachstumsperspektiven der deutschen Wirtschaft durchaus ein Thema, das bei Prognosen der Branchenstrukturen beachtet werden sollte.

Zweitens sind große Bereiche der deutschen Wirtschaft in die europäische Wirtschaft und darüber hinaus in die Weltwirtschaft in vielfältiger Weise integriert. Über Einkaufs- und Verkaufsbeziehungen mit ausländischen Unternehmen, aber auch über Direktinvestitionen und Finanzgeschäfte nehmen deutsche Unternehmen Einfluß auf den internationalen Wettbewerb und Strukturwandel. Andererseits wirken internationaler Wettbewerb und weltweiter Strukturwandel auf Struktur und Niveau der Produktion deutscher Unternehmen ein. Große Unternehmen, die als deutsche Unternehmen gelten, haben ausländische Tochtergesellschaften, deren Beitrag zum Unternehmensgewinn kaum noch hinter den Gewinnen aus nationalen Aktivitäten zurücksteht. Das Attribut deutsch dürfte insbesondere bei Branchen der Investitionsgüterindustrie fragwürdig geworden sein.

Mit Fragezeichen versehen wird häufig die Zuordnung von Unternehmen zu einer Branche und die statistische Abgrenzung der Branchen voneinander. Die wirtschaftliche Entwicklung insbesondere der vergangenen zwanzig Jahre hat es mit sich gebracht, daß viele Unternehmen nicht nur ihre Geschäfte globalisiert haben, sondern zugleich auch über ihre Branche hinaus zu anderen Branchen ausgeweitet, diversifiziert haben. Globalisierung und Diversifizierung hätten die überkommenen Brancheneinteilungen entwertet, so ein häufig zu hörendes Argument. Hier scheint jedoch das Kind mit dem Bade ausgeschüttet zu werden. Wichtig ist zunächst einmal, festzustellen, ob die Unternehmen in statistischer Hinsicht ihrer Branche treu bleiben. Dies tun sie erfahrungsgemäß.

Die Statistiker bemühen sich, die Zuordnung von Unternehmen zu einer Branche nach dem Schwerpunkt der Geschäftstätigkeit vorzunehmen. Solche Unternehmen werden zu einer Branche zusammengefaßt, deren überwiegend angebotene Waren und Dienste Substitute sind. Beispielsweise ist Unternehmen der Kraftfahrzeugbranche gemeinsam, daß die Substitutionsbeziehung zwischen ihren Produkten sehr viel enger ist als zwischen diesen und den Produkten einer anderen Branche, etwa

Schiffe oder Musikinstrumente. Unternehmen einer Branche sind sich selbst die schärfsten Konkurrenten. Andererseits haben sie auch gemeinsame Interessen, die sie in der Politik gegenüber anderen Branchen mit Hilfe eines Verbandes durchzusetzen versuchen.

Veränderungen von Wertschöpfungsbeiträgen spiegeln also die Effekte von Globalisierung und Diversifizierung wider. Bei der Interpretation der Branchenstrukturentwicklung gilt es allerdings, den Kreis der traditionellen Ursachen des Wandels der Branchenstrukturen um neue, darunter Globalisierung und Diversifizierung, zu erweitern. Hier geht es also um analytische und nicht um definitorische Probleme. Einige Branchen haben offensichtlich günstigere Voraussetzungen für Globalisierung und Diversifizierung als andere. Indem Unternehmen dieser Branchen konsequent Strategien der Globalisierung und Diversifizierung entwickeln und durchführen, verschaffen sie sich Vorteile gegenüber Unternehmen anderer Branchen, die hierzu – aus welchen Gründen auch immer – nicht in der Lage sind. Entsprechend weist die Statistik richtigerweise für solche Branchen höhere Zuwachsraten aus.

Ob das Wissen um die einzelnen Ursachen des Branchenstrukturwandels hilfreich ist, wenn es um die Prognosen der künftigen Branchenstruktur geht, ist nicht sicher. Im Grunde gibt es zwei konkurrierende methodische Ansätze für eine Vorhersage des Wandels der Branchenstruktur. Die eine Methode, nennen wir sie die extrapolative, besteht darin, Trendänderungen aufzuspüren und in die Zukunft fortzuschreiben. Die andere Methode, die analytische, besteht darin, die Ursachen des bisherigen Strukturwandels zu erforschen, ihre quantitativen Beiträge zur Erklärung vergangener Änderungen zu schätzen und anschließend Veränderungen der bisherigen Ursachen in der Zukunft zu prognostizieren. Weiterhin sind mögliche neue Ursachen von Strukturwandel zu identifizieren und ihr Einfluß zu bestimmen. Schließlich müssen aus den erwarteten Ursachen die Veränderungen der Branchenstruktur abgeleitet werden.

Sicherlich neigt der Wissenschaftler mehr zur analytischen Methode und wird die extrapolative Methode als zu schlicht abtun wollen. Gegen eine Abwertung ist jedoch einzuwenden, daß auch auf Prognosen das ökonomische Prinzip anzuwenden ist, wonach ein möglichst großer Ertrag, das heißt eine möglichst hohe Eintrittswahrscheinlichkeit der Prognose, mit möglichst geringem Aufwand anzustreben ist. Im vorhinein betrachtet muß die extrapolative Methode der analytischen nicht deshalb grundsätzlich unterlegen sein, weil sie mit geringerem Aufwand durchgeführt werden kann. Zu beachten ist, daß die analytische Methode die Prognose jeder einzelnen Determinante des Strukturwandels und deren Einfluß auf die Branchenstruktur verlangt. Dies ist ein sehr schwieriges, wenn nicht gar unmögliches Unterfangen. Sicherlich ist die analytische Methode eine gute Medizin gegen allzu große Gläubigkeit gegenüber den Ergebnissen einer Trendextrapolation. Betrachten wir sie als hilfreich, das Gefühl für die Unwägbarkeiten und Unsicherheiten von Prognosen bei denen zu schärfen, die aktiv die wirtschaftliche Entwicklung mitgestalten oder für sich den größtmöglichen Nutzen aus Prognosen der Branchenstruktur ziehen wollen.

Was den vergangenen Strukturwandel anbetrifft, so scheinen drei Phänomene bemerkenswert. Erstens hat das Tempo des Wandels der Branchenstruktur im Verlauf der vergangenen zwanzig Jahre abgenommen. Zweitens werden die langfristigen Trends von zyklischen Bewegungen umlagert, die in engem Zusammenhang zum Konjunkturzyklus stehen. Gerade in diesen Wochen und Monaten machen Unternehmen aus dem Bereich der Investitionsgüterindustrie wieder einmal die schmerzliche Erfahrung, daß sie in der Anfangsphase einer Rezession viel stärkere Umsatzeinbußen zu verzeichnen haben als konsumnahe Bereiche. Dagegen prosperiert die Bauwirtschaft im Gegensatz zu vergangenen Konjunkturabschwungphasen und zur Lage der Bauwirtschaft in anderen Industrieländern. Hier wirken sich Sonderfaktoren im Zusammenhang mit der deutschen Einigung aus. Drittens gibt es ein recht stabiles Muster des Strukturwandels. Viele Branchen, die während der achtziger Jahre stärker expandierten als die übrigen, die also sozusagen auf der Positivseite des Strukturwandels standen, waren auch schon in den siebziger Jahren wachstumsstark. Das gleiche gilt ganz überwiegend für die Branchen, deren Bruttowertschöpfung relativ oder absolut während der achtziger Jahre zurückging; auch diese Branchen waren in den Jahren zuvor wachstumsschwach.

Vorne auf der Positivliste des Branchenstrukturwandels standen vor allem Dienstleistungsbranchen, darunter »übrige Dienstleistungen« (Rechts- und Wirtschaftsberatung, Arbeitnehmerüberlassung, Bewachung, Gebäudereinigung, Abfall- und Hygieneeinrichtungen), Versicherungen, Deutsche Bundespost, der Bereich Bildung, Wissenschaft, Kultur, Gesundheits- und Veterinärwesen, Kreditinstitute sowie der »übrige Verkehr« und Wohnungsvermietung. Aber auch verschiedene

Branchen aus dem Verarbeitenden Gewerbe qualifizierten sich aufgrund überdurchschnittlich hoher Wachstumsraten der Bruttowertschöpfung für die Aufnahme in die Positivliste, zum Beispiel das Gewerbe für Büromaschinen und Datenverarbeitung, Kunststoffwaren, Elektrotechnik, Luft- und Raumfahrzeugbau, Zellstoff- und Papiererzeugung. Daß auch Landwirtschaft, Forstwirtschaft und Fischerei in den achtziger Jahren überdurchschnittlich expandierten, hat seine Ursachen nicht in den Marktkräften, sondern in den Subventionen, die Teil der Bruttowertschöpfung sind und zweistellige Wachstumsraten aufwiesen; die Wertschöpfung ohne Subventionen war rückläufig.

Werden die Branchen entsprechend ihrer Zugehörigkeit zum primären Sektor (Landwirtschaft, Forstwirtschaft, Fischerei und Bergbau), sekundären Sektor (Verarbeitendes Gewerbe) aggregiert, so zeigt sich, daß die Ergebnisse der von Fels, Schatz und Wolter Anfang der siebziger Jahre durchgeführten empirischen Überprüfung der Drei-Sektoren-Hypothese nach wie vor Gültigkeit beanspruchen können. Diese These besagt – auf eine kurze Formel gebracht –, daß mit steigendem Niveau der wirtschaftlichen Entwicklung der Dienstleistungssektor auf Kosten des sekundären und primären Sektors expandiert.

Aufgrund ihrer Untersuchungsergebnisse sagten die drei Forscher voraus, daß Deutschland ein Entwicklungsstadium erreicht hat, bei dem der Anteil des tertiären Sektors zunehmen und die Anteile des primären und sekundären Sektors zurückgehen würden. Diese Vorhersage hatte seinerzeit in der Öffentlichkeit nicht nur Zustimmung gefunden. Die tatsächliche Entwicklung hat jedoch die Vorhersagen von Fels, Schatz und Wolter eindrucksvoll bestätigt. Allerdings hat die Tertiarisierung der Volkswirtschaft, gemessen am Anteil der Bruttowertschöpfung des Dienstleistungssektors an der gesamten Bruttowertschöpfung, weniger stark zugenommen, als es aufgrund des Musters des Strukturwandels in den fünfziger und sechziger Jahren seinerzeit erwartet werden mußte. Dies lag vor allem daran, daß viele Unternehmen aus dem primären und sekundären Sektor die Flucht nach vorne angetreten haben: Sie haben in ihre Diversifizierungsstrategien die Angebote von Dienstleistungen einbezogen. Es gelang ihnen so, Wertschöpfungsbeiträge mit Dienstleistungen zu erzielen, die ohne eine solche Strategie vermutlich den Unternehmen des tertiären Sektors zugefallen wären.

Dieses Verhalten der Unternehmen des Verarbeitenden Gewerbes macht deutlich, daß Strukturwandel kein Phänomen ist, dem die Unternehmen passiv ausgesetzt sind. Vielmehr sind Unternehmen und Branchen in der Lage mit entsprechenden Anpassungsstrategien den Strukturwandel für sich nutzbar zu machen und damit aktiv die aus der Vergangenheit abgeleiteten Trends zu verändern. Bemerkenswert in diesem Zusammenhang erscheint, daß in den vergangenen zwanzig Jahren Branchen zwischen Positiv- und Negativliste gewechselt haben. Den Sprung in die Riege der Wachstumsstarken schafften in den achtziger Jahren die Ziehereien und Kaltwalzwerke sowie die Industrie der EBM-Waren und der »übrige Bergbau«. Absteiger waren die Branche Schifffahrt und Häfen.

Aufstieg und Fall von Branchen sind im Normalmuster des Wandels der Branchenstruktur nicht »vorgesehen«. Sie sollten Warnung davor sein, Strukturwandel als eine prädeterminierte Begleiterscheinung des Entwicklungsprozesses einer Volkswirtschaft anzusehen. Gewißheit über die Richtung und Stärke des Wandels der Branchenstruktur in den neunziger Jahren kann es nicht geben. In einem überwiegend marktwirtschaftlich organisierten Wirtschaftssystem ist nämlich immer offen, wie sich die Struktur von Nachfrage, Produktion, Investition und Beschäftigung entwickeln wird. Indikative Planung des Strukturwandels oder gar Lenkung von Produktions- und Investitionsentscheidungen durch zentrale Instanzen würden dem Problem der mangelnden Voraussicht nicht gerecht. Worauf es vielmehr ankommt ist, daß dem Strukturwandel, der sich aus den Marktkräften ergibt, keine Hindernisse in den Weg gelegt werden. Darauf laufen staatliche Investitionen leider in vielen Fällen hinaus. Die Agrarpolitik ist ein bekanntes Beispiel für marktwidrige Eingriffe.

Die Ursachen des Wandels der Branchenstruktur sind vielfältig. Die meisten sind im vorhinein bekannt, doch gibt es immer wieder unerwartete und unvorhersehbare Ursachen. Der Ölpreisschock im Jahre 1973 oder der Zusammenbruch der osteuropäischen Wirtschaftssysteme sind Beispiele für unerwartete Schocks.

Grundsätzlich kann zwischen brancheninternen und branchenexternen Ursachen unterschieden werden. Zu den internen Faktoren zählen die objektiven Voraussetzungen der Unternehmen einer Branche, sich im Wettbewerb mit anderen Branchen zu behaupten. Die Ausstattung mit Anlagevermögen, Humankapital und finanziellen Reserven ist eine wichtige Determinante der Wettbewerbsfähigkeit auf den Güter- und Faktormärkten. Auch die Fähigkeit, Eintritts- und Austrittsbarrieren zu beeinflussen, gehört hierzu. Je schwerer potentiellen Wettbewerbern der Eintritt in die Branche gemacht werden kann und je leichter der Austritt möglich ist, um so erfolgreicher kann eine hohe Rentabilität verteidigt werden. In verschiedenen Dienstleistungsbranchen wird von den Berufsorganisationen eine Politik hoher Markteintrittsschranken mit einigem Erfolg für die Mitglieder betrieben. Von den internen Faktoren ist die Motivation der Führungskräfte und Beschäftigten hervorzuheben. Diese ist bekanntlich zwischen einzelnen Unternehmen und Branchen sehr unterschiedlich ausgeprägt.

Die externen Ursachen des Wandels der Branchenstruktur lassen sich unterteilen in allgemeine gesellschaftliche und politische Erwartungen, die an die Unternehmen einer Branche gerichtet werden, und zum anderen in ökonomische Faktoren. Politische Erwartungen mögen unverbindlicher Natur sein. Beispielsweise können sie in Appelle gekleidet sein, sich in bestimmter Weise zu verhalten, etwa umweltbelastende Verpackungen zu vermeiden oder Investitionen in wirtschaftsschwachen Räumen zu tätigen. Sie können sich auch ganz konkret in gesetzlichen und fiskalischen Maßnahmen niederschlagen, etwa dem Verbot von Einwegflaschen oder der Einführung einer Zwangsanleihe. Die Einführung der Zinsabschlagssteuer vom 1. Januar 1993 an ist ein weiteres Beispiel für eine imperative Maßnahme des Staates, die beträchtliche Auswirkung auf eine Branche, hier die Kreditinstitute, hat.

Die gesellschaftlichen und politischen Erwartungen an die Branchen werden zu einem guten Teil von den Wertvorstellungen der Bürger geprägt. Beispielsweise hat sich die gewandelte Einstellung der Bürger gegenüber dem Wert von Arbeit und Freizeit teils mittelbar in der Gesetzgebung, teils unmittelbar auf die Branchen ausgewirkt. Branchen, deren Leistungsprozeß in stärkerem Maße als andere Teilzeitbeschäftigung, Beschäftigung von Frauen oder älteren Menschen zulassen, kommen mit den derzeitigen gesellschaftlichen Veränderungen besser als andere zurecht.

Was die wirtschaftlichen Ursachen des Strukturwandels anbetrifft, so kann wiederum zwischen gesamtwirtschaftlichen und branchenspezifischen Faktoren unterschieden werden. Zu den gesamtwirtschaftlichen Ursachen des Wandels der Branchenstruktur gehört zum einen der einkommensbedingte Wandel der Nachfragestruktur. Dieser erweist sich als sehr stabil. Die Einkommenselastizität der Nachfrage auch Produktion der einzelnen Branchen ist verschieden und verändert sich durchweg bei steigendem Einkommen nur wenig. Zum anderen spielt die Höhe des technischen Fortschritts eine wichtige Rolle im Strukturwandel. Im Verarbeitenden Gewerbe ermöglicht er überdurchschnittlich hohe Arbeitsproduktivitätsfortschritte. Dies trägt dazu bei, die Konkurrenzfähigkeit gegenüber Anbietern aus Niedriglohnländern zu erhalten.

Strukturwirksam sind ferner die Veränderungen des Bestandes an produktiven Faktoren (Arbeit, Kapital, produktives Wissen) sowie die vom Weltmarkt bestimmten Änderungen der relativen Preise. Für gehandelte Güter ergab sich beispielsweise in den vergangenen zwanzig Jahren aufgrund des internationalen Preiszusammenhangs und des zunehmenden Angebots aus jungen Industrieländern eine Preissenkung von Gütern, die nicht international gehandelt werden, wie zum Beispiel Leistungen der Deutschen Bundespost und des Handwerks.

Als branchenspezifisch sind demgegenüber die Marktkonstellationen einzustufen, denen sich die Unternehmen in einer Branche gegenüberstehen. Markteintritts- und -austrittsbarrieren, Verhandlungsmacht von Unternehmen der vor- und nachgelagerten Stufe, Substitutionskonkurrenz der Produkte einer Branche durch Produkte konkurrierender Branchen und das Wettbewerbsverhalten der Unternehmen innerhalb der Branche sind maßgeblich für die Profitabilität von Produktion und Investition und damit für die Wachstumsperspektiven.

Die Faktoren, die den Wandel der Branchenstruktur in den achtziger Jahren bestimmt haben, werden ganz überwiegend auch in den neunziger Jahren präsent sein. Etwas anderes anzunehmen wäre unrealistisch. Natürlich setzt die Phantasie des Menschen Spekulationen keine Grenzen, in denen politische Unruhen, Kriege oder Massenwanderungen die wirtschaftliche Normalität aufheben. Jedoch ist nicht alles, was denkbar ist, auch zugleich wahrscheinlich. Eine Konstanz der strukturbestimmenden Faktoren ist denkbar und zugleich wahrscheinlich. Aus dieser Basisannahme läßt sich eine erste Prognose des Wandels der Branchenstruktur in den neunziger Jahren entwickeln:

1. Der Wandel der Branchenstruktur verlangsamt sich in den neunziger Jahren.
2. Die Branchen, die in den achtziger Jahren wachstumsstark waren, werden es bleiben, und die Branchen, deren Bruttowertschöpfung relativ oder absolut zurückgegangen ist, werden auch in den neunziger Jahren auf der Negativliste des Strukturwandels stehen.

Liegen also Jahre ohne Strukturkrise vor uns? Am Beginn einer Rezession, deren Tiefe und Länge noch nicht ganz absehbar ist, scheint eine solche Prognose etwas voreilig. Schließlich haben alle vorherigen konjunkturellen Abschwungphasen immer auch zugleich spektakuläre Krisen von Unternehmen und Branchen gebracht. Sollte es diesmal anders sein? Wohl kaum. Allerdings ist festzustellen, daß die Unternehmen während der achtziger Jahre bei Erweiterungsinvestitionen eher verhalten agiert haben. Sie haben es vorgezogen, die Passivseite ihrer Bilanzen zu verbessern und den Anteil von Eigenkapital zu erhöhen. Auf der Aktivseite wurde der Anteil vom Finanzaktiva ausgeweitet. Verluste im operativen Bereich der Unternehmen können aufgrund der veränderten Bilanzstrukturen besser als noch Anfang der achtziger Jahre abgefangen werden.

Was die außenwirtschaftliche Flanke anbetrifft, so kann nicht die Rede davon sein, daß von ihr in den neunziger Jahren mehr Anpassungsdruck ausgehen wird, als es während der achtziger Jahre der Fall war. Im Grunde sind es heute wie damals inländische Faktoren und hierunter solche, die außerhalb des Gestaltungsspielraums der einzelnen Unternehmen liegen. Es ist das politische und gesellschaftliche Umfeld, von dem belastende Einflüsse auf die kurz-, mittel- und langfristigen Perspektiven für die Wirtschaft ausgehen. Die Diagnose, die das Positionspapier von Graf Lambsdorff aus dem Jahre 1982 bietet, hat auch heute noch Gültigkeit. Neue Belastungsfaktoren aus dem politischen Raum sind hinzugekommen. Im Deutschen Bundestag war vor kurzem sogar die Rede von einer Staatskrise. Die Krise ist nichts anderes als Unfähigkeit, all die Leistungsversprechen einzuhalten, die der Staat abgegeben hat und erkennbar nicht einhalten kann. Es geht jetzt darum, die Ansprüche auf einen Lebensstandard oder Lebensunterhalt zurückzuführen, die von der wirtschaftlichen Leistung nicht gedeckt sind. Ein Symptom der überzogenen Ansprüche ist das Defizit des Staatshaushaltes. Es ist nicht zu erwarten, daß dieses Defizit durch steigende Einnahmen bei unveränderten Steuersätzen innerhalb der nächsten Jahre vermindert wird. Im Gegenteil: mit Einnahmeausfällen ist zu rechnen. Eine Verschuldungsquote des Staates von 60 Prozent und mehr ist in greifbare Nähe gerückt. Durchgreifende Ausgabesenkungen wären der richtige Weg, um die Zukunft des Standortes Deutschland zu sichern. Sie verlangen, daß der Aufgabenkatalog des Staates um solche Aufgaben bereinigt wird, die nach dem Subsidiaritätsprinzip besser den Privaten überlassen bleiben sollte. Hierzu gehört auch, daß der Staat die Tarifparteien in stärkerem Maße in die Verantwortung für die Folgen ihrer Vertragsabschlüsse nimmt. Wie der Staat seine Hausaufgaben lösen wird, wissen selbst die Amtsinhaber noch nicht. Nur eines ist sicher: Jede Lösung wird für die Wirtschaft insgesamt und jede einzelne Branche von größerer Bedeutung sein als alle wirtschaftlichen Einflußfaktoren zusammengenommen.

Was kann die Wirtschaft von den Universitäten erwarten?

Peter Meyer-Dohm

Die Krise der Universitäten ist alt, tiefgreifende Reformen haben aber noch nicht begonnen. In einer solchen Situation ist es verständlich, daß alle betroffenen Institutionen ihren Wunschzettel schreiben. Auch die Wirtschaft hat Erwartungen an die Universitäten: so etwa praxisrelevante und konzentriertere Studiengänge, größere Effizienz der Lehre, Einrichtung von Weiterbildungsmöglichkeiten für Berufstätige und möglichst im Ausland vertiefte Sprachkenntnisse. Daneben haben Schlüsselqualifikationen wie soziale und individuelle Kompetenz, aber auch die Allgemeinbildung eine wesentliche Aufwertung im Anforderungsprofil der Wirtschaft erfahren.

Es wäre allerdings falsch, sich allein auf Erwartungen und Ansprüche zu konzentrieren, die aus einer Distanz heraus formuliert erscheinen. Die Beziehungen zwischen Universitäten und Wirtschaft sind enger und partnerschaftlicher, als solche Wunschlisten zu erkennen geben. Universitäten und Wirtschaft stehen in einem funktionalen Verhältnis, sofern die Wirtschaft traditionell der größte Abnehmer von Hochschulabsolventen und Forschungsergebnissen ist. Wirtschaft und Universitäten leiden zur Zeit unter ähnlichen Problemen: Kostendruck, Engpässe bei gleichzeitigen Überkapazitäten, zu viel Verwaltung, zu lange Entwicklungs- und Produktionszeiten, Schwierigkeiten mit der flexiblen Anpassung.

Universitäten und Wirtschaft stehen aber auch in einem gesellschaftlichen wechselseitigen Gestaltungsverhältnis. In der Vergangenheit ging mancher Modernisierungsschub von den Universitäten aus. Die heutigen Strukturveränderungen aber werden vornehmlich von der Wirtschaft bedingt, während die Universitäten wie ein Fels der Kontinuität jeden Herbst von Studentenfluten überspült werden. Ob die Wirtschaft aus ihrem Verwandlungsprozeß gestärkt hervorgehen wird, hängt nicht zuletzt von der Zusammenarbeit mit den Universitäten und deren Leistungsfähigkeit ab.

In den neunziger Jahren betrifft der strukturelle Wandel in der Wirtschaft nicht mehr allein die Einführung neuer Techniken in nur oberflächlich angepaßte Strukturen. Betriebswirtschaftliches Management und Organisation industrieller Fertigung ändern sich im ganzen und mit ihr das Qualifikationsprofil der Mitarbeiter, vom Montagearbeiter bis zur Führungskraft.

Worin bestehen die grundlegenden Veränderungen, die eine noch intensivere und partnerschaftlichere Zusammenarbeit mit den Universitäten fordern? Globalisierung und Sättigung der Märkte, Internationalisierung der Unternehmen, beschleunigter technologischer Wandel, verändertes Konsum- und Arbeitsverhalten sind Bestandteile einer oft als Krise empfundenen Gegenwart und schon zum Bestandteil des Alltagsbewußtseins geworden. Schienen bis in die siebziger Jahre die Sättigungsgrenzen vieler Märkte weit hinausgeschoben und fast jede Qualität absetzbar zu sein, so sichert heute nur noch höchste Qualität zu niedrigen Herstellungskosten bei kundennaher, flexibler Produktpalette das Überleben am Markt.

So bekannt die Einzelfaktoren dieses Szenarios sind, so ungewohnt ist uns noch der Gesamtzusammenhang des Wandels, obwohl dem Paradigmawechsel von der »Massenproduktion« zur »schlanken Produktion« schon breite publizistische Aufmerksamkeit zuteil geworden ist. So werden die Probleme von den Unternehmen heute oft noch in der Reihenfolge ihres Auftretens und mit dem vorhandenen und vielfach erprobten Instrumentarium abgearbeitet. Man wird allerdings dabei bald merken, daß mit der Fixierung auf Einzelprobleme und einem eher konzeptionslosen Reagieren nicht weit zu kommen ist. Die angesprochenen Faktoren werden den gewohnten Zustand langfristiger Planung und Kontrolle nicht wieder zulassen. Sie sind Teil eines »Modellwechsels« in den Grundsätzen nicht nur der industriellen Produktion, der ein anderes Verständnis vom Unternehmen und ein anderes Ausbildungsprofil des Mitarbeiters zugrunde liegt.

Neues Anforderungsprofil für die Mitarbeiter

Das pointiert gezeichnete Modell der Massenproduktion, das wir in Teilen hinter uns zu lassen begonnen haben, entspricht einer Maschine und ist ein vollständig durchschaubares, nach außen abgeschlossenes, berechenbares System. Produktionsabläufe sollen mit nahezu mathematischer Genauigkeit geplant und gelenkt werden können. Die Charakteristika dieser Arbeitsweise der »visible hand« sind: Planbarkeit und Kontrolle aller Prozesse, strikte Arbeitsteilung, technozentrierter Arbeitsplatz, zentrale Verwaltung, steile Hierarchie, Trennung von Arbeits- und Lernprozessen, Repetition statt Veränderung, isolierte Leistung statt Teamwork. Die mit dieser Art der Produktion verbundene Arbeitsweise, Emotionalität und Moral ist von der Hierarchie und den Einschränkungen der Arbeitsteilung geprägt und basiert auf den am Maschinentakt geschulten Tugenden des 19. Jahrhunderts: Zwang, Gehorsam, Repetition, Gewöhnung.

Das Ausbildungsprofil, das die Mitarbeiter eines nach diesem Modell agierenden Unternehmens von den Universitäten mitbekommen sollen, ist diesem Paradigma entsprechend in spezialisierte Disziplinen und Fachbereiche aufgeteilt. Die Aufspaltung der Studieninhalte an den Universitäten entspricht nicht selten der betrieblichen Organisation und ihren Spezialisierungen. Das Wissen, das in einem nach diesem Modell organisierten Unternehmen angesammelt wird, ist vielfältig, von der unternehmerischen Strategie über das ingenieurtechnische Fachwissen bis zur Bedienungsanleitung der Maschine. Bezeichnend am Umgang mit Wissen ist hier jedoch die unmittelbare Koppelung an Sachinvestitionen, entsprechend auch die Bindung an Planungsinstanzen und die nur punktuelle Organisation von Lernprozessen. Ein solches Unternehmen lernt nicht kontinuierlich und meistens nicht an den Orten, wo die Erfahrungen gemacht werden. Die systematische Förderung von kontinuierlichen Lernprozessen am Arbeitsplatz, die Sammlung und Einbringung allen im Unternehmen angesammelten Wissens durch gezielte Humanressourcenentwicklung sind eher die Ausnahme.

Diese Welt versuchen viele Unternehmen nicht nur der Industrie seit geraumer Zeit hinter sich zu lassen. Sie orientieren sich dabei an Vorstellungen, die unter der Überschrift »schlanke Produktion« laufen. Das Paradigma der sogenannten »schlanken Produktion« hat das konstruktivistische Ideal der umfassenden Steuerbarkeit aufgegeben. Angesichts der weltwirtschaftlichen Schwankungen haben sich die Anforderungen an die Unternehmen nicht nur erhöht, sie haben sich in ihrem Charakter verändert. Das Überleben auf einem offenen, zum Teil gesättigten Markt kann nicht mehr allein durch Steigerung der Produktion oder bloße Kostensenkung, sondern nur durch ständige Verbesserung der Produktqualität und des Produktionsprozesses gesichert werden, was Flexibilität und Kundennähe voraussetzt.

Nur als lernendes, offenes, sich selbst organisierendes System ist das Unternehmen überlebensfähig, nicht aber als sich autonom dünkende Zelle. Lernprozesse lassen sich weder befehlen, noch kann man sie dem Zufall überlassen; Lernen setzt Lernfähigkeit und Lernwilligkeit, besonders aber positive Lernbedingungen voraus. Zuvorderst gehören dazu reibungslose Kommunikation und kurze Wege. Erfahrungen müssen zu Informationen werden, Information muß analysiert werden und zu Entscheidungen führen, die wiederum, möglichst an gleicher Stelle, in ihrem Erfolg beurteilt werden. »Schlanke Produktion« als die notwendige Anpassung an die gegenwärtig herrschenden Marktbedingungen bedeutet zuerst, Lernen zu lernen. Versteht sich das Unternehmen als »lernendes System«, so liegen die dafür notwendigen praktischen Schritte auf der Hand: Abflachung der Hierarchie, Gruppen- und Teamarbeit, Delegierung von Entscheidungskompetenzen, Netzwerkmanagement und unternehmerisches Mitdenken jeden Mitarbeiters.

In einem lernenden Unternehmen muß der einzelne Mitarbeiter bereit sein, ein Berufsleben lang zu lernen. »Lebenslanges Lernen« bezieht sich aber nicht mehr allein auf kognitives Wissen, sondern auch auf soziale Kompetenz, die für die Effizienz der Gruppe oder des Teams gebraucht wird, aber bisher weder Ergebnis noch Bildungsgegenstand eines deutschen Hochschulstudiums ist. Die Fähigkeit, aus Teamerfahrungen Lernprozesse abzuleiten, die in einen kontinuierlichen Verbesserungsprozeß münden, darf nicht erst bei Eintritt in ein Unternehmen, sondern muß bereits in Schule und Hochschule eingeübt werden.

In Zeiten der streng arbeitsteiligen Wirtschaftsweise und Produktion entsprach das Angebot der Universitäten, Wissen scharf getrennt in Fächern zu vermitteln, weitgehend den Bedürfnissen der Wirtschaft. Wird aber die Hierarchie in den Unternehmen flacher, werden die Funktionen untereinander vernetzt, integriertes Management angestrebt, die Instanzen von der Fehleranalyse bis zur Fehlerbeseitigung zusammengelegt und die Verantwortung einem Team übergeben, so ist damit auch ein Wandel der »Tugenden« und ein Wandel der Bildungsinhalte verbunden.

Der Mitarbeiter des sich selbst organisierenden, offenen Systems »Unternehmen« darf kein Einzelkämpfer sein. Er muß über seinen Arbeitsplatz und über Fachgrenzen hinaus denken können. Mitarbeiter in Führungspositionen müssen in ihrer jeweiligen Einheit unternehmerisch tätig sein. »Unternehmerisch« ist dabei in einem ganz ursprünglichen Sinne gemeint: Der Mitarbeiter muß eine Vision für seine Tätigkeit entwickeln können, das Urteilsvermögen besitzen, über ihre langfristigen Realisierungsmöglichkeiten zu befinden, den Mut, ein entsprechendes Risiko zu tragen, und schließlich muß er die soziale und kommunikative Fähigkeit besitzen, seine Vision zu vermitteln und seine Mitarbeiter zu motivieren. Dabei bedeutet »unternehmerisches Denken« gerade wegen des neuen Rollenverständnisses aber auch verantwortliches Denken, das heißt Verantwortung wahrnehmen für das Team und das Unternehmen. Das sind Eigenschaften, die von der bisherigen hochgradig individualisierten und fachlich segmentierten Universitätsausbildung kaum abgedeckt werden.

Von den Universitäten wird die Wirtschaft in Zukunft verstärkt eine Ausbildung fordern, die neben der unverzichtbaren Disziplinorientierung die Interdisziplinarität ausbaut, die praxisrelevant ist, die eigene Einsichten und Selbstlernprozesse anregt und die auch soziale Kompetenzen vermittelt. Das heißt nicht, daß Fachwissen gegen kommunikative Kompetenz ausgetauscht werden kann, wie es oft mißverstanden und in vielen Bereichen der Gesellschaft leider praktiziert wird. Fachwissen ohne soziale Kompetenz wird jedoch erst gar nicht zur Wirkung gelangen. Unternehmen, in denen die Universitätsabsolventen oft erst mit dreißig Jahren ihr Arbeitsleben beginnen, können diese Kompetenz nicht nachträglich vermitteln. Alle Bemühungen der Unternehmen um Humanressourcenentwicklung mit dem Ziel, eine Kultur der gemeinsamen Probleme, des gemeinsamen Nachdenkens und des ständigen Verbesserns hervorzubringen, sind zum Scheitern verurteilt, wenn sie nicht auf Kompetenzen aufbauen können, die schon mit der Erstausbildung von Schule und Universität vermittelt worden sind.

Den Stellenwert, den überfachliche Qualifikation mittlerweile im Betrieb einnimmt, macht uns deutlich, daß Bildung und Ausbildung nicht nur Aneignung und Verarbeitung von wissenschaftlichen Forschungsergebnissen bedeutet. Anders als die Programmierung von Computern hat es die Bildung von Menschen mit unterschiedlichen Wissensformen zu tun, mit theoretischem, praktischem, sozialem Wissen, mit Selbsterkenntnis und Gegenstandserkenntnis, mit Vorurteilen und Utopien und deren Korrekturen. Soziale Kompetenz bildet sich in der Ausbildung all dieser Wissensformen, letztlich also im Umgang mit Menschen, nicht allein mit Wissenschaft aus.

Können die Universitäten aber überhaupt soziale Kompetenz und andere Schlüsselqualifikationen vermitteln? Trotz mancher Fehlentwicklungen im Hochschulbereich kann das wissenschaftliche Studium Schlüsselqualifikationen vermitteln, die auch in absehbarer Zeit an keinem anderen Ort angeboten werden. Dazu zählt zuerst die Erziehung zu methodischem Umgang mit Problemen. In der alten Streitfrage, ob die Hochschule einen Generalisten für die Wirtschaft oder einen Spezialisten für die Wissenschaft ausbilden solle, fällt es dem Praktiker nicht leicht, für den Generalisten oder den Spezialisten zu plädieren. Die Frage ist auch in dieser Form falsch gestellt. Denn die Eigengesetzlichkeit wissenschaftlichen Studiums wie auch die Anforderungen des Berufslebens lassen eine solche Alternative nicht zu. Natürlich muß der Absolvent zum Beispiel eines ingenieurwissenschaftlichen Studiums ein »Spezialist« sein, wenn wir darunter die Beherrschung des Faches verstehen. Aber er muß zugleich in der Lage sein, sich immer erneut zu spezialisieren und damit flexibel auf berufliche Herausforderungen zu reagieren. Ein Studium, egal ob ein geistes-, natur- oder ingenieurwissenschaftliches, befähigt insoweit auch zum Generalisten, als es die Konzentration auf Probleme fördert, zu methodischem Umgang mit ihnen erzieht, zu selbständigem Denken, Urteilsvermögen und argumentativer Auseinandersetzung. Der Wert des Studiums beschränkt sich also nicht auf den Erwerb von Spezialkenntnissen, sondern besteht in der allgemeinen Fähigkeit, ein Problem methodisch bewältigen zu können. Dies führt zu einer geistigen Disposition, die in die Lage versetzt, Probleme dort zu lösen, wo sie auftreten. Der »Generalist«, den die Wirtschaft sucht, ist nicht derjenige, der von allem etwas weiß, sondern derjenige, der weiß, wie er sich das Wissen aneignen oder beschaffen kann, das er jeweils zur Lösung eines Problems braucht. Letztlich ist es für diese grundlegenden Fähigkeiten gleich, ob es sich um ein technisches, mediaevistisches oder ornithologisches Studium handelt.

Wichtig ist dann allerdings die Qualität der Lehre. Bücher können noch so erschöpfend sein, Vorlesungen noch so begeisternd – das Ziel jeden Lehrens muß es sein, den passiven Rezipienten fertigen Wissens zum aktiven Sucher und Hersteller eigener Einsicht zu machen. Echtes wissenschaftliches Studium hat viel mit diesem »philosophischen Eros« der Verführung zum Risiko des Selberdenkens zu tun und der Verfall der Studienqualität viel mit dem Verlust der rhetorischen Qualität des gesprochenen Wortes, dem Mangel an direktem Umgang zwischen Lehrenden und Lernenden. Wir brauchen mehr begeisterte Pädagogen in der Lehre, genauso wie wir mehr »motivatorship« in den Unternehmensleitungen brauchen. Ersteres setzt natürlich eine grundlegende Änderung des Selbstverständnisses vieler Universitätslehrer voraus. In den letzten dreißig Jahren haben sich die Professoren meist vornehmlich als Forscher betrachtet und die Lehre als notgedrungene Pflicht.

Die Grundlagen des fachlichen Interesses und der Befähigung zum selbständigen Lernen werden allerdings schon in der Schule gelegt. Die Schule soll und kann keine »Fertigprodukte« entlassen. Sie muß jedoch ihren Absolventen den Horizont der Bildungsmöglichkeiten eröffnen, den sie von einer Hochschulausbildung erwarten können. Die Schule weckt idealerweise »Bildungshunger«, ohne den jedes *studium generale* an den Universitäten ins Leere läuft, schafft den »Treibstoff« zur wissenschaftlichen Auseinandersetzung, die solide Basis des Generalisten. Selbstverständlich muß diese Aufgabenverteilung heute als ein sich stetig weiter entfernendes Ideal angesehen werden.

Eine wesentliche Forderung der Wirtschaft an die Universitäten betrifft die Praxisrelevanz des Studiums. Anders als in Fragen der Lehre hat sich auf diesen Gebieten die Lernfähigkeit der Universitäten im Grunde bewiesen. Praxisrelevanz nimmt sich an den Universitäten anders aus als an den Fachhochschulen. Ob jemand eine wissenschaftliche Theorie verstanden hat, ob er Denken gelernt hat, zeigt sich in seiner Fähigkeit, verschiedene Ansätze zu vergleichen, an verschiedenen Universitäten, in verschiedenen Sprachen, in benachbarten Disziplinen zu arbeiten. Wer seine Denkfähigkeit schulen will, muß Grenzen überwinden lernen, sprachliche, kulturelle und fachliche. Über diesen Praxisbezug der Theorie hinaus müssen Praktika in der Wirtschaft, Auslandsaufenthalte, gesellschaftliches und politisches Engagement die für das Berufsleben wichtigen Schlüsselqualifikationen stärken.

In den technischen Fächern der Fachhochschulen haben sich in Zusammenarbeit mit der Industrie Studiengänge im Praxisverbund herausgebildet. Ein »Sandwichstudium« garantiert zum Beipiel die Einbettung der Theoriesemester in Praxissemester. Diese Kombination von Theorie- und Praxissemester ermöglicht die Ausbildung der intellektuellen Fähigkeiten, die den Regelkreis des Lernens von ersten Erfahrungen über die Situationsanalyse bis zur Durchführung und Beurteilung der Verbesserungsmöglichkeiten schließen. Der angestrebte Lernprozeß im Unternehmen setzt nicht messerscharfes Schließen auf Befehl und in vorgegebenen Disziplinen voraus, sondern, neben der Beherrschung des Faches, Sensibilität für disziplin- und bereichsübergreifende Probleme, Kreativität für eigenständige Verbesserungsvorschläge und Mut zu eigenen Entscheidungen.

Fachübergreifendes und interdisziplinäres Forschen und Studieren ist eine alte Forderung der Wirtschaft an die Universität. Probleme richten sich nicht nach Fachbereichsgrenzen. Die Praxis hat jedoch gezeigt, daß es nicht genügt, aus den jeweiligen Disziplinen ausgewählte Vertreter an einen Tisch zu setzen. Das Ergebnis ist in den meisten Fällen keine Klärung gemeinsamer Probleme, sondern weit häufiger ein Panoptikum divergierender und oft sich gegenseitig ausschließender Ansätze. Daher sind fruchtbare Impulse zu interdisziplinärem Denken und Forschen weniger von den Universitäten selbst als aus der Praxis zu erwarten. Probleme verlaufen meist nicht parallel zu Fachbereichsgrenzen, sondern quer dazu. Wer nicht in der Lage ist, ihnen folgend auch einmal quer zu denken, wird in der wirtschaftlichen Praxis keine neuen Wege finden. Gerade in den Wirtschaftswissenschaften und der Managementausbildung ist es notwendig, die Praktiker der Wirtschaft stärker an den Konzepten der Studiengänge und möglichst auch an der Lehrtätigkeit zu beteiligen.

Das Verhältnis von Theorie und Praxis gestaltet sich an Universitäten und Fachhochschulen unterschiedlich. Die unterschiedlichen Ausbildungsprofile haben sich grundsätzlich bewährt. Technik als angewandte Wissenschaft lebt von der möglichst engen Verflechtung mit der Praxis. Nur die unmittelbare Rückkoppelung aus der Praxis in die Universität ermöglicht die reibungslose Anwendung und Optimierung von Innovationen. Die Wissenschaft an den Universitäten benötigt größere Freiräume, um ihre Dynamik zu entfalten. Jede Wissenschaft ist auch Grundlagenforschung, die nicht unmittelbar auf Nutzanwendung ausgerichtet ist.

Das soll nicht einem bloßen Nebeneinander von Fachhochschulen und Universitäten das Wort reden. Ganz im Gegenteil ist sogar ein hohes Maß an Austausch und Kooperation nötig, um das Zusammenspiel zwischen Wissenschaft, Studium und Wirtschaft sicherzustellen. In diesem Sinne ist zum Beispiel die Möglichkeit der Promotion von Absolventen der Fachhochschulen an den Universitäten ein wichtiger Entwicklungsschritt für helle Köpfe. Die Vielfalt von Universitäten, Technischen Universitäten, Gesamthochschulen und Fachhochschulen, privaten und öffentlichen Einrichtungen bildet eine Stärke der deutschen Hochschullandschaft. Darin liegt auch ein Vorteil im gemeinsamen europäischen Bildungsmarkt.

Die Unterschiede des Studiums an Universität und Fachhochschule dürfen jedoch nicht darüber hinwegtäuschen, daß die Absolventen aller Hochschulformen sich den gleichen Merkmalen betrieblicher Praxis gegenüberstehen. Um dieser Praxis gewachsen zu sein, sind für beide Absolventengruppen bereichsübergreifendes Denken und Sozialkompetenz unabdingbar.

Der Reformbedarf ist für Fachhochschulen und Universitäten unterschiedlich. Entsprechend den Empfehlungen des Wissenschaftsrates und der langfristigen Planung der meisten Länder und des Bundes sollen die Fachhochschulen ausgebaut, der Praxisbezug gestärkt und das Weiterbildungsangebot ausgebaut werden. Zusätzlich soll der spezifische Praxisbezug der Ausbildung durch die Zusammenarbeit mit der regionalen Wirtschaft gestärkt werden. Der Ausbau der Fachhochschulen soll auch zu einer Verringerung der Belastung der Universitäten führen.

Der Reformbedarf an den Universitäten ist größer, die Lage komplizierter. Gehen wir von einer strukturellen Parallelität der Probleme an den Universitäten und den Unternehmen aus, so ergeben sich einige Grundsätze für eine notwendige Reform der Universitäten. In den Universitäten wie in den Unternehmen geht es um den möglichst effizienten Einsatz von begrenzten Mitteln. Der Einsatz dieser Mittel dient der Herstellung von Produkten. Die klassischen »Produkte« der Universitäten sind Forschung und Lehre und die Heranbildung des wissenschaftlichen Nachwuchses. Mit Abstand folgt die Weiterbildung. Alle diese Leistungen machen auch einen wesentlichen Faktor der Wettbewerbsfähigkeit der deutschen Wirtschaft aus. Es macht heute keinen Sinn mehr, grundsätzlich zwischen der Verwendung privatwirtschaftlich erarbeiteter Geldmittel und durch Steuern erworbener Mittel der öffentlichen Hand zu unterscheiden. In beiden Fällen handelt es sich um das Geld des Bürgers. Wird einer verantwortungsbewußten, das heißt ökonomisch rationalen Umsetzung der zur Verfügung stehenden Mittel in Forschung, Lehre und Weiterbildung von allen Beteiligten zugestimmt, so muß eine Reform von vier Grundsätzen ausgehen: Entbürokratisierung der Verwaltung, mehr Selbständigkeit der Hochschulen im finanziellen Bereich, ständige Evaluierung der Leistung, eigenständiges Leistungsprofil.

Was mit diesen Grundsätzen gemeint ist, läßt sich mit Hilfe eines Bildes zeigen. Verstehen wir die Kultusministerien der Länder als Konzerne, die Universitäten eines Landes als Tochtergesellschaften und die einzelnen Fachbereiche als deren Betriebe, so hängt das langfristige

Überleben solch einer Tochtergesellschaft von der Flexibilität des Konzerns, von der Nähe zum Markt und der Leistungskraft der Mitglieder der einzelnen Betriebe ab.

Entbürokratisierung bedeutet dann eine Beschränkung der ministeriellen Zuständigkeiten, also der Aufgaben des Konzerns, auf bloße Aufsichtsfunktionen. Die Tochtergesellschaften, die Universitäten, müssen in ihrer Selbständigkeit gestärkt werden. Denn nur sie sind auf dem Markt präsent und an der Schaffung des Produkts beteiligt. Innerhalb der Tochtergesellschaften sind es jedoch die in den Betrieben, den Fachbereichen, tätigen Mitarbeiter, die die Leistungsfähigkeit, die Vielfalt und das Kostenniveau des Produkts bestimmen. Der gewonnene Gestaltungsspielraum von Universitäten und Fachbereichen muß daher mit einer Stärkung der Hochschulleitung und Dekane verbunden werden. Die Hochschulen müssen unternehmerisch geführt werden, und es darf nicht nur der *status quo* verwaltet werden. Die Universität muß über die Fachbereiche Lehrinhalte und Forschungsstruktur weitgehend bestimmen und so ihr Profil ausprägen können.

Zur Selbstorganisation des Hochschulmanagements gehört ein selbständiger Finanzstatus, das heißt eine größere Freiheit und Flexibilität in der Beschaffung und Verfügung von Mitteln. Mittelverteilung ist ein wesentliches Lenkungsinstrument in bezug auf Personalbewirtschaftung und Anreizsysteme für einen sparsameren und effizienteren Mitteleinsatz.

Eine ständige Evaluation und Kontrolle von Forschungs- und Lehrleistungen muß der Vergabe von Mitteln zugrunde liegen. Durch die Bildung von Pools und Fonds kann der starre Mechanismus der Mittelvergabe zur Gestaltung der Inhalte und Hebung der Qualität problemorientiert und interdisziplinär eingesetzt werden. Um einen Vergleich der Universitäten zu ermöglichen, sind normierte Lehr- und Forschungsberichte nötig.

Universitäten als Unternehmen am Markt

Straffung der Verwaltung, Flexibilisierung der Mittelvergabe, Stärkung der Leistungsstrukturen sind die Voraussetzung für eine Diversifizierung der Produktpalette und die Profilbildung der Universitäten. Gerade die Angelsachsen haben uns gezeigt, wie wichtig eine klare Schwerpunktbildung in Forschung und Lehre für den Marktzugang ist, wie effektiv die Pflege des *genius loci* als Integrationsfaktor nach innen und als Gestaltungsprinzip nach außen wirkt.

Diese Rahmenbedingungen einer zukünftigen Reform der Hochschulen sind mittlerweile keine wirtschaftsspezifischen Forderungen mehr. Auch die Modelle der Kultusverwaltungen in Berlin, Saarland und Niedersachsen, um nur einige zu nennen, haben diese Forderungen mit dem Ziel der Selbständigkeit und Eigenverantwortlichkeit der Universitäten in unterschiedlicher Form aufgenommen.

Das Streben nach effizienterer Verwertung der Mittel ist kein Selbstzweck. Die Universitäten müssen lernen, wie Unternehmen Anbieter auf einem Markt zu sein. In einem gemeinsamen europäischen Binnenmarkt besitzen die deutschen Universitäten kein Monopol. Weder in der Forschung noch in der Lehre oder der Weiterbildung. Für Weiterbildung gibt es schon heute einen expandierenden privaten Markt.

Ziehen wir die Bedingungen des europäischen und weltweiten Bildungsmarktes mit in Betracht, so empfangen wir eine Reihe von Signalen, die in die beschriebene Richtung weisen: Der teilweise Vorsprung der US-amerikanischen Hochschulen basiert auf einem hohen Grad an staatlicher Deregulierung, verbunden mit mehr Managementkompetenz bei Präsidenten und Dekanen im Bereich von Serviceleistungen, Anreiz- und Sanktionsmechanismen und der Schaffung von Corporate Identity.

In England existiert eine interessante und erfolgreiche Mischung von staatlicher Finanzierung und finanzieller Entscheidungsfreiheit der Universitäten. Die drastischen Kürzungen im Bildungsbereich haben dort zu einer Vielfalt von Managementstrategien im Hochschulbereich geführt. Die Hochschulreformen in den Niederlanden haben die detaillierten Budgetvorgaben zugunsten eines Globalbudgets mit eingebauten Reform- und Sparansätzen in den Hintergrund treten lassen.

Wie können unsere Universitäten angemessen reagieren? Der falsche Weg besteht in einer Mischung von Besitzstandssicherung und scheinbarer Marktanpassung. Die Universitäten, Fachbereiche und Institute gehen dann oft von vorhandenen Überkapazitäten, besonders in den Geisteswissenschaften und der Pädagogik, aus und versuchen eine scheinbare Marktanpassung mit Hilfe der Schaffung neuer Studiengänge und der fachbereichsinternen Umwidmung alter Lehrstühle. Dieser Weg führt nur noch tiefer in die Krise.

Der Einkauf von Sicherheit wird teurer und komplexer

Die Auswirkungen der Liberalisierung des Versicherungsmarktes für deutsche Unternehmen

Bernhard Fink

Im Europa-Jahr 1993 sehen sich die deutschen Unternehmen mit einer völlig ungewohnten Thematik konfrontiert: deutliche Preiserhöhungen in der Industrieversicherung. Das hat es lange nicht mehr gegeben und ruft Erinnerungen wach an starre Tarife, Verbandsdisziplin, Absprachen – und entsprechende Verdächtigungen sind auch bereits zu hören. Dies ist wenig verwunderlich. Nach der umfassenden Deregulierung der Industrieversicherung sollte der Binnenmarkt in Deutschland wie in allen europäischen Ländern den Effekt eines größeren, wettbewerbsstärkeren Marktes bringen, mit attraktiveren Produkten, internationalen Anbietern und mit einer laut dem gerade drei Jahre alten Cechini-Bericht auch für die europäischen Länder individuell zwischen 20 und 60 Prozent eingeschätzten Preissenkung. Statt dessen nun also hierzulande wie auch in den Nachbarländern die Forderung der Versicherer nach Prämienerhöhungen in einer Größenordnung zwischen 50 und 100 Prozent, in erster Linie in der Feuer-Industrieversicherung, in der man sich in der Bundesrepublik seit 1973, also über fast 20 Jahre hinweg, an Prämienabsenkungen gewöhnt hatte. Sanierung also statt Liberalisierung? Kartell statt europäischer Wettbewerb? Eine Arabeske, über die man rasch wieder zur Tagesordnung und damit zu den zukunftsgerichteten europäischen Themen übergehen wird? Wohl kaum, viel eher ein für die Zukunft des liberalisierten Versicherungsmarktes symptomatischer Zustand, dem im Gegensatz zu früheren Marktreaktionen auch die traditionell stabileren mitteleuropäischen Märkte Frankreich, Italien und Deutschland ebenso unterworfen sind wie der englische Versicherungsmarkt, der bereits in der Vergangenheit größere Ausschläge zu verzeichnen hatte.

Zwar ist in den vergangenen Jahren ein instabileres Marktgefüge in einem liberalisierten europäischen Versicherungsmarkt prophezeit worden: Daß der Beginn des Versicherungs-Binnenmarktes nun mit einer »Sanierungsphase« einhergeht, beruht freilich nicht vorrangig auf Liberalisierungseffekten. Die gegenwärtige Marktverfassung legt vielmehr vielfältige Versäumnisse aller Marktteilnehmer schonungslos offen, Versäumnisse, die vielleicht in der Marktverfassung der vergangenen Jahre unvermeidlich waren, mit denen man aber in einem liberalisierten und volatileren europäischen Markt nicht bestehen kann.

Versicherer und Makler einerseits, Risiko-Manager und Unternehmensleitung andererseits müssen sich mit den sich daraus ergebenden Herausforderungen schleunigst und intensiv auseinandersetzen: Industrieversicherung wird komplexer, verantwortungsvoller und insgesamt gesehen teurer für die Unternehmen; entsprechend ist eine professionellere Auseinandersetzung mit den Themen Sicherheit, Risiko-Management und Versicherung unverzichtbar. Industrieversicherung wird aber auch wesentlich riskanter, serviceintensiver und insgesamt gesehen gefährlicher für die Anbieter; entsprechend ergeben sich völlig neue Management-Erfordernisse, denen heute nur wenige Versicherer und Makler gerecht werden können.

Analysiert man die Hintergründe für die gegenwärtige Marktsituation etwas intensiver, stößt man schnell auf eine den gesamten Markt kennzeichnende Unsicherheit hinsichtlich der für die Zukunft objektiv notwendigen Prämiensätze. Mit anderen Worten: losgelöst von den natürlichen Schwankungen eines jeden Marktgeschehens ist die Frage nach dem richtigen Preis für die Versicherung großer und größter Industrierisiken heute schwieriger denn je zu beantworten. Die Risikosituation ist durch ein immer höheres Schadenpotential und eine sehr individuelle, weitgehend unhomogene Risikosituation selbst innerhalb derselben Industriebranchen gekennzeichnet. Die Unternehmen verweisen zu Recht auf die erheblichen Anstrengungen, die in den vergangenen Jahren zur Erhöhung der Sicherheit umgesetzt wurden, die Versicherer konstatierten demgegenüber einen kontinuierlichen Anstieg von Zahl und Ausmaß industrieller Groß- und Größtschäden. Diese Situation hat sich keineswegs plötzlich ergeben, sie ist vielmehr kennzeichnend für die zweite Hälfte der achtziger Jahre. Über Jahre war die Versicherung industrieller Risiken für die Versicherer kein Geschäft mehr, die Verluste in diesen Sparten stiegen vielmehr dramatisch und scheinbar unaufhörlich. 1991 war in Deutschland mit über 46 Prozent Bruttoverlust eine traurige Rekordmarke erreicht, zu der alle Sparten beigetragen haben; zum Beispiel allein die Feuerversicherung mit 2 Milliarden Defizit, das auch im Jahre 1992 zwischen 1,2 und 1,5 Milliarden eingeschätzt wird.

Die Ursachen dafür sind vielfältig: Moderne Technologien und die damit verbundene Wertekonzentration sowie immer größere Verwundbarkeit der Abläufe führen dazu, daß höhere Sachschäden entstehen und gleichzeitig die Unterbrechungsdauer überproportional ansteigt, was vor allem zu erheblichen Verlusten in der Betriebsunterbrechungs-Versicherung geführt hat. Besonders gravierend wirkt sich in diesem Zusammenhang ein Aspekt aus, der von den Feuerversicherern lange unterschätzt worden ist. Bei nahezu jedem größeren Brandschaden löst der in aller Regel kontaminierte Brandschutt erhebliche Entsorgungsprobleme aus, die nicht nur den Sachschaden erheblich erhöhen, sondern darüber hinaus auch die Wiederherstellung deutlich verzögern mit entsprechender Auswirkung auf das Unterbrechungsrisiko. Die Verschärfung des Umweltrisikos trifft die Industrieversicherer auch an anderer Stelle: in der Haftpflichtsparte bei der schwierigen Abgrenzung von Altlasten gegenüber neueren Belastungen aus versicherten Schadenereignissen und in der Transportversicherung mit einer spürbaren Risikoerhöhung aufgrund der neuen Verpackungsverordnung.

Immer offensichtlicher wurde die Divergenz der am Markt durchsetzbaren niedrigen Prämienraten gegenüber dem stetig ansteigenden versicherten Risiko. Daß eine nachhaltige Marktreaktion über Jahre und bis zum Frühsommer 1992 weitgehend ausgeblieben war, liegt nicht zuletzt daran, daß die Versicherer einen erheblichen Teil dieses Risikos in Rückversicherung abgeben, was dazu geführt hat, daß die Rückversicherer zum Beispiel in der Industrie-Feuer-Sparte Verluste in beispielloser Größenordnung eingesteckt haben. Rückversicherung ist auf den langfristigen Risikoausgleich angelegt, daher hat die eigentlich zwangsläufige Forderung nach einer adäquaten Kompensation auf sich warten lassen: Nunmehr jedoch ist die Bereitschaft der internationalen Rückversicherung, große Verlustpotentiale aus dem Industrieversicherungsgeschäft aufzunehmen, beendet. Die Industrieversicherer müssen für die kommenden Jahre Ertragsperspektiven aufzeigen, oder sie verlieren den für ihr Geschäft existentiell nötigen Rückversicherungsschutz. Es besteht kein Grund zur Hoffnung, daß sich die Rückversicherer bald wieder an die alte (Verlust-)Situation gewöhnen könnten. Sie mußten nämlich ihrerseits feststellen, daß sie an anderer Stelle ihr Risiko unterschätzt hatten. Zum klassischen Geschäft der Rückversicherer zählt neben der Übernahme von Großrisiken auch die Abdeckung von Kumulationsrisiken, die die Versicherer aus Naturkatastrophen treffen können. Die in den vergangenen Jahren stetig zunehmenden Schäden aus den Sturm-, Hagel- und Überschwemmungskatastrophen, vor allem in Europa und Nordamerika, haben den Rückversicherern so hohe Schäden beschert, daß sie ihr Engagement in diesem Bereich ebenso limitieren müssen wie die Abdeckung industrieller Großrisiken. Angesichts der verbreiteten Unsicherheit von Wissenschaft und Forschung hinsichtlich Klimaveränderungen und damit in Zusammenhang stehenden zusätzlichen Katastrophenrisiken muß damit gerechnet werden, daß dieser Zustand auf längere Zeit anhalten wird.

Das Geschäft mit dem industriellen Risiko wird also in Zukunft in Europa von neuen Grenzen gekennzeichnet sein: Während Ländergrenzen ihre Bedeutung verlieren, gewinnt die Bestimmung der Grenzen der Risikoübernahme und der Grenzen der Kalkulationsfähigkeit eine völlig neue Bedeutung für Versicherer wie für die versicherten Unternehmen.

Parallel zu dieser für alle Seiten unerfreulichen Limitierung auf der Anbieterseite nimmt der Bedarf an Versicherungsschutz in der Industrie beständig zu. Der harte Wettbewerb, der den europäischen und weltweiten Markt in nahezu allen Industriebranchen heute schon kennzeichnet, zwingt die Unternehmen dazu, die Gefährdung ihrer Aktiva und ihrer Liquidität durch unerwartete Ereignisse sorgfältiger einzugrenzen. Die dazu notwendigen Risikoanalysen zeigen in aller Regel auf, daß die Unternehmen viel verwundbarer sind, als es der Unternehmensleitung bewußt ist. Ein gefährlicher Zustand! Insbesondere wächst das Risiko der Inanspruchnahme aus angeblicher und tatsächlicher Haftung: nicht nur seitens der immer besser aufgeklärten und gelegentlich von selbsternannten Verbraucherschützern manipulierten Konsumenten, sondern auch seitens der industriellen Abnehmer, deren Bedeutung in der immer stärker arbeitsteiligen Produktionswelt zunimmt und die sich ihrer Rechte sehr bewußt sind. Gefährdet sind aber nicht nur die Assets des Unternehmens, gefährdet ist auch die Karriere des Managers: Der Haftung des Unternehmens für seine Produkte, seine Dienstleistungen, insbesondere aber auch seine Einflußnahme auf die Umwelt, folgt in immer gravierenderem Maße die persönliche strafrechtliche Verantwortung des Managements.

Ertragsausfall-Versicherung, Kreditversicherung, Umwelt- und Produkthaftpflicht-Versicherung sowie Industrie-Strafrechtsschutz werden damit einen immer wichtigeren Stellenwert für die Unternehmen erhalten. Der liberalisierte Markt wird hier die Möglichkeit zu rascherer

Produktinnovation eröffnen, und die führenden Industrieversicherer werden diesen Spielraum nutzen, wobei bereits jetzt erkennbar ist, daß sie gewillt sind, dabei besonders die Dauerhaftigkeit ihrer Deckungen und damit eine Stabilität ihrer Angebote im Auge zu behalten.

Die somit absehbare und von der Wirtschaft geforderte größere Produktvielfalt wird zwangsläufig zu einer deutlich geringeren Übersichtlichkeit des Marktgeschehens führen. Zum Beispiel werden branchenspezifische Lösungen Innovationen vorwegnehmen, die generell am Markt noch nicht verfügbar sind. Dabei wird insbesondere die oft geforderte Abdeckung aller wichtigen Risiken einer spezifischen Industriebranche angestrebt werden. Diese Produkte werden zunehmend modular aufgebaut und hinsichtlich Deckungsumfang und Bedingungswerk vielfältig ausbaufähig sein. Die Einbeziehung aller Auslandsaspekte vom Export bis zur ausländischen Produktionsstätte und zu den Versorgungswerken der dort tätigen Mitarbeiter wird ein Maßstab sein, an dem sich die Spreu der Menge der Anbieter vom Weizen der international tätigen Spezialisten trennen lassen wird.

Die größere Intransparenz des Angebots sowie die Notwendigkeit spezieller Produkte wird dazu führen, daß die Industrieversicherung ganz überwiegend nur noch von Spezialisten betrieben werden wird. Diese stehen vor der Herausforderung, trotz Spezialisierung ihre Kundennähe nicht einzubüßen. Dabei zeigen die traditionellen Strukturen gefährliche Schwächen: Der Dialog zwischen fachlich überforderten Vertriebseinheiten und einer schwerfälligen Zentrale ergibt zu viele Reibungsverluste, kostet wertvolle Zeit. Verlagerung des Betriebs der Industriesparten auf leistungsfähige regionale Niederlassungen mit der notwendigen fachlichen und administrativen Ausstattung lautet das Gebot der Stunde. Diese Niederlassungen werden auf die direkte Ansprache der versicherten Unternehmen ebenso ausgerichtet sein wie auf den Service der professionellen Industriemakler, deren Bedeutung im deutschen Industrieversicherungsmarkt zunehmen wird, vor allem zu Lasten der zahlreichen Vermittler, die nicht über das für das Industriegeschäft notwendige Fachwissen verfügen. Die auch im Bereich der größeren Industriemakler in den letzten Jahren zu verzeichnenden Zusammenschlüsse zeigen jedoch auf, daß die Zeiten auch für die Vermittler schwieriger geworden sind. Umfassenden Service kann man heute nur bei einem beachtlichen Provisionseinkommen gewährleisten. Darüber hinaus ist die Einbindung in ein internationales Netzwerk für bisher rein national orientierte Versicherungsmakler ein immer bedeutenderes Kriterium. Immer kritischer wird von den Versicherungsnehmern darüber hinaus die umsatzorientierte Provisionierung als Vergütungsmerkmal für eine Dienstleistung gesehen, deren optimale Erbringung durchaus nicht immer zu einem größeren Volumen an Versicherungsdeckungen führen muß. Vor diesem Hintergrund werden die Unternehmen in den neunziger Jahren sehr genau abwägen, für welche Dienstleistung sie welchen Vertriebsweg in Anspruch nehmen. Versicherer und Makler haben nicht mehr die Möglichkeit, über das »Entweder-direkt-oder-über-Makler« selbstherrlich zu entscheiden; der Versicherungsnehmer wird sie zunehmend zu einem »Sowohl-als-auch« zwingen. In diesem Spannungsfeld steht auch die Position und Aufgabe der firmenverbundenen Vermittler auf dem Prüfstand. Die Bandbreite der Professionalität ist gerade in diesem Bereich groß. Im Vergleich zu den etablierten und sehr leistungsfähigen Institutionen der Großindustrie ist bei vielen kleineren Vermittlern die kritische Frage nach der nachhaltigen Wertschöpfung zu stellen.

In der Vergangenheit war der Industrieversicherungsmarkt geprägt von einer großen Anzahl von Versicherern, die sich nicht eigentlich als Industrieversicherer, sondern eher als »Auch-Industrieversicherer« verstanden haben. Ganz unstreitig haben viele dieser Versicherer, die auch schon als »Innocent Capacity« bezeichnet wurden, in den vergangenen Jahren ihre Verluste in der »Prestigesparte« Industrieversicherung angesichts nachhaltiger und offensichtlich auch dauerhafter Pfründe im privaten und kleingewerblichen Geschäft leicht weggesteckt. Nun sind im bis dato tatsächlich sehr ertragreichen Privatgeschäft vielfältige und teilweise einschneidende Veränderungen zu erwarten. Vor allem die bereits absehbare massive Umschichtung innerhalb der Vertriebswege mit beispielsweise zunehmendem Einfluß der Banken und der auf bestimmte Zielgruppen konzentrierten Vertriebsorganisation wird das Szenario erheblich verändern. Damit wird sich niemand mehr eine Subvention des Industriegeschäftes zu Lasten seines Preisniveaus im Privatgeschäft leisten können und wollen. Die bereits jetzt zu verzeichnenden Rückzüge aus dem Industriegeschäft sind daher nicht nur situationsbedingt, sondern auch konsequent. Und in der Tat: die notwendige Expertise sowohl bei der Durchdringung und beim Verständnis der Deckungen als auch beim Verfolgen von Schäden stellt heute Anforderungen, die nur mit einer spezialisierten Struktur und einem erweiterten Service abgedeckt werden können. Die gerade in diesen Tagen bei zahlreichen Versicherungsunternehmen angestellte Standortbestimmung führt – oft unterstützt von professionellen Beratern – zu einer viel schärferen Behandlung der Fragen: Wer sind wir? Woher kommen wir? In welchem Geschäftssegment haben wir Erfolgschancen? Die Konsequenz ist in aller Regel eine wesentlich schärfere Fokussierung auf Zielgruppen, und dabei stellen die meisten Versicherer fest, daß sie im Industriegeschäft nicht mehr auf breiter Basis, sondern allenfalls sehr selektiv und begrenzt mitwirken sollten.

Für die Industrie bedeutet dies, daß die Zahl der nationalen Anbieter tendenziell absinkt und dafür verstärkt vertrauenswürdige internationale Kapazitäten in die Überlegungen einzubeziehen sind. Der Einkauf von Versicherungsschutz wird damit komplexer und schwieriger.

Insgesamt gesehen wird der liberalisierte europäische Versicherungsmarkt also vielfältiger, aber auch instabiler. Die Verlustgefahren aus Marktzyklen wie auch aus Zeichnungs- und Managementfehlern werden so stark zunehmen, daß einzelne Versicherer bei ungünstigem Zusammentreffen dieser Faktoren auch in Existenzgefahr geraten können. Die Solvenz der beteiligten Versicherer muß also beachtet und verfolgt werden. Beispielhaft seien die vielpublizierten Vorgänge um einige Lloyd's-Syndikate genannt. Bis vor einiger Zeit galt eine Placierung bei Lloyd's von der Sicherheit her als unproblematisch. Heute achtet jeder Versicherungseinkäufer genau darauf, welche Syndikate innerhalb des Lloyd's-Marktes gegebenenfalls zur Deckung herangezogen werden. In ähnlicher Weise wird man zukünftig sehr genau überlegen müssen, welche Versicherungsdeckungen bei welchem Versicherer placiert werden können. Dabei wird die nach wie vor strengere Aufsicht den deutschen Versicherern zugute kommen: Es ist abzusehen, daß sie auch im liberalisierten europäischen Markt als besonders krisenfest eingestuft werden. Gleichwohl wird auch ihre Preispolitik künftig den stärkeren zyklischen Schwankungen unterworfen sein. Welche Konsequenzen sind für die Unternehmen zu ziehen?

Zunächst sind alle Möglichkeiten auszuloten, um in einem volatileren Markt Stabilität für das eigene Versicherungsprogramm herzustellen beziehungsweise zu fördern. Dazu gehört an erster Stelle, daß die grundsätzliche Konzeption der Risikofinanzierung überdacht wird. Auch in der gegenwärtigen Situation erweist sich wieder, daß durch geschicktes Umschichten, durch Vermeiden unnötiger Geldwechsel-Geschäfte und durch eine mit Augenmaß zu betreibende Eigentragung des Risikos

Prämienerhöhungen abgemildert und im Gesamtaufwand tragbar gemacht werden können. Ein genauer Überblick über die absolut essentiellen Risiken sowie eine im Unternehmen abgestimmte Politik der Risikoeigentragung gehören mehr denn je zum Instrumentarium des Versicherungseinkäufers. Bei größeren Unternehmen ist eine stärkere Eigenfinanzierung des Risikos durch Selbstbehalt oder mittels firmeneigener Versicherung (Captive) generell absehbar. Der sorgfältigen Ausgestaltung der für das Unternehmen notwendigen und auf den Bedarf maßgeschneiderten Versicherungsdeckung kommt eine noch größere Bedeutung zu, nicht zuletzt im Hinblick auf die notwendige Einbeziehung von Auslandsrisiken, die in aller Regel stiefmütterlich behandelt werden, heute jedoch bereits bei mittelgroßen Unternehmen einen wichtigen Stellenwert besitzen.

Ob ein Versicherungs-Management, dessen Erfolge in erster Linie an Provisionseinnahmen oder aber an Prämieneinsparungen gemessen werden, richtig orientiert ist, muß massiv in Frage gestellt werden. Die Problemstellung ist nicht neu, und die in den Unternehmen tätigen Versicherungs-Manager haben viele Jahre darum gekämpft, endlich nicht nur als Versicherungseinkäufer, sondern als wesentliche Träger des Risiko-Managements betrachtet zu werden.

Es ist kaum zu glauben, aber unstreitig: der Einfluß der »Versicherungseinkäufer« auf die Gestaltung der Risiken ist selbst dann gering, wenn diese Versicherungseinkäufer im Unternehmen als »Risk-Manager« bezeichnet werden. Ein wirklicher Einfluß auf die Risikopolitik als Teil von Produkt-, Produktions-, Qualitäts- oder Umweltpolitik bleibt ihnen in der Regel versagt. Abgesehen von wenigen, dafür sehr zu rühmenden Ausnahmen ist die eigentlich notwendige Integration des Risk-Managements in die Linienverantwortung noch nicht einmal in Ansätzen verwirklicht. Dieses Manko hat einen nicht geringen Einfluß auf die Stabilität der Versicherungsnahme. Industrieversicherung in den neunziger Jahren setzt das Verständnis sich rasch wandelnder Risikoszenarien voraus. Wie soll dieses Verständnis entstehen, wenn das Versicherungs-Management im Unternehmen nicht den notwendigen Einfluß auf die erforderlichen Maßnahmen zur Risikominimierung innehat?

Sorgfältige Kommunikation der Risikolage wird immer mehr zu einer der wesentlichsten Komponenten der Versicherungsnahme: genaue Festlegung des zu versichernden Risikos ebenso wie gegenseitiges Verständnis aller Aspekte der vom Versicherer angebotenen Bedingungen. Schon die Interpretation langjährig praktizierter Bedingungswerke hat sich im Einzelfall als schwierig erwiesen. Es ist absehbar, daß diese Problematik mit rascherer Innovation erheblich zunehmen wird. Dabei sollten die Fachleute das Feld nicht ihren Juristen überlassen. Keine noch so intelligente Formulierung ist in der Lage, einen Dissens in der Sache zu überbrücken. Entscheidend ist vielmehr das gegenseitige Verständnis darüber, was sinnvollerweise von der Deckung erfaßt werden sollte. Dieses Verständnis herzustellen ist Sache der Fachexperten, und in diesem Bereich müssen Industrie und Versicherer Zeit und Fachressourcen investieren.

Dabei wird sich in immer mehr Fällen herausstellen, daß Versicherung schwieriger Risiken nicht »pauschal«, sondern nur in Zusammenhang mit einer genau definierten Risikovorsorge möglich ist. Die ersten derartigen Produkte sind bereits auf dem Markt. So wird seit kurzem eine relativ weitgehende Versicherung der in der Datenverarbeitung anfallenden Risiken angeboten, allerdings unter der Voraussetzung, daß ein vorheriges, inhaltlich festgelegtes Audit ergibt, daß die jeweiligen Sicherheitsvorkehrungen ausreichend sind. Angesichts der Dynamik der Veränderungen in der Datenverarbeitung versteht sich von selbst, daß dieses Audit nicht einmalig, sondern regelmäßig durchgeführt werden muß. Ähnliche Modelle werden sich auch in anderen Risikobereichen durchsetzen, Ansätze dazu gibt es insbesondere auf dem Gebiet der Umwelt-Haftpflicht-Versicherung.

Über den Einzelfall hinaus sind derartige Modelle beispielhaft für die zukünftige Entwicklung: Der »einfache« Risikotransfer mittels weitgehender Übertragung der Risikofinanzierung auf die Versicherung findet seine Grenzen an der Komplexität und am Ausmaß der Risiken. Neue, raffinierte Modelle der Risikobewältigung sind notwendig und erfordern ein neues Zusammenwirken der Unternehmen mit den Versicherern.

Die gegenwärtige Marktverfassung zeigt die Gefahren eines liberalisierten und damit volatileren Versicherungsmarktes rückhaltlos auf, legt offen, daß die Bäume nicht in den Himmel wachsen und die Abdeckung der von der Industrie verursachten Risiken in der Zukunft vielleicht noch viel schwieriger werden wird. Der Weg in die Zukunft heißt in diesem Zusammenhang ein Zurück zur Vernunft: Versicherung und versicherte Unternehmen sind aufeinander angewiesen. Ein Mißverständnis zwischen Preis und Marktleistung führt früher oder später zu einer dann um so nachhaltigeren Marktreaktion. Rationalität ist notwendig bei der Frage, welche Risiken von der Versicherungswirtschaft überhaupt sinnvollerweise abgedeckt werden können, welche Bedingungen dabei zur Anwendung kommen müssen und welches Preisniveau eine dauerhafte Erbringung dieser Leistungen ermöglicht. Rationalität in der Risikovorsorge heißt für die Unternehmen heute mehr denn je, Versicherung in ein sorgfältiges Netzwerk von Vorsorge- und Finanzierungsmaßnahmen einzubinden und von der Illusion Abstand zu nehmen, daß immer irgend jemand auch das schlechteste Risiko zu zeichnen bereit sein wird. Auf dem Boden dieser Rationalität ergeben sich für alle Seiten außergewöhnliche Chancen aus der Liberalisierung und aus der Öffnung des europäischen Versicherungsmarktes: Neue Ideen, besserer und schnellerer Service, auch über die Grenzen hinweg, wird wesentlich einfacher und kann insgesamt zu einer besseren Leistungsfähigkeit und damit größeren Zufriedenheit für alle Seiten führen.

Keine durchgehende »Akademisierung« der Wirtschaft

Neue Anforderungen an die Aus- und Weiterbildung von Facharbeitern

Ulrich Gruber

Zu den unbestrittenen Vorteilen des Industriestandortes Deutschland gehörte und gehört sicher noch immer die Qualifikation der Mitarbeiter. Die Qualität des Humankapitals gilt als ein entscheidendes Kriterium für die Entwicklung einer Volkswirtschaft. So heißt es im Jahresbericht 1987 des Deutschen Industrie- und Handelstages: »In einem Land, dessen wichtigster Trumpf das Wissen der Menschen ist, muß dauernd in dieses Wissen investiert werden und dieses Wissen in innovative Produktion umgesetzt werden. Der technische Fortschritt, der Vorsprung im internationalen Wettbewerb sichert, ist auf wachsendes Wissen angewiesen. Die Standortqualität wird in Zukunft noch wesentlich stärker davon bestimmt, inwieweit es einzelnen Ländern gelingt, die für die Wissensvermittlung notwendige Infrastruktur bereitzustellen und die Menschen zu motivieren, sich bilden und weiterbilden zu lassen.«

Besonderes Kennzeichen des deutschen Bildungssystems ist die vertikale und horizontale Gliederung. Das besondere Interesse ausländischer Beobachter gilt jedoch weniger dem allgemeinbildenden System als vielmehr dem Dualen System der beruflichen Ausbildung. In der Verbindung von schulischem und betrieblichem (berufspraktischem) Lernen sehen viele den entscheidenden Vorteil. Die Verknüpfung von Arbeit und Lernen sichert die erforderliche Qualifikation. Außerdem ist das Duale System eher als vollschulische Systeme in der Lage, flexibel auf veränderte Anforderungen des Arbeitsmarktes zu reagieren.

Anfang der neunziger Jahre ist der Konsens vieler gesellschaftlicher Gruppen über die Leistungsfähigkeit des Dualen Systems ins Wanken geraten. Die rückläufigen Bewerbungen für eine betriebliche Ausbildung, die wachsende Zahl von Studenten führten zu Irritationen. In typisch deutscher Kopflosigkeit prognostizieren Professoren das Ende des Dualen Systems. Zu dem veränderten Bildungsverhalten der Jugendlichen gesellte sich ein verstärktes Kostenbewußtsein der Betriebe. Probleme zeichnen sich deutlich ab, aber es wäre töricht und falsch, die bewährten Grundsätze des Systems in Frage zu stellen.

Die Beschlüsse von Maastricht geben der Bildungspolitik eine neue europäische Dimension. Der neue Vertrag erhält erstmals ein Kapitel zur allgemeinen und zur beruflichen Bildung. Die Gemeinschaftskompetenzen werden dadurch erweitert beziehungsweise vertieft. Die Europäische Gemeinschaft erhält jetzt in Artikel 126 des EWG-Vertrags Kompetenzen im Bereich der allgemeinen Bildung. Der Gemeinschaft ist eine Kompetenz zur Förderung, nicht aber zur Regelung übertragen. Entsprechend dem Subsidiaritätsprinzip darf die Gemeinschaft nur ergänzend und unterstützend tätig werden.

Zur Berufsbildungspolitik der Gemeinschaft gehören neben der Förderung von Mobilität, Zusammenarbeit und Informationsaustausch insbesondere die verbesserte Vorbereitung auf den Arbeitsmarkt und die Anpassung an industrielle Wandlungsprozesse.

Berufliche Bildung im vereinten Europa

Bereits 1989 hatte der Europäische Rat Ziele für das europäische Bildungswesen formuliert: ein multikulturelles Europa, ein Europa der Mobilität, ein Europa der Bildungschancen für alle, ein Europa des Fachwissens und ein Europa der Weltoffenheit.

Man mag dies alles noch als sehr vage und sehr wolkig betrachten, aber das folgende Zitat aus den Leitlinien macht deutlich, daß hinter diesen Absichtserklärungen auch ein starker Handlungswille steht: »Ohne Investition in das Arbeitskräftepotential, in dessen Qualifikation, Anpassungsfähigkeit und Unternehmensgeist wäre Europas Fähigkeit zur Innovation, zum Wettbewerb, zum Wohlstand und zur Schaffung besserer sozialer Bedingungen für seine Bürger geschwächt. Bildung und Ausbildung spielen bei der wirtschaftlichen, sozialen und kulturellen Entwicklung der Mitgliedstaaten und der Gemeinschaft selbst eine entscheidende Rolle. Somit stehen Bildung und Ausbildung im Zentrum des europäischen Aufbruchsprozesses.«

In Deutschland wird das gegliederte Schulsystem zwar nicht mehr generell in Frage gestellt, aber wir beobachten doch eine schleichende Erosion. Betroffen ist vor allem die Hauptschule. Von vielen ist sie bereits als »Restschule« abgeschrieben worden, obwohl sie noch von rund einer Million Schüler besucht wird. Doch eine Abschaffung der Hauptschule löst das Problem nicht. Denn es gab und es wird immer Schüler geben, deren Begabung weniger auf intellektuellem als vielmehr auf praktischem Gebiet liegt. Die Hauptschule muß daher als eine eigenständige Schulform erhalten, das Bildungsprofil stärker auf die veränderte Schülerpopulation abgestellt werden.

In Westdeutschland erleben wir zur Zeit einen nie dagewesenen Zug auf die Hochschulen. Die Zahl der Studenten steigt kontinuierlich. 1990 gab es zum erstenmal in der Geschichte der Bundesrepublik mehr Studenten (1,8 Millionen) als Auszubildende (1,5 Millionen). Vor 30 Jahren war das Verhältnis zwischen Studenten und Lehrlingen noch eins zu vier (300 000 Studenten zu 1,2 Millionen Lehrlingen). 1982 standen den 900 000 Studenten 1,7 Millionen Lehrlinge gegenüber. Die Betriebe erleben ein schrumpfendes Fachkräfteangebot.

Wenn auch der Akademikerbedarf weiter steigen wird, so gibt es keinen Anhaltspunkt für eine »durchgängige Akademisierung der Wirtschaft«. Auch in Zukunft wird für zwei Drittel der Beschäftigten der Einstieg in das Berufsleben über eine Ausbildung im Dualen System erfolgen. Ein Großteil der Hochschulabsolventen wird nur auf Arbeitsplätzen eingesetzt werden, die unterhalb traditioneller Akademikerarbeitsplätze liegen.

In der Schulpolitik einiger Bundesländer zeichnen sich Entwicklungen ab, die Sorge bereiten. Die chemische Industrie ist zum Beispiel besonders betroffen von dem hessischen Vorstoß, den naturwissenschaftlichen Unterricht an Schulen im Zuge einer allgemeinen Wochenschulzeitverkürzung erheblich einzuschränken. Nach den vom Bundesministerium für Bildung und Wissenschaft veröffentlichten Daten zur Ausbildungsbilanz sind 1992 in Deutschland 595 000 Ausbildungsverträge neu abgeschlossen worden, davon 499 900 im alten Bundesgebiet. Während in Ostdeutschland ein erfreulicher Aufwärtstrend bei den neuen Ausbildungsverhältnissen zu registrieren ist, ging ihre Zahl in den alten Bundesländern um 7,3 Prozent auf 39 550 zurück. Gegenüber dem Höchststand von 1984 mit 700 600 hat sich die Zahl der Neueinstellungen um annähernd 206 000 verringert. Die Gesamtzahl der neuen Ausbildungsverträge in den alten Bundesländern hat damit fast den Stand von 1976 (495 800) erreicht.

Besonders betroffen von dem Rückgang in den alten Bundesländern sind Industrie und Handel mit einem Minus von 11,4 Prozent, während das Handwerk (minus 4,5 Prozent) und der öffentliche Dienst (minus 4,3 Prozent) geringere Abnahmen verzeichneten. Auffallend hohe Rückgänge gab es im Einzelhandel, in den Berufen der Metallindustrie, im Hotel- und Gaststättenbereich, bei den Nahrungsmittelhandwerkern sowie bei den Textilberufen. Rückläufige Ergebnisse weisen aber auch der neugeordnete Kaufmann für Bürokommunikation sowie der Industriekaufmann auf, obwohl diese Berufe nach wie vor stark gefragt sind. Dagegen konnte die Bauwirtschaft einen Zugang erzielen. Zum Ende des Vermittlungsjahres 91/92 standen rund 11 800 noch nicht vermittelten Bewerbern knapp 123 400 gemeldete unbesetzte Ausbildungsstellen gegenüber.

Gleichstellung oder Gleichwertigkeit: Vor diesem Hintergrund haben die Spitzenverbände der Wirtschaft im Frühjahr 1992 ein Positionspapier (Titel: Differenzierung – Durchlässigkeit – Leistung) vorgelegt, das eine bildungspolitische Gesamtperspektive aufzeigt. Das Grundsatzpapier hat in der Öffentlichkeit eine beachtliche Resonanz gefunden. Besonders an einem Teilaspekt hat sich die Diskussion entzündet. Der Vorschlag, der auf Zustimmung, aber auch auf Ablehnung stieß, lautet: Der Hochschulzugang muß auch über eine qualifizierte Berufsausbildung im Dualen System erreichbar sein. Wer sich hervorragend im Beruf bewährt und fortgebildet hat, dem soll ein Studium ohne den nachträglichen Erwerb formaler schulischer Abschlüsse eröffnet werden.

Die Verfasser dieses Vorschlags sind von der Erwartung ausgegangen, daß die Öffnung des Hochschulzugangs über das duale Ausbildungssystem Jugendliche (zunächst) vom Abitur fernhält und ihnen die Entscheidung für eine betriebliche Ausbildung leichter macht. Motiv und Absicht sind zu begrüßen: Die Attraktivität der dualen Ausbildung soll erhöht werden. Ob die Rechnung aufgeht, ist jedoch offen. Wenn die betriebliche Ausbildung einschließlich einer kurzen Berufspraxis nur als Durchgang zum Studium verstanden wird, dann wird das Ziel verfehlt.

Es bleibt also zu fragen, wie die im Ansatz richtige Überlegung, die Attraktivität der dualen Ausbildung zu verbessern, im Hinblick auf ein wünschenswertes Bildungsverhalten der Jugendlichen erfolgversprechend realisiert werden kann. Es kommen dafür verschiedene Maßnahmen in Betracht:

- Für entsprechend vorgebildete und besonders begabte Jugendliche sollten die Ausbildungs- und Praxiszeiten verkürzt werden, wie das

heute teilweise schon geschieht. Beispiele: verkürzte Lehrzeit für Abiturienten, vorgezogene Prüfungen für »Überflieger« oder verkürzte Berufspraxiszeiten für begabte angehende Meister.
- Mit speziellen Zusatzangeboten sollten besonders begabte Jugendliche während und nach der Ausbildung gefördert werden.
- Die Entwicklungsmöglichkeiten im Betrieb sollten verbessert werden. Es muß eine zeitgemäße, für Außenstehende sichtbare und attraktiv erscheinende Personalentwicklung betrieben werden.
- Im Rahmen einer Kooperation von Unternehmen mit Fachhochschulen sollten weitere geeignete Studiengänge geschaffen werden, wie es sie ja vereinzelt schon gibt. Dies hätte den Vorteil, daß die Mitarbeiter nicht zur Weiterbildung aus dem Unternehmen ausscheiden müßten.
- Äußere Zeichen der Ungleichbehandlung zwischen Arbeitern und Angestellten sollten weiter abgebaut werden, damit auch auf diese Weise die »Durchlässigkeit des Systems« sichtbar gemacht wird. In der chemischen Industrie wurde mit dem Entgelttarifvertrag und einem neuen Manteltarifvertrag ein Anfang gemacht.
- Letztlich geht es nicht um die Attraktivität unterschiedlicher Ausbildungssysteme (hier Hochschule, dort Betrieb), sondern um die Attraktivität der sich anschließenden beruflichen Tätigkeit. Arbeitsplätze für Absolventen der betrieblichen Ausbildung sollten daher auf ihre Qualifikationsanforderung überprüft werden. Das gilt zum Beispiel für Arbeitsplätze im Facharbeiterbereich, speziell auch beim Chemikanten.
- Die beruflichen Entwicklungsperspektiven müssen verbessert werden. Dazu gehören neben der Aufstiegsfortbildung vor allem auch die Weiterbildung im Beruf bei grundsätzlicher Beibehaltung des beruflichen Aufgabenfeldes (Beispiel: Weiterbildung bei Laboranten).
- Es ist eine Durchlässigkeit in Ausbildung und Beruf in Form eines offenen Systems anzustreben, das an Leistungskriterien ausgerichtet ist. Maßgebend für die Durchlässigkeit muß die erworbene Qualifikation sein.

Wenn diese Vorschläge konsequent in die Tat umgesetzt werden (wie es ansatzweise hier und dort schon geschieht), dann ist die duale Ausbildung für die neunziger Jahre gut gerüstet und braucht die Konkurrenz mit heute attraktiver erscheinenden Bildungsgängen nicht zu fürchten. Die Entscheidung für die betriebliche Ausbildung würde nicht als ein

Weg in eine Sackgasse verstanden. Einer formalen Gleichstellung unterschiedlicher Ausbildungsgänge bedarf es dann nicht. Es kann nicht um Gleichstellung, sondern nur um Gleichwertigkeit gehen.

Die vor einigen Jahren in Kraft getretenen neuen Ausbildungsordnungen für die naturwissenschaftlichen, metall- und elektrotechnischen Berufe haben einen zukunftsweisenden Charakter. Sie enthalten einen neuen Qualifikationsbegriff, der mehr bedeutet als eine Addition der im Berufsbild vorgezeichneten Fertigkeiten und Kenntnisse. Er enthält als Ausbildungsziel auch personale Fähigkeiten und Kompetenzen wie Entscheidungsfähigkeit, Belastbarkeit, die erforderlich sind, um die eigene Arbeit selbständig planen, durchführen und kontrollieren zu können. Hier findet der vielschichtige Begriff der Schlüsselqualifikationen eine kompetente und sachlogische Umschreibung.

In der technischen Berufsausbildung wird die traditionelle Ausbildungsmethode, durch Fleiß und ständige Übung Technik zu erwerben, in zunehmendem Maße von Methoden abgelöst, die Technik in Form von theoretischen Erkenntnissen vermitteln.

- Für die Auszubildenden werden technische Vorgänge zunehmend weniger anschaulich und erlebbar.
- Erfolgserlebnisse verlagern sich vom konkret erfahrbaren Bereich auf nur abstrakt erfahrbare Bereiche.
- Darüber hinaus tritt die Analysefähigkeit komplexer Zusammenhänge in den Vordergrund.
- Anlagen- und systembezogene Funktionsdaten sowie Grundlagenkenntnisse der Programmierung werden wichtiger als anwendungsorientierte Fähigkeiten (zum Beispiel Löten oder Motorwickeln im Berufsfeld Elektrotechnik).
- Entwicklung einer systemtechnischen Sensibilität, Kenntnisse von Systemvernetzungen sind grundlegende Voraussetzung für die Inbetriebnahme und Instandhaltung computergesteuerter Einrichtungen und Anlagen.

Mit Recht weist das Berufsförderungszentrum Essen in seinem Forschungsprojekt »Berufsübergreifende Basisqualifikationen auf dem Gebiet der Mikrocomputer-Technik« darauf hin, daß »das alleinige Lernen einer Vielzahl von Spezialkenntnissen (Erbsenwissen) auf Vorrat und auf Verdacht für den Umgang mit modernen technischen Systemen nur unzureichend, häufig sogar wenig sinnvoll ist. Anzustreben ist die Schaffung eines grundlegenden Systemverständnisses und Problembewußtseins. Dies ermöglicht die rasche Einarbeitung in bestehende und künftige technische Generationen und Arbeitsverfahren. Es erlaubt eine Einschätzung der absehbaren Möglichkeiten und Grenzen des Einsatzes der Informationsverarbeitung in verschiedenen Anwendungsfeldern (Transferfähigkeit).«

Um diese Ziele beruflicher Bildung zu verwirklichen, reicht die alleinige Vermittlung von fachlichem Wissen nicht mehr aus. Neben die fachlichen Qualifikationen treten fachübergreifende Methoden und Sozialkompetenz. Fach-, Methoden- und Sozialkompetenz führen zum obersten Ziel der Berufsausbildung, der Handlungskompetenz. Die zur Erlangung einer beruflichen Handlungskompetenz erforderlichen Fähigkeiten lassen sich nicht voneinander isoliert und nach theoretischen und praktischen Schwerpunkten getrennt, sondern nur in integrativer Form vermitteln. Handlungskompetenz kann nur erlernt beziehungsweise erfahren werden. Daher kommt dem selbständigen Erarbeiten der Lernenden eine entscheidende Bedeutung zu. Als geeignete Unterrichtsformen bieten sich handlungs- beziehungsweise projektorientierte Konzepte an, bei denen die Lernenden selbst die zur Lösung von Problemen erforderlichen Schritte festlegen und anschließend umsetzen, wie etwa bei dem Projekt Berufsförderungszentrum Essen.

Eine der wesentlichsten Ursachen für Veränderungen im betrieblichen Bildungssystem ist die technologische Entwicklung. Sie hat sich in den vergangenen Jahren auch in der chemischen Produktion schnell und tiefgreifend vollzogen. Wie Fritz Merten im Bildungsbericht 1992 des Bundesarbeitgeberverbands Chemie schreibt, wurde dieser Wandel zusätzlich von den Forderungen begleitet, die Umwelt zu schonen, die Arbeitssicherheit zu gewährleisten sowie mit Energien und Rohstoffen sparsam umzugehen: »Die Einhaltung hoher und zuverlässiger Produktspezifikation, produktintegrierter Umweltschutz, zum Beispiel durch verfahrensgebundene Abwasser-Reinigung, Reststoff-Minimierung durch Recycling – um einige bedeutende Beispiele zu nennen –, sind typische Merkmale moderner chemischer Produktion. Die Verfahrensabläufe sind dadurch in ihren Wirkungszusammenhängen und Beziehungsfeldern komplexer geworden, Verbundsysteme herrschen vor, die Überwachung aller Funktionen durch leistungsfähige computergestützte Einrichtungen ist zur zentralen Aufgabe geworden.«

Trennungslinien zwischen Berufen verwischen

Zur Sicherung der späteren Berufsfähigkeit müssen in der Ausbildung fach- und berufsübergreifende Inhalte vermittelt werden. Voraussetzung dafür ist, daß die Ausbilder aus Naturwissenschaften und Technik eine neue Form der Zusammenarbeit entwickeln. Bei der BASF in Ludwigshafen wurde ein Projekt der berufsfeldübergreifenden Ausbildung zwischen Chemikanten und Meß- und Regelmechanikern erfolgreich abgeschlossen.

Wie Merten berichtet, käme der betrieblichen Wirklichkeit und der zukünftigen Entwicklung für den Produktionsbetrieb ein Ausbildungsprojekt noch näher, in dem eine berufsübergreifende Ausbildung von Chemikanten, Industriemechanikern (Fachrichtung Betriebstechnik) und Prozeßleitelektronikern erfolgt.

Die Bildungsanstrengungen in der Industrie sind eine Antwort auf die nachhaltigen Veränderungen in der Arbeitswelt. Der zunehmende Einsatz von rechnergesteuerten Maschinen, Industrierobotern und modernen Informations- und Kommunikationstechniken ersetzt standardisierte Arbeitsaufgaben, zum Beispiel bestimmte Transport- und Lageraufgaben (Just-in-time-Prinzip), Montage-, Schweiß- und Lötarbeiten sowie reine Büroschreibarbeiten, oder sie erweitern die Tätigkeiten zu Vertriebs- und Dispositionsaufgaben, Controlling, Datenverwaltung.

Entgegen vielen industriesoziologischen Prognosen ist die Arbeitswelt durch den Einsatz neuer Techniken jedoch nicht »menschenfeindlicher« geworden. Der vielbeschworene und vielbefürchtete rechnergesteuerte Taylorismus ist nicht im Vormarsch; der qualifizierte Mitarbeiter wird nicht dequalifiziert eingesetzt oder gar aus den Betrieben gedrängt.

Doch diese Entwicklung wird sich nicht zwangsläufig und von selbst fortsetzen. Eine neue Ära des Arbeitens und Wirtschaftens wird nur dann erfolgreich sein, wenn bestimmte Qualifikationen und Einstellungen vorhanden sind.

Es zeichnen sich folgende Entwicklungen und damit verbundene Qualifikationsbedürfnisse ab:

1. Nicht zuviel, sondern zuwenig technischer Fortschritt gefährdet in den Unternehmen die Qualität und die Absatzfähigkeit der Produkte. Investitionen in Humankapital sind eine Voraussetzung für Produktinnovationen; nur intelligente Produkte, die mit qualifizierten Ar-

beitskräften hergestellt werden müssen, sichern Wettbewerbsfähigkeit und damit Arbeitsplätze.

2. Neue Techniken, von der CNC-Maschine bis zum CIM-Konzept, sind nicht »intelligente«, sondern »tote« Werkzeuge, die erst durch den Gestaltungswillen und die Zielsetzung des Menschen lebendig werden. Die Bedeutung des Mitarbeiters im Betrieb nimmt zu. Der Bedarf an mittleren und höheren Qualifikationen steigt.
3. Rechnergesteuerte Fertigungssysteme sind präzise, fleißig, monotonieunabhängig und flexibel. Sie entlasten die Menschen von Routinetätigkeiten. Die Mitarbeiter müssen mehr überwachen und warten; Prozesse planen und organisieren; kreativ und problemlösend wirken.
4. Die Chancen für Ungelernte und Angelernte sinken. Schulabbrecher, Lernschwache und Lernretardierte müssen daher inhaltlich und methodisch besonders gestaltete Berufsbildungsangebote erhalten, um Zugang zu Betrieben und Beschäftigung zu finden.
5. Isolierungen und Spezialisierungen weichen zunehmend der Integration und Verzahnung früher getrennter Aufgabenbereiche. Die Unternehmen greifen zu neuen Formen der Arbeitsstrukturierung. Der Trend der Vergangenheit, Arbeit immer weiter zu zerlegen, verlangsamt sich und wird in vielen Bereichen sogar rückgängig gemacht. Arbeitserweiterung, Zunahme der Dispositionsspielräume sind Begriffe, die den Trend der Zukunft umreißen. Gebraucht werden Breitenqualifikationen, Übersichtswissen, Vernetzungsfähigkeit, Entscheidungsfähigkeit angesichts komplexer Situationen.
6. Mit zunehmender Flexibilität der technischen Systeme erwachsen den Mitarbeitern neue Gestaltungsfreiräume. Die menschliche Arbeitszeit ist nicht mehr unbedingt an die Laufzeiten der Maschinen gebunden; sie kann daher frei gestaltet werden. Auch diese Gestaltungsfreiheit verlangt ein hohes Maß von Organisation und Koordination, von Planung und Disposition.

Die Berufsbildung in der Bundesrepublik Deutschland hat sich in einem gewachsenen und bewährten ordnungspolitischen Rahmen entwickelt, der erhalten bleiben muß. Die breite Verteilung der Verantwortlichkeiten auf Bund, Länder und Sozialparteien, der Vorrang individueller Bildungs- und Berufswahlentscheidungen, die Eigenverantwortung der Betriebe und anderer Träger der Berufsbildung, der Verzicht auf staatlich-bürokratische Bedarfslenkung sowie die Orientierung an den Prinzipien der Subsidiarität, Pluralität und des Wettbewerbs sind in besonderem Maße geeignet, die an die Berufsbildungspolitik in den nächsten Jahren gestellten Herausforderungen zu bewältigen.

II. Kapitel
Das Management von Kosten und Risiken

Flexibilität und Dynamik mit selbständigen Einheiten

Wie das Konzept der »fraktalen« Fabrik die Wettbewerbschancen verbessert

Hans-Jürgen Warnecke

Jede Epoche der Zeitgeschichte pflegt sich einen, oft sogar mehrere Namen zu geben. Je nach Blickwinkel dienen dazu Jahreszahlen, gestaltende Persönlichkeiten oder auch politische, wirtschaftliche und soziale Systeme als Namensgeber. Bei positiver Einschätzung spricht man im Einzelfall gar von einer »Ära«. Auch die an sich nüchterne Welt der Technik drückt sich in solchen Kategorien aus und spricht dabei von Paradigmen wie beispielsweise Massenproduktion oder Arbeitsteiligkeit. In der jüngeren Vergangenheit, das heißt in den achtziger Jahren, haben die Leitmotive einer flexiblen Fertigung und computerintegrierten Produktion (CIM) Denken und Handeln in Forschung und Praxis bestimmt. Gegenwärtig ist eine Distanzierung von diesen Gedanken unverkennbar, meist ausgelöst von nicht erfüllten Erwartungen. In diesem Zusammenhang ist die Frage berechtigt, ob die Propagierung von Leitmotiven überhaupt dem Fortschritt förderlich ist.

Erst zwanzig Jahre ist es her, daß in Deutschland, im Sindelfinger Automobilwerk der Daimler-Benz AG, die ersten Industrieroboter eingesetzt wurden. Damals malte ein Produktionsvorstand die weitgehende Substitution der menschlichen Arbeitskraft aus: »Die Anmeldung eines gesteigerten Bedarfes an Arbeitskraft wird zukünftig nicht mehr an die Personalabteilung gerichtet sein, sondern an ein Betriebsmittellager, welches die benötigte Kapazität in Form von Robotern zur Verfügung stellt.« Wie wir heute wissen, hat man sich seinerzeit von technischen Extrapolationen täuschen lassen. War und ist es deshalb aber ein Fehler, an die Möglichkeiten dieser Technologie zu glauben und bis heute und auch zukünftig intensiv dran zu arbeiten? Natürlich nicht. Ohne den Roboter in all seinen inzwischen entwickelten Ausprägungen wäre zum Beispiel eine konkurrenzfähige Automobilproduktion in Deutschland seit langem nicht mehr denkbar; der Rohbau von Karosserien ist heute fast vollständig automatisiert.

Ein anderes Beispiel: Gegenwärtig läuft die Praxiserprobung eines Großroboters zur Reinigung der Außenhaut von Verkehrsflugzeugen. Die Wirtschaftlichkeit eines solchen Gerätes gegenüber der manuellen Säuberung ergibt sich aus bedeutenden Zeiteinsparungen und damit gesteigerter Verfügbarkeit des Verkehrsmittels. Möglich wurde diese Anwendung, deren besondere Problematik in der genauen Bahnsteuerung des großen und schweren Auslegers liegt, erst aufgrund der Erfahrungen aus dem Bau von Industrierobotern.

Weitgehend analog läßt sich im Bereich der flexiblen Fertigung argumentieren: Die Vision großer, hochkomplexer und sehr flexibler automatischer Produktionssysteme hat sich nicht erfüllt. Bearbeitungszentren mit automatisiertem Werkzeug- und Werkstückwechsel hingegen, die in der dritten Schicht ohne Bedienung arbeiten, gehören in der metallverarbeitenden Industrie zum Alltag. Dies äußert sich darin, daß die Nachfrage an Beratungsleistungen bei der Einführung solcher Systeme in den vergangenen Jahren drastisch zurückgegangen ist: Dieses Wissen ist bis weit in den Mittelstand hinein zum Stand der Technik geworden.

Wer schließlich die rechnerintegrierte Fertigung (CIM) – das große Leitbild der achtziger Jahre – als Fehlschlag bezeichnet, verkennt die Realität in den Betrieben, beispielsweise in der rechnerunterstützten Auftragsabwicklung oder der direkten Umsetzung der Produktbeschreibung im Rechner zur Steuerung der Fertigungsmaschine in einer Prozeßkette.

Von der Notwendigkeit der Vision

Immer wieder zeigt es sich, daß es kaum möglich ist vorherzusagen, welchen Pfad eine neue Technologie einschlagen und welche Durchdringung sie letztlich erreichen wird. Deshalb aber auf Visionen ganz zu verzichten wäre töricht und auch eine Verschwendung volkswirtschaftlicher Ressourcen: Erst durch die gebündelten, von Begeisterung getragenen Anstrengungen von Industrie und Wissenschaft lassen sich neue Ideen und Erkenntnisse in marktfähige Produkte umwandeln. Notwendig aber ist es, den jeweils erreichten Stand und die weitere Zielsetzung kritisch zu hinterfragen.

Nirgends wird dieses Wechselspiel deutlicher als in der Entwicklung der Datenverarbeitung: Der ursprünglich prognostizierte Bedarf an Elektronenrechnern lag bei wenigen Dutzend. Weder diese Zahl noch die vorhergesagte technische Auslegung als zentralisierte Großrechner haben sich bestätigt. Der dahinterstehende Grundgedanke hat jedoch zu Entwicklungen geführt, deren Auswirkungen auf unsere Gegenwart ohne Vorbild sind.

Kein Zweifel: Wir brauchen Visionen, um die begrenzten Entwicklungsressourcen zu fokussieren; nicht nur in der technischen und wirtschaftlichen, sondern auch in der gesellschaftlichen Entwicklung. Als äußerst weitsichtig ist aus heutiger Erkenntnis das Anfang der siebziger Jahre aufgelegte Förderprogramm zur Humanisierung des Arbeitslebens (HdA) – heute »Arbeit und Technik« – zu beurteilen. Die Tragik dieses Ansatzes lag jedoch in der ideologisch gefärbten Auseinandersetzung mit der Folge, daß wir dieses Thema heute in großer Breite »wiederentdekken« müssen.

Wenn vor diesem Hintergrund nach dem Leitmotiv der neunziger Jahre für die »neue Fabrik« gefragt wird, sind an erster Stelle der Dreiklang »Kosten – Zeit – Qualität« sowie der ganzheitliche Ansatz »Mensch – Organisation – Technik« zu nennen.

Die Preise werden am Markt gemacht, die eigenen Kosten müssen sich dem unterordnen. Wann immer wir heute von Kosten sprechen, dann nicht mehr in der eindimensionalen Betonung des Prozeßaufwandes, was über Jahrzehnte hinweg die Gestaltung unserer Fabriken geprägt hat. Als zunehmend bestimmender sind die Logistikkosten (im weitesten Sinne) als zweiter großer Aufwandsbereich zu betrachten. So einleuchtend diese Erkenntnis scheinen mag, so schwierig ist ihre Anwendung bei der Entscheidungsfindung. Dies liegt in nicht unerheblichem Maß an der überkommenen Fixierung auf den eigentlichen Produktionsvorgang. Die Fragwürdigkeit der hierauf basierenden Kalkulationsverfahren auf Zuschlagsbasis ist dem Praktiker seit langem bewußt. Neuere Ansätze wie beispielsweise die Prozeßkostenrechnung finden jedoch erst sehr zögernd Eingang in die praktische Anwendung.

Eine unzureichende Würdigung des Logistikaufwandes zeigt sich immer wieder in den Industrieprojekten des Fraunhofer-Instituts für Produktionstechnik und Automatisierung (IPA). So wurde beispielsweise in einem Fall auf fünfzehn Maschinen nach rüstoptimalen Gesichtspunkten gefertigt; ihre fehlende Koordinierung aber bedingte eine Kommissionierzone, in der unter hohem Personalaufwand die einzelnen Kundenaufträge wieder zusammengestellt werden mußten. Mittels eines vergleichsweise geringen Logistikaufwands in Form eines Planungssystems für die Maschinenbelegung und unter Inkaufnahme mäßig ansteigenden Rüstaufwands konnte diese Situation entscheidend verbessert werden.

Wir haben es grundsätzlich mit einem Optimierungsproblem zwischen Prozeß- und Logistikkosten zu tun. Eine grundlegende Schwierigkeit liegt darin, den Logistikaufwand in all seinen Facetten zu erfassen. Methoden zur Erfassung und Bewertung von Wertschöpfungsverläufen stehen jedoch in immer besserer Form zur Verfügung. Die hiermit gewonnenen Erkenntnisse wirken sich vor allem auch auf die Produktgestaltung aus. Gerade in Deutschland müssen wir »Overengineering« bekämpfen und auf eine intelligente Vereinfachung der Produktkonzepte hinarbeiten, insbesondere wenn wir uns mit dem Ziel der Kostenführerschaft nicht in Nischen abdrängen lassen wollen.

Bei einem Anlagenbauer ließ sich mit der Anwendung moderner Analyseverfahren zeigen, daß trotz eines aufwendigen PPS-Systems Material- und Zeitwirtschaft asynchron arbeiten. Ein Terminverzug von 30 Prozent war zu verzeichnen, weil geringwertige Kaufteile zum Bedarfstermin nicht verfügbar waren. Darüber hinaus zeigte sich, daß – vor allem in der ersten Hälfte der Auftragsabwicklung – viel zu früh Material bereitgestellt wurde, das dann entsprechend lange in der Fertigung verblieb. Damit verbundene Symptome wie zum Beispiel große Bestände vor und nach den Bearbeitungsstationen sind nach wie vor in sehr vielen Betrieben anzutreffen. Unbehagen darüber ist fast überall spürbar, konkrete Maßnahmen werden jedoch meist erst ergriffen, wenn die Wirkungen auf Bestandskosten und Termineinhaltung den Beteiligten offenbar werden sowie die Verantwortlichkeiten klar geregelt und koordiniert sind.

Die Reduzierung der Durchlaufzeiten – im gerade angeführten Beispiel von 14 auf 8 Monate – ist nur ein kleiner Aspekt des immer entscheidender werdenden Zeitwettbewerbs. Von ausschlaggebender Bedeutung ist die Innovationszeit: Nirgendwo wird dies deutlicher als in der wohl hektischsten Branche unserer Zeit, der Herstellung und dem Vertrieb der die Leistung der Informationstechnik bestimmenden Bauelemente: Prozessoren und Speicherchips. Die Zeit, innerhalb deren angemessene Preise am Markt erzielt werden können, schrumpft oftmals auf nur wenige Monate. Wer hier den Anschluß verliert, steht schon nach kurzer Zeit im Abseits. Bei alledem muß man sich vor Augen halten, welch hohe Investitionssummen hier im Spiel sind. In den siebziger Jahren kostete der Aufbau einer Produktionsstätte für Speicherbausteine 30 Millionen $. Heute sind die Aufwendungen zwanzigmal so hoch. Für die nächste Produktgeneration rechnet man mit einer weiteren Verdoppelung. Die reinen Produktentwicklungskosten liegen in gleicher Größenordnung (etwa eine Milliarde $ für den 64-MByte-Dram).

Eine in der Automobilindustrie durchgeführte Studie zeigt auf, daß auch dort dem Zeitpunkt des Markteintrittes wesentlich höhere Bedeutung zukommt als dem betriebenen Entwicklungsaufwand: Ein sechsmonatiger Zeitverzug wiegt in bezug auf die Gewinneinbuße zehnmal so schwer wie ein um 50 Prozent überzogenes Entwicklungsbudget.

Diesem Problem mit einem frühzeitigeren Projektbeginn zu begegnen ist jedoch keine Lösung. Problemlos ließen sich an dieser Stelle Beispiele dafür anführen, daß Produkte schon zum Zeitpunkt ihrer Markteinführung überholt waren, weil sich die Rahmenbedingungen des Marktes seit der Produktdefinition entscheidend gewandelt hatten. Der Kunde ist ein sich sehr schnell bewegendes Ziel geworden. Das Pflichtenheft darf also nicht »eingefroren« werden, oder man muß dann sofort »schießen«. Die bislang streng sequentiell ablaufenden Entwicklungsschritte müssen stark ineinander verzahnt und möglichst zeitparallel ablaufen. Ein solcher Ansatz, der in einem realen Fall aus der Elektroindustrie eine Reduzierung von 37 auf 19 Monate möglich machte, erfordert aber neue Denkweisen und Organisationsformen. Während letzteres sich in Form interdisziplinärer Teams vergleichsweise einfach realisieren läßt, erweist sich die Überwindung verhaltensbedingter Hemmnisse als sehr viel schwieriger und langwieriger, um zum Beispiel Aufgeschlossenheit zu bereichsübergreifender Kommunikation und Festlegungen bei noch bestehenden Unsicherheiten zu erreichen.

Enormer Zeitdruck bei der Produktentwicklung führt immer wieder zu anfänglichen Defiziten bei Qualitätsmerkmalen des Produktes. Dieses Problem hat sich in den vergangenen Jahren deutlich verschärft, da der Markt empfindlich reagiert. Eine grundsätzliche Analyse dieses Problemfeldes und konsequente Umsetzung möglicher Lösungsansätze stehen bislang jedoch noch aus, obwohl Methoden und Instrumente verfügbar sind. Man scheut immer noch den dadurch bedingten höheren Anfangsaufwand, der mit Sicherheit durch das Besser- und Schnellersein mehr als aufgewogen wird. Keine Diskussionen hingegen gibt es mehr über die Bedeutung des Produktmerkmales Qualität. Die enge Verflechtung von Produktionsschritten sowie Lieferanten und Kunden läßt sich nur mit fehlerfreien »robusten« Prozessen realisieren. Fehlende und fehlerhafte Teile bringen die gesamte Just-in-time-Logistik ins Wanken und verursachen hohe »Krampfkosten«. Undenkbar heute, daß ein Hersteller aufgrund einer vermeintlichen Wirtschaftlichkeitsrechnung auf Qualitätssicherung verzichtet und sich auf die Abwicklung von Garantiefällen beschränkt.

Die bessere Dienstleistung für den Kunden – und die geht in Zukunft bis zur Entsorgung – macht den Wettbewerbsvorsprung aus. Eine Erfahrung aus den neuen Bundesländern sollte zu denken geben: Nach der Öffnung des Marktes wurden einige Betriebe und Produkte regelrecht boykottiert. Nicht nur die Neugierde auf das bis dahin Unbekannte und der Drang zum Besseren waren hierfür verantwortlich. Auch die in Jahrzehnten entstandene Arroganz eines Monopolanbieters war Grund genug, sich bei der Konkurrenz zu bedienen. Wenngleich sich die Verhältnisse in dieser Beziehung inzwischen beruhigt haben, als Grundsatz kann gelten: »Biete deinem Kunden den objektiv besseren Nutzen als der Konkurrent. Damit ist auch langfristig dein Erfolg gesichert.«

Noch ein Wort zur Sicherstellung der einwandfreien Funktion des Produktes. In der bekannten Studie des MIT (Massachusetts Institute of Technology) zur Zukunft der Automobilindustrie wird einem bekannten deutschen Hersteller vorgehalten, seine hohe Qualität nur mit einem völlig unangemessenen Nacharbeitsaufwand zu erreichen. Um die dabei genannten Vergleichszahlen hat es einen Disput gegeben, der jedoch müßig ist: Vor dem Hintergrund dringend erforderlicher Kosteneinsparungen ist einwandfreie Qualität bei jedem Prozeßschritt ein Gebot wirtschaftlicher Vernunft. Jeder Fehler generiert einen enormen Zusatzaufwand.

Im Zusammenhang Kosten – Zeit – Qualität wird die Automatisierung der Produktion gelegentlich in Frage gestellt. Dazu ist zu sagen, daß sich der Industriestandort Deutschland ohne intensive Automatisierungs- und Rationalisierungsanstrengungen nicht wird behaupten können. Es kommt jedoch darauf an, die Maschine nicht als Selbstzweck zu verstehen, der allein Flexibilität und Anpassungsfähigkeit gewährleistet.

Automatisierung setzt immer noch planbare, algorithmierbare und gleichbleibende Abläufe voraus. Unsere darauf abgestimmte analytische Denkweise versagt jedoch, wenn der Kausalzusammenhang zwischen Ursache und Wirkung nicht mehr erfaßbar ist. Gerade letzteres ist infolge komplexer Wirkungsmechanismen und raschen Wandels mehr und mehr der Fall. Ein Produktionssystem hat viele Ursache-Wirkung-Beziehungen mit vielen Variablen, von denen sich viele nichtlinear verhalten und in ihrer Gesamtheit der Berechenbarkeit entziehen. Wir müssen dementsprechend unser »Weltbild« sowie Vorstellungen und Vorgehensweisen überprüfen und ergänzen. Auch in technischen Lösungen wird dieses Denken umgesetzt. Beispielhaft seien nur Fuzzy Logic, neuronale Netzwerke oder genetische Algorithmen genannt, die auch die Automatisierbarkeit erweitern werden.

Es bleibt festzuhalten, daß die asiatische Industriekultur gegenwärtig einen vorteilhaften Hintergrund zur Lösung der anstehenden Probleme bietet. Hierbei ist insbesondere das ständige Bemühen um Verbesserungen hervorzuheben, die japanische Vokabel *Kaizen* hat dafür schon fast Eingang in unsere Sprache gefunden. Mitarbeiter untereinander, aber auch zwischen den Hierarchieebenen beobachten und kontrollieren sich ständig auf ihre Effektivität. Sie machen sich wechselseitig Vorschläge für Verbesserungen. Und: Sie setzen gute Vorschläge sofort um, anstatt diese – wie bei uns häufig der Fall – als Kritik und Affront zu betrachten. In unseren Betrieben werden solche Dinge oftmals »um des lieben Friedens willen« gar nicht angesprochen, sondern sehr lange hingenommen.

Wenn es gelingt, Innovation und stetige Optimierung miteinander zu verbinden, werden große Potentiale freigesetzt. Zu beantworten ist deshalb die Frage, wie dieses Ziel unter Nutzung westlicher Stärken wie Kreativität und Individualität erreicht werden kann. Dies ist im übrigen auch der einzige Weg, die geistige Führerschaft in der Produktionstechnik zurückzuerlangen. Man kann niemanden überholen, wenn man in seine Fußstapfen tritt. Mut zu eigenen Wegen ist gefordert.

Wir haben nicht nur die Aufgabe, »die Dinge richtig zu tun«, also ständig zu verbessern oder, wie man heute sagt, »lean« zu machen. Wir haben vor allem die häufig entscheidendere Aufgabe, »die richtigen Dinge zu tun«, also unsere Potentiale und Kenntnisse im Hinblick auf Innovation, neue Produkte und Prozesse zu erforschen und zu entwickeln. Ziel muß es sein, dem Markt, dem Kunden und Anwender einen höheren Nutzen zu bieten. Wir laufen gegenwärtig Gefahr, dieses über der Notwendigkeit von Kosteneinsparungen und Preissenkungen – also über »lean« – zu vergessen.

Bei der Diskussion der drei Gestaltungsfelder Kosten, Zeit, Qualität ist bereits angeklungen, daß ihrer Optimierung strukturelle Defizite in unseren Betrieben entgegenstehen. Mehr und mehr wird sichtbar, daß sich große Einheiten kaum mehr steuern lassen. Dieses Problem tritt in jüngster Zeit immer deutlicher zutage, weil der Bedarf für Anpassungsmaßnahmen an veränderte Rahmenbedingungen immer schneller ansteigt. Voraussichtlich wird es nicht zu einer Rückkehr zu »stabilen« Verhältnissen kommen. Sich dieser Problematik anzunehmen ist deshalb dringend geboten, um auch in der Zukunft bestehen zu können. Warnend vor Augen zu halten haben wir uns den Versuch der ehemaligen DDR, die Komplexität des Weltmarktes an ihren Grenzen aufzuhalten mit dem Ziel, im Innern nach überkommenen Prinzipien »in Ruhe« zu wirtschaften. Die Folgen sind hinlänglich bekannt. Vieles spricht für die Annahme, daß eine Reihe von Unternehmen und Institutionen in unserem Land weiterhin nach ebendiesem Prinzip verfährt und ihre Strukturen den gewandelten Anforderungen nicht anpaßt. Ihr Untergang ist damit programmiert. Die gegenwärtige Chance des Druckes magerer Zeiten und dadurch geförderter Einsicht wird vertan.

Die politischen, ökonomischen und technologischen Veränderungen in den vergangenen zehn Jahren haben in Gesellschaft und Arbeitswelt ihre Spuren hinterlassen. Dies gilt insbesondere für die Einstellung zur Arbeit. Die Tendenz geht von materiellen (Versorgungs- und Sicherungs-)Werten zu postmateriellen Werten (Sozialstatus, Solidarität und Selbstverwirklichung).

Wenn mehr und mehr Menschen nach Selbstbestimmung streben, ist es ein Fehler, ihnen dies im Arbeitsleben zu verwehren. Folgerichtig sind Freiräume zu schaffen, um möglichst vielen Mitarbeitern Eigeninitiative zu ermöglichen. Als gestaltender und schöpferischer Prozeß dient die Arbeit nicht zuletzt der Selbstverwirklichung des Ausführenden. Tayloristische Organisationsformen stehen dem vom Denkansatz her diametral entgegen.

Mit noch so hoher Intelligenz und noch so hohem Wissen kann man die Detailerfahrung eines Mitarbeiters vor Ort nicht ersetzen oder ausgleichen. Also müssen wir seine Erfahrung nutzen, nicht nur in der Fabrik, sondern genauso für den Aufbau einer Partnerschaft zum Lieferanten. Dazu ist ein Vertrauensverhältnis zu entwickeln, das wiederum Transparenz und Informiertsein voraussetzt. Von entscheidender Bedeutung wird sein, die Organisation industrieller Leistungserstellung so zu gestalten, daß die aufgezeigten Potentiale im Sinne der Unternehmensziele nutzbar werden. Die richtige Kombination der Gestaltungsfelder Mensch, Organisation und Technik muß deshalb das Ziel unserer Bemühungen sein. Diesbezügliche Defizite sind nicht zu übersehen. Ein ganzheitlicher Ansatz muß auch berücksichtigen, daß die Leistung eines Unternehmens sich nicht allein im Angebot der Produkte erschöpft, sondern auch den sich anschließenden Service bis hin zur Entsorgung umfaßt, um den Kreislauf zu schließen und die Umweltbelastung zu reduzieren.

Wenn alle Beteiligten von dieser Entwicklung profitieren, sollte Konsens über gemeinsames Handeln herstellbar sein, zum Beispiel zwischen den Tarifpartnern. Dies ist auch dringend erforderlich, weil neue Entgelt- und Anreizsysteme, Fortbildungs- und nicht zuletzt neue Organisationskonzepte einvernehmlich umgesetzt werden müssen. Tarifliche Regelungen dürfen dabei nur einen weiten Rahmen setzen, wir müssen Freiräume für neue Ansätze schaffen. Die Vielfalt individuell optimierter Lösungen wird stark ansteigen.

Individuelle Anpassung an den Betrieb

Es sind sicher keine Gesetzmäßigkeiten zu finden, aus denen sich für bestimmte Rahmenbedingungen und Einflußgrößen eindeutig ein Produktionskonzept ableiten läßt. Man kann aber doch wesentliche Einflußgrößen wie Menge oder Fertigungsvolumen einerseits und Vielfalt des Leistungsangebotes andererseits identifizieren und daraus Leitlinien ableiten. Es gibt keinen Königsweg für das Finden eines Produktionskonzeptes, sondern die Struktur muß letztlich immer aufgrund der Gegebenheiten eines Betriebes individuell gefunden und angepaßt werden. Zudem kann als sicher gelten, daß wir wegen der Komplexität und der sich schnell verändernden Umwelt nie aus dem Optimierungsprozeß und dem Bekämpfen besonders störender Nachteile herauskommen werden.

Unter Berücksichtigung vielfältiger Erfahrungen erweist es sich als vorteilhaft, für die Wertschöpfungsprozesse kleine, schlagkräftige Einheiten zu bilden. Das Koordinierungsproblem wird damit in vielen Fällen bedeutend entschärft und reduziert sich auf die Schnittstellen zwischen den Einheiten. Bei Planung und Steuerung variantenreicher Fertigungen findet dieses Konzept mehr und mehr Verbreitung. Fallstudien in deutschen Unternehmen bestätigen das Erfolgspotential eines solchen Ansatzes. Die intensivsten Informations- und Kommunikationsbeziehungen dürfen nicht über Bereichsgrenzen hinweg erfolgen.

Heutige CIM-Komponenten unterstützen keine gegebenenfalls erforderlichen Anpassungen der Abläufe und Strukturen aufgrund von sich verändernden äußeren und inneren Einflußfaktoren. Dies zeigt sich deutlich am Beispiel von PPS-Systemen. Durch die fest vorgegebenen Terminierungsalgorithmen zur Einlastung der Fertigungsaufträge ist eine umfassende Anpassung des Produktionsprozesses an sich ändernde Randbedingungen (zum Beispiel der Wandel von einer Massen- zu einer Sortenfertigung) nicht möglich.

Die CIM-Systeme der Zukunft haben eine wichtige Aufgabe. Sie müssen flexible und leistungsfähige Informations- und Navigationssysteme bereitstellen. Informationssysteme haben die Aufgabe, die für die Herstellung von Produkten und den Einsatz von Betriebsmitteln im Rahmen eines entsprechenden Fabrikationsprozesses nötigen Daten und Informationen bereitzustellen. Neu zu entwickelnde Navigationssysteme sollen die selbständig durchzuführende, kontinuierliche Verbesserung der Leistungsfähigkeit unterstützen. Diese Anforderung ist von zentraler Bedeutung, da vom Führungssystem in Zukunft lediglich die globalen Unternehmensziele vorgegeben werden, die dann auf lokaler Ebene umzusetzen sind. Statt der bisher mit Hilfe von CIM-Systemen immer detaillierter durchgeführten Kontrolle wird in Zukunft lediglich eine ergebnisorientierte Beurteilung durchgeführt. Die zugehörigen Organisationsstrukturen müssen kontinuierlich optimiert und eventuellen Veränderungen angepaßt werden. Die heutigen Entwicklungen im Bereich von CIM werden den daraus abzuleitenden Erfordernissen nicht gerecht. Benötigt werden Informationsnetzwerke nach dem Client-Server-Prinzip. Die Aufgaben der Führungskräfte werden in diesem Umfeld erheblich vielschichtiger: Sie müssen »Coach« für die Mitarbeiter in ihrem Bereich sein, sie überzeugen und stärken.

Wenn wir Situation und Entwicklungstendenzen zusammenfassen, entsteht das Bild und Ziel der »fraktalen Fabrik«, angelehnt an die Mathematik der Fraktale zum Beschreiben natürlicher Strukturen. Deren Aufbau bleibt im wesentlichen unverändert, wenn die Auflösung verfeinert wird. Drei Eigenschaften fraktaler Objekte haben für uns besondere Bedeutung: Selbstorganisation, Selbstähnlichkeit und Dynamik. Sie stellen einen Satz dar, Produktionsstrukturen im Sinne der beschriebenen Erfordernisse zu gestalten.

Eine der wesentlichen Forderungen, die wir an zukunftsträchtige Produktionsstrukturen stellen, ist die Fähigkeit zu unternehmerischem Denken und qualitätsbewußtem Handeln aller Bereiche bis hin zum einzelnen Mitarbeiter. Wenn das hieraus abgeleitete Bild von selbständig agierenden Einheiten zutrifft, muß jedes Fraktal seinerseits eine – wenn auch kleine – »fraktale Fabrik« sein.

Aufgrund der Vielfalt denkbarer Lösungen für Einzelprobleme können sich Fraktale mit identischen Zielen sowie Ein- und Ausgangsgrößen intern doch unterschiedlich strukturieren. Des weiteren muß ein Fraktal nicht unbedingt in der Fabrik verbleiben, sondern kann sich auch gänzlich verselbständigen oder auch direkt mit den Fraktalen anderer Unternehmen in Verbindung stehen. Auf diese Weise entstehen kommunikativ eng miteinander verflochtene Unternehmen, die wir als Fraktale auffassen.

Auf zentrale Funktionen können wir in der fraktalen Fabrik selbstverständlich nicht verzichten – zum Beispiel auf eine zentrale Ressourcenplanung oder Planungsunterstützung, die fallweise und temporär tätig wird, sowie auf die Konzentration von Spezialwissen, das in den Fraktalen nicht kontinuierlich vorgehalten werden kann.

Sämtliche die Organisation betreffenden Hilfsmittel sind für alle Fraktale verfügbar. Insbesondere trifft dies auf die Verfügbarkeit von Informationen zu, die nicht mehr monopolisiert werden. Jedes Fraktal, letztlich jeder Arbeitsplatz, ist so zu betrachten wie das gesamte Unternehmen: Eine bestimmte Leistung ist komplett zu erbringen, eine Aufgabe möglichst eigenständig zu lösen. Dazu gehören Qualität, Menge, sparsamer Einsatz von Ressourcen, Zuverlässigkeit und Geschwindigkeit. Falls das Fraktal eigenständig dazu nicht in der Lage ist, wird es Unterstützung – im günstigen Fall nur kurzfristig – von »außen« suchen, also von anderen Fraktalen; diese können zum Beispiel auch eine zentrale Dienstleistungsfunktion darstellen beziehungsweise wahrnehmen. Im ersten Ansatz ist aber immer von ganzheitlicher Abwicklung von Aufgaben mit definierten Eingangs- und Ausgangsgrößen auszugehen.

»Fabriken in der Fabrik« zu schaffen reicht aber keinesfalls aus, wenn nicht sichergestellt ist, daß sie – bildlich gesprochen – am gleichen Strang ziehen. Zäh verteidigte Einflußsphären sind leider nach wie vor eher die Regel als die Ausnahme in unseren Unternehmen. Es reicht auch nicht aus, Unternehmensleitbilder zu schaffen, wenn deren Umsetzung im Alltagsgeschäft nicht unterstützt wird. Daher wenden wir den Begriff der Selbstähnlichkeit vor allem auch auf die Ziele des Unternehmens und seiner Fraktale an: Die sinnvollerweise allgemein formulierten Globalziele müssen zu konkretem Handeln werden. Damit dieses in allen Fraktalen »synchron« geschieht, wird deren Zielsetzung weit konkreter gefaßt. Gerade bei weitgehender Autonomie ist es sonst beispielsweise für den Maschinenführer nicht unmittelbar erkennbar, welche Auswirkungen seine Entscheidungen auf die Kundenorientierung des Unternehmens haben.

Der Mechanismus der dynamischen Strukturierung stützt sich im wesentlichen auf die Analyse des Beziehungsgeflechtes innerhalb und zwischen den Fraktalen. Diese Beziehungen haben sehr unterschiedliche Ausprägungen. Im Vergleich zu traditionellen Strukturierungsansätzen wird der Betrachtungshorizont erheblich erweitert. Systemtheoretisch ist die Fraktalbildung so aufzufassen, daß die Beziehungen (Fluß von Material, Personal, Informationen) innerhalb des Fraktals stärker sind als nach außen hin. Trifft dies nicht mehr zu, liegt es nahe, die Strukturen entsprechend anzupassen. Beispielsweise macht die sich im Zuge neuentwickelter Technologien eröffnende Möglichkeit zur Verfahrensintegration eine Strukturanpassung erforderlich. Bei voller Ausprägung erfolgen die Strukturierung und Organisation nicht mehr allein im »Top-down-Verfahren«, sondern werden ergänzt um einen ständigen »Bottom-up-Prozeß«.

Mitarbeiter müssen mobilisiert werden

Es sollte deutlich geworden sein, daß die Lösungen der Zukunft nicht »eingekauft« werden können, sondern vorgelebt werden müssen. Vor dem Einsatz technischer Hilfsmittel hat ein Prozeß der Bewußtseins- und Verhaltensveränderung zu stehen. In vielen Fällen befinden wir uns damit noch am Anfang. Nur wenn die überwiegende Zahl der Führungskräfte und Mitarbeiter uneingeschränkt hinter diesem Ziel steht, wird es gelingen, die mittleren Führungskräfte und Mitarbeiter zu mobilisieren. Dies erfordert ein Umdenken aller Beteiligten. Das Führen in derartigen neuen Strukturen stellt andere Anforderungen als bisher gewohnt. Man kann auch sagen, es wird schwieriger, denn Anweisen muß durch Überzeugen und geistige Auseinandersetzung ersetzt werden. Die Qualifizierung von Führungskräften hat deshalb eine besondere Bedeutung, denn die mittlere Führungsschicht darf kein Hemmschuh in der notwendigen Umstrukturierung sein. Ein Prozeß, der langwierig, zum Teil auch schmerzhaft sein wird, aber unumgänglich ist.

Die Sicherung des Industriestandortes Deutschland erfordert neue, zukunftsweisende Wege sowie Mut und Risikobereitschaft, diese anzugehen. Magere Zeiten eröffnen Chancen für einen Neubeginn.

Wege zu einem effizienten Kostenmanagement

Erfolgs- und Risikopotentiale auf den Märkten und antizipative Kalkulation

Karlheinz Küting

Die Rahmenbedingungen deutscher Unternehmen haben sich im Laufe der vergangenen Jahre zum Teil dramatisch gewandelt. Unter anderem ist festzustellen, daß die Beherrschung des permanent steigenden Kostenblocks von strategischer Relevanz für die langfristige Existenzsicherung geworden ist. Beherrschbarkeit bedeutet die Möglichkeit, Kosten zielorientiert planen, steuern und kontrollieren – also managen – zu können. Kostenmanagement ist mehr als Kostenrechnung. Es umfaßt nicht nur die Vorbereitung und Unterstützung von kurzfristigen Entscheidungen, sondern auch die pragmatische Nutzung des Wissens über die Bestimmungsfaktoren von Kosten im Rahmen eines langfristigen Kosten-Controllings. Folglich sind Analysen, Prognosen sowie Beurteilungen der Angemessenheit von Kosten und Kostenstrukturen integraler Bestandteil des Kostenmanagements. Sie bilden die Grundlage zu deren Beeinflussung und Veränderung als dem eigentlichen Ziel des Kostenmanagements. Um diesem Anspruch zu genügen, muß auf funktionsbereichs- und/oder wertschöpfungsstufenübergreifende Sichtweisen zurückgegriffen werden.

Ein wirkungsvolles Kostenmanagement setzt ein umfassendes, in das betriebliche Gesamtplanungssystem eingebettetes Kosteninformationssystem voraus. Ein zentrales kurzfristiges Instrument ist ein Plankostenrechnungssystem in Form einer an das Verursacherprinzip anknüpfenden *flexiblen Plankostenrechnung* auf der Basis variabler und voller Kosten. Dadurch wird die Überwachung der Kostenwirtschaftlichkeit der Leistungserstellung im Rahmen eines aussagekräftigen Soll-Ist-Kosten-Vergleichs gewährleistet. Um Unwirtschaftlichkeiten bereinigte, das heißt durch analytische Planung bestimmte und auf die Ist-Beschäftigung umgerechnete Kosten bilden die geeignete Meßlatte zur Beurteilung der Angemessenheit der tatsächlich angefallenen Kosten. Die ergänzend erforderliche kurzfristige Erfolgsplanung und -kontrolle erfolgt dann in Form einer *Deckungsbeitragsrechnung* über die variablen Kosten. Diese ist flexibel auswertbar. Sie stellt ein geeignetes Instrument zur Bestimmung des (kurzfristig) gewinnmaximalen Produktions- und Absatzprogramms dar. Die Aussagefähigkeit des flexiblen Plankostenrechnungssystems kann auf einfache Weise über die kurzfristige Betrachtung hinaus gesteigert werden, wenn die kurzfristige Erfolgsquellenrechnung zu einer *stufenweisen Fixkostendeckungsrechnung* ausgebaut wird. Damit wird der Fixkostenblock im Hinblick auf Entscheidungs- beziehungsweise Hierarchieebenen strukturiert und grundsätzlich einer produkt- oder produktgruppenspezifischen Analyse zugänglich gemacht. Eine zusätzliche Transparenz der Kostenstruktur und ihrer sachlichen und zeitlichen Bestimmungsfaktoren ist dadurch zu erzielen, daß eine Strukturierung der fixen Kostenstellenkosten nach ihrer zeitlichen Abbaubarkeit, differenziert nach Betriebsbereitschaftsgraden, erfolgt: Das Vorhalten von Informationen, innerhalb welcher Frist die Betriebsbereitschaft einer Kostenstelle um 10 oder 40 Prozent reduziert werden kann und welches Kostenvolumen hierdurch einsparbar ist, hat den Charakter von Schubladenplänen. Es erhöht die Handlungsfähigkeit der Unternehmensleitung, wenn ein produktbezogener oder genereller Beschäftigungsrückgang schnelles Handeln erfordert.

Ein gleichfalls bedeutsames Instrument der kurz- und mittelfristigen Erfolgsanalyse und -sicherung stellt die Realisierung einer (partiellen) *Primärkostenrechnung* für die wichtigsten Primärkostenarten dar. Sie sollte dazu genutzt werden, die Abhängigkeit des erwirtschafteten Periodenerfolgs, differenziert nach Erzeugnisarten oder -gruppen, von den Preisentwicklungen auf bestimmten Beschaffungsmärkten zu untersuchen. So können beschaffungsmarktseitige Gefährdungen von Produkterfolgen rechtzeitig erkannt und kritische Beschaffungspreisobergrenzen bestimmt werden.

Kostenarten differenzierter betrachten

Je nach individuellen Gegebenheiten sind hierauf aufbauend Strategien zu entwickeln, diese Gefahren beispielsweise durch Prüfung der Substitutionsmöglichkeiten der betreffenden Produktionsfaktoren zu begrenzen. Schließlich kann eine Integration von Kosten- und Finanzrechnung beziehungsweise Kosten- und Finanzmanagement dadurch gefördert werden, daß Kostenarten zugleich differenziert nach ihrer *Auszahlungs-*

wirksamkeit strukturiert werden. Denn wenn auf einen Blick erkennbar der leistungsbedingte Finanzbedarf der nächsten (Teil-)Periode(n) ausgewiesen wird, bedeutet dies eine aktive Unterstützung bei der Bewältigung finanzieller Krisen.

Das aus den genannten Bausteinen bestehende, integrierte Kosteninformationssystem stellt aufgrund der vielfältig möglichen Auswertungsmöglichkeiten eine solide Basis für ein umfassendes und effizientes Kostenmanagement dar. Hierzu bieten grundsätzlich drei sich überlappende Kategorien von Kosteneinsparungspotentialen Ansatzpunkte: Erstens ist in zeitlicher Hinsicht zu unterscheiden zwischen kurz- und längerfristigen Kostensenkungspotentialen. Zweitens sind solche Rationalisierungsmöglichkeiten zu berücksichtigen, die bei unveränderter Produktionsmenge (statische Kostensenkungspotentiale) oder nur bei steigenden beziehungsweise sinkenden Produktionsmengen entstehen (dynamische Kostensenkungspotentiale). Und drittens ist zwischen produktbezogenen, kostenstellenbezogenen und ablaufbezogenen Rationalisierungspotentialen zu unterscheiden.

Produktbezogene Kostensenkungspotentiale resultieren bei der Stückgüterproduktion im wesentlichen aus einer wirtschaftlichen Konstruktion und Produktgestaltung. Es bestehen grundsätzlich folgende Ansatzpunkte zum produktbezogenen Kostenmanagement: Entscheidungen über den Funktionsumfang eines Erzeugnisses, über die Verwendung von Spezialteilen und über die Produktionstiefe.

Langfristig wirksame *kostenstellenbezogene Kostensenkungspotentiale* resultieren aus Variationen von Kapazitäten und Verfahren. So kann es bei steigenden periodischen Absatzmengen sinnvoll sein, die betriebliche Kapazität dadurch zu vergößern, daß anstelle des bisherigen Verfahrens zukünftig ein Verfahren zum Einsatz gelangt, welches von höheren fixen und niedrigeren variablen Kosten gekennzeichnet ist. Analog ist es umgekehrt gegebenenfalls vorteilhaft, fixkostenintensive Verfahren bei ungenügender Kapazitätenauslastung stillzulegen und auf solche Verfahren zurückzugreifen, die höhere variable und niedrigere fixe Kosten aufweisen. Anhaltspunkte über die kritische Beschäftigung, bei der ein solcher Handlungsbedarf zu erwägen ist, liefert die Break-even-Analyse. Ihr kann insofern eine gewisse Signalfunktion zukommen. Die endgültige Entscheidung über das Ausnutzen derartiger dynamischer Kostensenkungspotentiale muß letztlich jedoch investitionstheoretisch fundiert getroffen werden.

Werden Kosteninformationen zur Prognose einer langfristigen Kostenentwicklung im Rahmen von strategischen Entscheidungen benötigt, welche mit Hilfe des Portfolio- oder Produktlebenszyklus-Konzepts zu treffen sind, sind auch solche dynamische Kosteneinsparungspotentiale, wie sie in dem Modell der Kostenerfahrungskurve zum Ausdruck kommen, zu berücksichtigen. Demnach kann mehr oder minder sicher unterstellt werden, daß die inflationsbereinigten Stückkosten der Wertschöpfung im Zeitablauf bei jeder Verdopplung der kumulierten Ausbringungsmenge um einen konstanten Prozentsatz sinken, welcher unternehmensindividuell in der Regel zwischen 10 und 30 Prozent liegen dürfte. Die Kenntnis eines solchen Kostenverhaltens ist zum Beispiel in dem Fall von Bedeutung, wenn der Gesamterfolg einer Neuprodukteinführung unter Berücksichtigung eines konstanten Produktkostensatzes über den voraussichtlichen Marktzyklus einer Produktinnovation geplant werden soll. Das Wissen über im Zeitablauf eintretende Kostensenkungen aufgrund von Erfahrungs- und Lerneffekten kann in diesem Zusammenhang auch dazu genutzt werden, einen niedrigen und über den Produktlebenszyklus konstant zu haltenden Einführungspreis kostenorientiert zu bestimmen. Derartige Preisstrategien haben den Vorteil, daß in der Produkteinführungsphase relativ schnell Marktanteile gewonnen werden können, wobei zugleich Markteintrittsbarrieren für potentielle Konkurrenten durch Antizipation von Kostenvorteilen aufgebaut werden.

Als dritte Kategorie von Kosteneinsparungspotentialen wurden *ablaufbezogene Kostensenkungspotentiale* angeführt. Sie können in der Fertigung zum Beispiel durch den Übergang von einer Werkstattfertigung mit NC-Maschinen zu einem flexiblen Fertigungssystem realisiert werden. Außerhalb des Produktionsbereichs sind hierunter auch solche Maßnahmen zu subsumieren, die darauf zielen, Kosten durch eine Veränderung der Aufbau- oder Ablauforganisation, beispielsweise durch eine Abflachung von Hierarchien, Verkürzung von Dienstwegen oder Optimierung des Informationsflusses, einzusparen. Ein nützliches Instrument zur Identifizierung derartiger Kostensenkungspotentiale ist die Fixierung von aufeinanderfolgenden Bearbeitungsschritten – zum Beispiel von der Auftragserteilung bis zur Kundenbetreuung in der Nachverkaufsphase – mit Hilfe von Vorgangsketten- beziehungsweise *Prozeßkettendiagrammen.* Aus einer entsprechenden Aufzeichnung und Analyse der je Teilprozeß (= Funktionsumfang einer Abteilung) zu bewältigenden Arbeitsschritte, wie Erfassungs-, Bearbeitungs-, Dokumentations- und Weitergabeaktivitäten, werden Redundanzen und ineffiziente Gestaltungen des Informations- und Güterflusses nahezu unmittelbar ersichtlich.

Es ist bereits angeklungen, daß nicht nur die Kostenseite Betrachtungsgegenstand des Kostenmanagements sein kann. Denn mit der Analyse der Beeinflußbarkeit und Veränderlichkeit der Kosten wird insgesamt das Ziel verfolgt, die Erfolgssituation nachhaltig zu verbessern beziehungsweise den langfristigen Fortbestand des Unternehmens zu sichern. Somit sind auch marktseitig bestehende Erfolgs- und Risikopotentiale in die Diagnose- und Prognoseaktivitäten mit einzuschließen. Ein zielgerichtetes Kostenmanagement muß demnach unter anderem orientiert an Absatzgebieten oder sonstigen *absatzmarktbezogenen Schwerpunkten* erfolgen. Für eine regionale Erfolgsanalyse sind die Produkt- beziehungsweise Produktgruppenerfolge, die als Zwischenergebnisse der stufenweisen Fixkostendeckungsrechnung ausgewiesen werden, entsprechend aufzuspalten. Je nach Bedeutung der jeweiligen Absatzgebiete für den Gesamterfolg eines Unternehmens wird sodann die Intensität der Marktbeobachtung und Marktbearbeitung beispielsweise durch Werbeaktivitäten und Errichtung von Kundendienstzentren bestimmt. So liegt es nahe, in Zeiten guter Konjunktur den Absatz in jenen Regionen zu steigern, in denen noch große Absatzpotentiale vermutet werden, indem Händler oder Endverbraucher gezielt umworben werden. Demgegenüber ist es in Zeiten schlechter Konjunktur vordringlich, das Werbebudget in die erfolgsstarken Gebiete zu lenken, um die Basis des Unternehmenserfolgs zu sichern. Prinzipiell erscheint es vorteilhaft, die Höhe des Werbebudgets dem Konjunkturzyklus entgegengesetzt zu variieren.

Grundsätzlich analog zur Untersuchung der Bedeutung von Absatzregionen sind auch Untersuchungen nach anderen relevanten Merkmalen – wie Kunden und Absatzkanälen – durchzuführen. Zur Auswahl der Analyseschwerpunkte kann auf das Instrument der Abc-Analyse zurückgegriffen werden. Eine solche Klassifikation sollte parallel nach Umsätzen und – der Logik der stufenweisen Fixkostendeckungsrechnung folgend – nach spezifischen Deckungsbeitragsarten (als Bruttoerfolge über die den Untersuchungseinheiten zurechenbaren Kosten) vorgenommen werden. Dabei wird sich zeigen, daß A-Kunden nach Umsätzen nicht in jedem Fall auch A-Kunden nach Deckungsbeiträgen sind: Die Auswertung liefert somit Ansatzpunkte zur strategischen Neuorientierung von Geschäftsbeziehungen.

Ein marktorientiertes Kostenmanagement muß weiterhin *beschaffungsseitige Rationalisierungschancen und Erfolgsrisiken* aufdecken und quantifizieren können. Die erste Hürde des Managements der Beschaffungskosten besteht darin, die erforderliche Lieferqualität zu bestimmen. Liegt diese objektiviert fest, so sind die Voraussetzungen für eine gezielte Marktanalyse hinsichtlich Anzahl, Marktanteilen, Preisen und Lieferkonditionen der jeweiligen Anbieter sowie hinsichtlich Anzahl und Marktanteilen der (konkurrierenden) Nachfrager gegeben.

Die zweite Hürde stellt die Auswahl der mengenmäßigen Beschaffungsstrategie dar. Hierbei stehen, unabhängig davon, ob eine zentrale oder eine dezentrale Beschaffung realisiert wird, kurzfristig die Alternativen der Beschaffung von einem oder mehreren (festen oder wechselnden) Lieferanten zur Wahl. Langfristig sind in Abhängigkeit der Bedeutung der Beschaffungsobjekte auch folgende Entscheidungen unter Kosten-Nutzen-Gesichtspunkten gegeneinander abzuwägen: Abschluß langfristiger Lieferverträge, Erwerb von oder Beteiligungen an Lieferfirmen. Mit zunehmender Bedeutung der zu beschaffenden Produktionsfaktoren erscheint es in steigendem Maße geboten, Beschaffungsstrategien als unverzichtbaren Bestandteil eines antizipativen Kostenmanagements anzusehen. Denn die konsequente Beachtung von Beschaffungsrisiken im Beschaffungsbereich (Mengenbegrenzungsrisiko, Qualitätsrisiko, Preissteigerungsrisiko) stellt einen wesentlichen Erfolgsfaktor dar.

So wirkt sich unter Umständen ein kurzfristiges *Mengenbegrenzungsrisiko*, das auch den Fall verspäteter Anlieferungen einschließt, in der Weise aus, daß kurzfristig die Produktion eines Erzeugnisses eingestellt werden (Betriebsunterbrechungsrisiko) und aufgrund von eigenen Lieferverträgen Konventionalstrafen gezahlt werden müssen. Um diese negativen Folgekosten zu antizipieren, sind entsprechende Vertragsgestaltungen vorzusehen oder die Kosten hoher Sicherheitsbestände in Kauf zu nehmen.

Ein bestehendes *Qualitätsrisiko* bei Vormaterialien oder Kaufteilen äußert sich darin, daß die Lieferqualitäten schwanken. Es schlägt sich in einer verminderten Produktqualität und/oder Funktionsfähigkeit nieder und bewirkt ohne Qualitätssicherungsmaßnahmen hohe Folgekosten am Absatzmarkt, zum Beispiel aufgrund einer steigenden Anzahl von Reklamationen und Gewährleistungsvorgängen sowie Imageverlusten. Die Kosten einer möglicherweise existentiellen Belastung des Verhältnisses zu den eigenen Kunden können grundsätzlich auf zwei Wegen vermieden werden. Wird an dem Lieferanten festgehalten, müssen die Wareneingangskontrollen verstärkt werden. Die Lieferzeitpunkte sind dann entweder so zu bestimmen, daß ein ausreichender Zeitraum für Rücksendungen und Neuanlieferungen verbleibt, oder die Liefermengen müssen überdimensioniert werden, damit in jedem Fall die benötigte Menge in der erforderlichen Qualität verfügbar ist, oder es sind entsprechende Sicherheitsbestände zu halten. Alternativ besteht die Möglichkeit, auf einen anderen Lieferanten zurückzugreifen, der die geforderte Lieferqualität gewährleistet. Dies kann auch dann vorteilhaft sein, wenn dabei höhere Einstandspreise gezahlt werden müssen.

Schließlich muß ein beschaffungsmarktorientiertes Kostenmanagement auch auf das *Preissteigerungsrisiko* fokussieren. Ein wirksames Instrument zur Analyse der Auswirkungen von Preissteigerungen auf die Produktkosten und die sich daraus ergebenden, auf dem Beschaffungsmarkt bestehenden Gefährdungen des Unternehmenserfolgs stellt die bereits genannte Primärkostenrechnung dar. Eine solche sollte für die bedeutsamsten Produkte und deren zentrale Bestandteile wie Kaufteile und Vormaterialien und gegebenenfalls bezogen auf die Energie- und Personalkosten durchgeführt werden. Mit der Primärkostenrechnung lassen sich Planerfolge bei alternativen Produktionsfaktorpreisen fiktiv errechnen. Zeitigt die Untersuchung, daß beispielsweise in bezug auf den Preis eines fremdbezogenen Teils eine hohe Sensibilität des Produkterfolgs besteht, sind diesbezüglich verstärkte Anstrengungen zu unternehmen, das Preisniveau zu beobachten und hinreichend genau zu prognostizieren. Die primäre Zielsetzung muß sein, nach Möglichkeiten zu forschen, das Beschaffungspreisniveau zumindest zu stabilisieren und möglichst aktiv eine erkannte Preissteigerungstendenz zu begrenzen. Dabei kommen sowohl der Suche nach alternativen Bezugsquellen (Inkaufnahme höherer Marktforschungskosten) als auch der Suche nach Substitutionsmöglichkeiten (Inkaufnahme höherer Forschungs- und Entwicklungskosten) eine zentrale Rolle zu. Fehlen Substitutionsmöglichkeiten und Instrumente, aktiv die Produktionsfaktorpreiserhöhung in einem verkraftbaren Umfang zu halten, so sind in Form von Schubladenplänen frühzeitig Strategien zu entwickeln, um in einer ungünstigen Situation einen Marktausstieg vorzubereiten.

Produkte werden immer individueller

Die zurückliegenden Jahrzehnte sind gekennzeichnet von gravierenden Veränderungen der Wettbewerbssituation: Die durchschnittliche Unternehmensgröße ist gestiegen. Es drängen zunehmend ausländische Konkurrenten auf die überwiegend gesättigten Märkte. Die Kunden verlangen in steigendem Maße modische oder individualisierte Produkte. Die Produktlebenszyklen werden kürzer. Produktentwicklungs-, Produktions- und Lieferzeiten stellen mittlerweile strategische Wettbewerbfaktoren dar. Daher setzt die Mehrzahl der Unternehmen verstärkt auf Automatisierung, vermehrten Einsatz flexibler Produktionstechnologien sowie von Instrumenten der Mikroelektronik und der elektronischen Datenverarbeitung in allen Funktionsbereichen des Unternehmens. Generell ist zu konstatieren, daß die Schwerpunkte der Kostenplanung und -kontrolle entsprechend der Relevanz der Kostenarten in der Praxis neu gesetzt werden. Denn angesichts von Fixkostenanteilen an den Gesamtkosten von zum Teil weit über 50 Prozent ist nicht mehr zu rechtfertigen, daß 75 Prozent der Kostenplanungs- und -kontrollaktivitäten die produktiven Arbeitskosten betreffen. In dieser Situation kommt der Reorganisation der Arbeitsteilung in der logistischen Kette durch *überbetriebliche Kooperationskonzepte* eine überragende Bedeutung im Rahmen des Kostenmanagements zu (Stichworte: Lean Production, Just-in-time-Entwicklungs- und Wertschöpfungspartnerschaften). Hierbei werden unter anderem Tätigkeiten, die sich bislang überwiegend in den Gemeinkosten des Enderzeugnisproduzenten niedergeschlagen haben, auf andere Glieder der logistischen Kette übertragen. Es werden Fixkosten »variabilisiert«, positive Synergieeffekte ausgeschöpft und Redundanzen vermieden. Die dem Hersteller hieraus erwachsenden Kosten- und Nutzenvorteile sind (teilweise) an die jeweiligen Kooperationspartner weiterzugeben, um über einen Ausgleich der verursachten Kostennachteile deren Kooperationsbereitschaft zu fördern. Eine Begrenzung der Höhe des erforderlichen Kostenausgleichs ist dabei in dem Nutzenpotential zu sehen, das aus der anzustrebenden langfristigen Zusammenarbeit erwächst.

Die Verwirklichung der *Lean-Production-Idee* führt zur konsequenten Ausnutzung von Erfolgspotentialen über die gesamte logistische Kette – von der Beschaffung bis zum Absatz, vom Produktentwurf bis zum Vertrieb, von den Lieferanten bis zum Kunden –, von der alle Glieder derselben profitieren. So besteht die Zielsetzung einer *Hersteller-Händ-*

ler-Kooperation, wie sie im Rahmen von Lean Production anzustreben ist, nicht nur darin, eine intensive Produktkenntnis zu vermitteln, damit der Händler die (potentiellen) Endverbraucher optimal beraten kann. Vielmehr geht es darum, daß die Händler den Hersteller darüber in Kenntnis setzen, wie seine Erzeugnisse von den Endverbrauchern beurteilt werden. Konkret sind folgende Informationen für den Hersteller von Interesse: Produktmängel, ein Übersoll oder Defizite an Funktionalität und Qualität sowie die Beurteilung des Produktnutzens im Vergleich mit Konkurrenzprodukten. Eine zeitnahe Rückmeldung befähigt den Hersteller, gegebenenfalls erforderliche Konstruktionsänderungen einzuleiten und so Erfolgspotentiale zu nutzen und die Kosten einer (latent) bestehenden Unzufriedenheit der Kunden zu minimieren. Darüber hinaus ist es aus Herstellersicht auch nutzenstiftend, wenn es gelingt, die Händler in den Marktforschungsprozeß zur Entwicklung neuer Produkte einzubinden. Der Handel könnte beispielsweise an den Hersteller Informationen über Kauftrends und Kundenwünsche weiterleiten. Diese echte Alternative zu eigenen Marktforschungsaktivitäten kann die bei Neuproduktentwicklungen bestehende Gefahr des Am-Markt-vorbei-Entwickelns weitestgehend begrenzen. Denn sie fußt auf einer breiten empirischen Basis.

Im Hinblick auf die *Hersteller-Zulieferer-Kooperation* sind aus der Sicht des Kostenmanagements zwei Aspekte von Funktionsverlagerungen relevant. Diese betreffen zum einen die Auswahl von *Zulieferstrategien*. Dabei ist unter anderem an die Verwirklichung einer Just-in-time-Lieferung zu denken. In jedem Fall sollte im Rahmen einer entsprechenden Kooperation sichergestellt werden, daß das Qualitätsziel gesichert und die Abwicklung von Bestellvorgängen beschleunigt und vereinfacht wird. Hierdurch kommt es zum Beispiel zu einer Variabilisierung von Fixkosten in den Bereichen Beschaffung, Lagerung, Qualitätssicherung. Im Ergebnis werden die angesprochenen Kostenkategorien produktbezogen leichter kontrollierbar.

Andererseits – und dies gewinnt zukünftig an Bedeutung – ist in der Beteiligung der Zulieferer am *Produktentwicklungsprozeß* ein bislang noch wenig genutztes Erfolgspotential zu sehen. Die frühzeitige Einbindung der Zulieferer in den Vorgang der Neuproduktentwicklung gewährleistet, daß das Zulieferer-Know-how hinsichtlich der zu liefernden Teile genutzt werden kann. Dies kann in der Weise erfolgen, daß der Lieferant einen Repräsentanten in das zentrale Produktentwicklungsteam entsendet, welches einen Rohentwurf und den technischen Anforderungskatalog für das zu beschaffende Teil beziehungsweise die betreffende Baugruppe determiniert. Die Fortführung dieses Konstruktionsvorgangs obliegt in der Folgezeit dem Lieferanten, der ihn mit der Detailkonstruktion abschließt. Mit der Einbindung der Zulieferer geht dabei eine kostenwirksame Zeitersparnis einher: Es werden Redundanzen vermieden. Änderungskonstruktionen müssen nicht mehr die Schleife Hersteller – Zulieferer durchlaufen. Die Zulieferer wählen aufgrund ihrer Endproduktkenntnis geeignete Materialien und Produktionsverfahren aus und garantieren die erforderliche Teilequalität. Zugleich wird der Preisverhandlungsprozeß erheblich vereinfacht. Der Zulieferer kann gewiß sein, daß seine Vorarbeiten nicht dazu benutzt werden, um seine Preise zu drücken, indem nach erfolgter Detailkonstruktion wiederum Vergleichspreise von der Konkurrenz eingeholt werden.

Generell ist hinsichtlich der Auswahl einer das Kostenmanagement unterstützenden Produktentwicklungsstrategie zu fordern, daß die Produktentwicklungszeiten durch den Einsatz von *Simultaneous Engineering* verkürzt werden. Demnach ist anzustreben, gleichzeitig mit der Produktentwicklung die Maschinen und Werkzeuge zu spezifizieren, die die Komponenten des neuen Erzeugnisses produzieren sollen. Produktentwurf und die Auswahl von Produktionsverfahren sind aus der Sicht eines antizipativen Kostenmanagements untrennbar miteinander verbunden. Denn die späteren Produktkosten und Produktfolgekosten sind in hohem Maße beeinflußbar, und Variationen des Produktentwurfs verursachen bei einer hohen Zahl von Freiheitsgraden nur relativ geringe Kosten. Stellt sich hingegen in der Anlaufphase heraus, daß konstruktive Änderungen unumgänglich sind, wobei die Anzahl der variierbaren Produktparameter grundsätzlich stark beschränkt ist, kommt es beispielsweise zu folgenden teuren Konsequenzen: Neukonstruktion von Teilen, Nachverhandlungen mit den Lieferanten, Anschaffung anderer Betriebsmittel, Einsatz alternativer Verfahren sowie Redesign von betrieblichen Abläufen. Diese gefährden zudem das an Relevanz gewinnende Zeitziel. Folglich ist im Entwicklungsstadium auch auf die Fertigungs- und Montagefreundlichkeit der jeweiligen Produkte beziehungsweise Produktkomponenten zu achten. Es sind nach Möglichkeit solche Verfahren und Betriebsmittel auszuwählen, die eine hohe Ablaufsicherung aufweisen und im Hinblick auf die Qualität die geforderten Toleranzen einhalten.

Aus dem Dargelegten ergibt sich implizit, daß die Verwirklichung von Simultaneous Engineering sinnvollerweise durch eine *konstruktionsbegleitende Kalkulation* in Verbindung mit einer Zielkostenrechnung anzustreben ist. Erstere dient der Ermittlung der voraussichtlichen Produktkosten. Diese werden sukzessive im Rahmen der Neuproduktentwicklung aus den Herstellkosten der eingehenden Teile mit dem Ziel kalkuliert, die kostengünstigste Alternative zu finden. Da somit ein Soll-Produktkosten-Wert bestimmt wird, dient die konstruktionsbegleitende Kalkulation der präventiven Kostenkontrolle. Die Bedeutung der konstruktionsbegleitenden Kalkulation für das Kostenmanagement ergibt sich daraus, daß im Konstruktionsprozeß circa 70 Prozent der späteren Produktkosten determiniert werden. Mit anderen Worten: Instrumente, die in späteren Phasen ansetzen, können nur Kostensenkungen bei den verbleibenden 30 Prozent erreichen. Der Prozeß einer konstruktionsbegleitenden Kalkulation läuft iterativ ab. Die jeweils kalkulierten Kosten alternativer Entwürfe werden paarweise miteinander verglichen, und die kostengünstigste Alternative wird ausgewählt. Eine bedeutsame Strategie bei der Suche nach Kostensenkungspotentialen besteht dabei in der Überprüfung, ob auf ähnliche Teile, die bereits konstruiert wurden oder sich bereits in der Produktion befinden, zurückgegriffen werden kann. Der Prozeß der Iteration endet, wenn der Konstrukteur davon ausgeht, daß weitere Einsparungen von Teile- und Produktkosten nur mit einem unvertretbar hohen zusätzlichen Aufwand erzielt werden können.

Wird als Abbruchkriterium ein Kostenziel als Obergrenze der Herstellkosten vorgegeben, liegt der konstruktionsbegleitenden Kalkulation das *Zielkostenrechnungs*-Konzept zugrunde. Dessen Zielsetzung besteht darin, die Kosten von Produkten, die sich noch in der Entwicklungs- und Konstruktionsphase befinden, an einem durch Marktforschungsanalysen ermittelten Marktpreis zu orientieren. Die Zielkosten je Stück ergeben sich als zukünftiger Absatzpreis abzüglich einer Stückerfolgsgröße über die vollen oder die variablen Kosten. In der nächsten Stufe sind dann aus den Stückkosten die Kosten für die einzelnen Produktbestandteile abzuleiten. Die Besonderheit der Zielkostenrechnungs-Idee besteht im Vergleich zur »traditionellen« konstruktionsbegleitenden Kalkulation zum einen darin, daß die Stückkosten mit einer »Marktpreis-minus«-Rechnung und nicht mit einer Addition der Teilekosten bestimmt werden. Zum anderen ist hervorzuheben, daß Teamarbeit und Kreativitätstechniken zielgerichtet zum Einsatz kommen, um den Übergang von den vorläufig bestimmten erreichbaren Kosten (allowable costs) zu den Zielkosten (target costs) zu vollziehen. Daneben ist es konzeptioneller Bestandteil der Zielkostenrechnung, die Kosten der betreffenden Teile beziehungsweise des Gesamtprodukts nach Möglichkeit auch auf der Grundlage optimierter Organisationsstrukturen und basierend auf dem neuesten Stand der Technik zu kalkulieren. Damit weist die Methodik der Zielkostenrechnung in die Richtung auf ein mögliches Kostenoptimum, bei dem das Rationalisierungspotential »Innovation« gezielt in die Produktkostenbetrachtung einzubeziehen ist. Allerdings führt die Verwendung von Zielkosten im Rahmen der konstruktionsbegleitenden Kalkulation in der Regel dazu, daß die Suche nach Kosteneinsparungen abgebrochen wird, wenn die Zielkosten (annähernd) erreicht sind. Kritisch ist anzumerken, daß die auf Innovationen beruhenden Produktkostensenkungen mit hoher Unsicherheit behaftet sind. Mit anderen Worten: Die Plansituation allowable costs – target costs bietet keine Gewähr dafür, daß das Kostenziel auch erreicht wird.

Unter anderem zur Kontrolle (und zukünftigen Verbesserung) der Planungsqualität ist es sinnvoll, eine *Lebenszyklus-Kostenrechnung* einzuführen. Dieses Rechenwerk nimmt – beginnend mit der Produktplanungsphase – alle Kosten, aber auch alle Erlöse auf, die produktbezogen anfallen. Damit ist die Einhaltung des periodisch geplanten Erfolgs laufend kontrollierbar und der Gesamtprofit ex post bestimmbar.

Der im Rahmen einer Zielkostenrechnung vorherrschende Gedanke der Verwirklichung einer Produktion marktgerechter Erzeugnisse zu marktgerechten Preisen findet auch im innerbetrieblichen Bereich zum Zwecke des Kostenmanagements immer stärkere Beachtung und Verbreitung. Da die durchschnittliche Unternehmensgröße in den letzten Jahren gestiegen ist, wird eine zentrale Steuerung des Gesamtgebildes zunehmend schwieriger. Die Praxis hat darauf mit Dezentralisierungskonzepten reagiert. Aus der Sicht des Kostenmanagements ist in diesem Zusammenhang insbesondere der *Service-Center-Ansatz* relevant.

Mehr Freiraum für einzelne Abteilungen

Die Grundgedanken der Gemeinkostenwertanalyse oder des Zero-Base-Budgeting übernehmend, werden zunehmend innerbetriebliche Dienstleistungszentren differenziert abgerechnet. In einem ersten Schritt werden dabei Verrechnungspreise für bestimmte Leistungen festgesetzt. Die jeweiligen Adressaten dürfen sodann bestimmen, ob sie zu diesem Preis die betreffende Leistung weiter in Anspruch nehmen wollen oder ob die Kosten deren Nutzen überwiegen. In letzter Konsequenz wird einerseits den Empfängern der Fremdbezug freigestellt, und andererseits werden die verselbständigten Abteilungen bevollmächtigt, ihre Leistungen am Markt anzubieten. Dieser Ansatz bewirkt drei aus der Sicht des Kostenmanagements begrüßenswerte Konsequenzen: Es wird eine Transparenz des innerbetrieblichen Leistungsaustausches an immateriellen Dienst- und Verwaltungsleistungen erzeugt. Die Abnehmerorientierung der betroffenen Service-Center wird gefördert, das heißt, unnötige oder übertrieben perfektionierte Leistungen werden abgebaut. Das Kostenbewußtsein wird nachhaltig gestärkt, indem für die innerbetrieblichen Dienstleister Anreize gegeben werden, ihre Leistungen rationeller zu erstellen. Diese Verfahrensweise, die zum Beispiel auch für Lager-, Transport-, EDV-, Forschungs- und Entwicklungsabteilungen sowie für Reparatur- und Instandhaltungsabteilungen Anwendung finden kann, stellt auch den Versuch dar, Fixkosten zu variabilisieren.

Neue Herausforderungen für Forschung und Entwicklung

Orientierung am Kundennutzen und mehr Schlagkraft durch Projektorganisation

Erwin Ziebart

Es ist wenig hilfreich, die nachlassende Konjunktur zu beklagen und auf eine Belebung des Marktes zu setzen. Auch kann es nicht hinreichend sein, hauptsächlich defensive Strategien in der Weise anzuwenden, indem durch Personalabbau dem Kostendruck nachgegeben wird.

Die Zeit muß genutzt werden, um zu einer höheren Attraktivität des Leistungsangebots, der Erzeugnisse und Dienstleistungen zu kommen, die Wettbewerbsfähigkeit damit zu verbessern und die Unternehmen mit neuen Stärken für strategische Optionen auszustatten. Dies wird nur gelingen, wenn die Tätigkeiten im Unternehmen, auch und insbesondere die angewandte Forschung und Entwicklung, von der Notwendigkeit bestimmt werden, eine maximal mögliche Kundenzufriedenheit zu erreichen; dies noch verbunden mit der Notwendigkeit, daß dieses Ziel von allen Mitwirkenden mit einem hohen Einsatz verfolgt wird.

Die Entwicklung für Produkte und Arbeitsverfahren muß bei strikter Orientierung am zukünftigen Kundennutzen wesentliche Beiträge leisten, damit die Unternehmen in die Lage versetzt werden, ihre Qualitätsstandards bei Produkten und Dienstleistungen anzuheben und gleichzeitig durch Umstrukturierung der Arbeitsprozesse in allen Bereichen die Kosten senken zu können. Die notwendige neue Ordnung der Prozesse besteht in einer Verlagerung der Kompetenzen und Verantwortungen an die Basis, in Kundennähe, und setzt dabei auf den Menschen als die bedeutendste strategische Option des Unternehmens.

Das hohe wirtschaftliche Wachstum der vergangenen zehn Jahre war nicht zuletzt auch eine Folge der Attraktivität deutscher Erzeugnisse auf dem Weltmarkt. Dieser Zeitspanne gingen viele Jahre voraus, in denen Forschung und Entwicklung in Erzeugnisse und Verfahren auf die Wahrnehmung solcher zukünftigen Erfolgspotentiale ausgerichtet waren und konsequent in wettbewerbsfähige Leistungsangebote am Markt umgesetzt wurden.

Viele Mitwettbewerber haben in der Zwischenzeit in der Fähigkeit, hochwertige Erzeugnisse zu entwickeln, aufgeschlossen und sich darüber hinaus in die Lage versetzt, gleichzeitig mit der Qualität auch mit niedrigeren Kosten den Kundennutzen zu erhöhen. Dies kennzeichnet die heutige Wettbewerbslandschaft, in der zunehmend das Ringen um den Kunden nicht nur über die technische Wertigkeit der Erzeugnisse, sondern über alle relevanten Merkmale der Kundenzufriedenheit, zu denen auch Dienstleistungen gehören, ausgetragen wird.

Diese Marktveränderungen werden zur Zeit von einer konjunkturbedingten Schwäche der Nachfrage überlagert, die in diesem Beitrag nicht weiter gewürdigt zu werden braucht, da Forschung und Entwicklung langfristige Aspekte verfolgen. Hier sollen die »mageren« Jahre als Phase behandelt werden, in der es gilt, sich den geänderten Wettbewerbsbedingungen zu stellen und sich für eine Zukunft zu wappnen, in der wirtschaftliches Wachstum mit hohen Raten nicht mehr selbstverständlich ist.

Bei der Suche nach Chancen in der Zukunft, nach strategischen Optionen, konzentrieren sich die Erwartungen auf die Entwicklung von Produkten und Prozessen. Es sollen Lösungen aufgezeigt werden,

- wie eine wettbewerbsentscheidende Kundenzufriedenheit durch Erhöhung der Qualitätsstandards bei gleichzeitig niedrigeren Kosten erreicht werden kann und
- wie die Arbeitsabläufe, die Prozeßstrukturen, auch in der Forschung und Entwicklung, neu gestaltet werden können, um zu einer besseren Nutzung unternehmerischer Ressourcen zu gelangen.

Zufriedene Kunden entscheiden den Wettbewerb

Hierzu müssen viele Unternehmen ein neues Selbstverständnis finden, sich auf ihre unternehmerischen Grundsätze besinnen, sich auf ihren Auftrag am Markt konzentrieren und unmißverständlich das Erreichen einer Kundenzufriedenheit mit höchster Priorität, als Sinn des unternehmerischen Handelns, herausstellen und praktizieren.

Die Zufriedenheit des Kunden entscheidet den Wettbewerb. Die Komponenten des Kundennutzens, im wesentlichen bestehend aus der Qualität der Leistung, dem Preis und den Dienstleistungen, beinhalten einzeln und in ihrer Kombination strategische Optionen. Im Leistungs-Portfolio wird es daher unterschiedlich gerechtfertigte Erzeugnisgruppen geben, die auf bestimmte Wettbewerbsvorteile ausgerichtet sind. Zunehmend attraktiv werden diejenigen Leistungen, die das Produkt über den ganzen Lebenszyklus, von der Anschaffung, dem Betrieb bis zur Entsorgung, in den Kosten minimieren.

Ganz zwingend steht aber die Erwartung an, daß die vom Wachstum und der Produktinnovation geprägten Arbeitsweisen jetzt einer Prozeßinnovation Platz machen, die auf weniger kostenintensiven Strukturen im Unternehmen aufbaut und gleichzeitig zu einer Erhöhung der Qualitätsstandards führt. Nicht zuletzt aus diesem Grunde ist für die Produkt- und Prozeßentwicklung eine gute Kenntnis der relevanten Merkmale der Kundenzufriedenheit ebenso zwingend notwendig wie die Möglichkeit, diesbezügliche Entscheidungen auf kürzestem Wege in die Realität des Angebots umzusetzen.

Die in diesem Zusammenhang empfohlene Delegation von Führungsverantwortung und Dezentralisierung ist nicht hinreichend dann, wenn sie zu keiner die Wettbewerbsfähigkeit entscheidenden Erhöhung der Motivation der an der Basis, in Kundennähe operierenden Mitarbeiter führt. Dies wird nur möglich, wenn es mit der Schaffung neuer Freiräume für Handlungen gelingt, Bedürfnisse der Menschen zu befriedigen, die bisher weitgehend unerfüllt blieben. Das sind im wesentlichen die Erwartungen, den Sinn der Arbeit über die Befriedigung materieller und sozialer Bedürfnisse hinaus als Eigenbestätigung, als Selbstverwirklichung zu erleben.

Die mageren Jahre bieten die Chance, über diesen Weg der Erneuerung zu einer Verbesserung des »inneren« Wirkungsgrades zu kommen, die zu einer effizienteren Nutzung der unternehmerischen Ressourcen führt. Dabei ist der Mensch mit seiner Fähigkeit zur Kreativität und zum logischen Denken, mit seiner Bereitschaft, Verantwortung zu übernehmen, und dem Bestreben, einen Erfolg beim Kunden selbst zu erleben, eine Option von höchster Bedeutung.

Wenn der Mensch als eine neue Chance, als eine strategische Option ersten Ranges verstanden wird, sind insbesondere bei Handlungsabläufen im Unternehmen und den Entscheidungsfindungen neue Wege zu beschreiten. Ohne die Produktqualität als maßgebende Komponente des Kundennutzens aus dem Auge zu verlieren, müssen diese Prozesse so gestaltet, entwickelt werden, daß die Entfaltung der menschlichen Fähigkeiten voll zum Tragen kommt. In den zahlreicher sich bildenden strategischen Geschäftseinheiten müssen die Führungskräfte mit entsprechend größeren Vollmachten ihre Vorhaben zur Erzielung von Wettbewerbsvorteilen umsetzen, das heißt ihre Strategien selbst entwickeln können.

Es ist wohl eine Evolution der Organisationsstrukturen, wenn wesentlich mehr selbständig operierende Unternehmenseinheiten mit eigenständigen, interdisziplinär zusammengesetzten Entwicklungsteams in einem Marktsegment unmittelbar auf den Erfolg beim Kunden fokussiert sind. Diese Wirkungsweisen müssen beherrscht sein vom Bestreben, Kundenzufriedenheit und mit ihr neue Motivation zu erreichen. Weitere Kennzeichen müssen sein eine bereichsübergreifende, von Zuständigkeitsgrenzen nicht behinderte Kooperation mit dem Ziel einer hohen Qualität des eigenen Tuns hinsichtlich optimaler Nutzung der Ressourcen Zeit, Kapital und Arbeit.

Wichtig ist, daß diese Strukturen offen sind und sich an veränderte Bedingungen im Umfeld und im eigenen Unternehmen anpassen können. Solche Notwendigkeiten werden von »Projektgruppen« besser erfüllt, als dies die klassischen Linienbereiche mit ihrer jeweiligen Spezialisierung erreichen. Nicht nur die thematisch auf den Kunden ausgerichtete Handlungsweise ist dabei herauszustellen, sondern auch die im gemeinsamen Erlebnis sich manifestierende Motivation zu höherer Leistung. Diese schlägt sich nieder in Verkürzung der Entwicklungszeit, in geringeren Kosten, insgesamt im selbständig erarbeiteten unternehmerischen Erfolg.

Die bisherigen Prinzipien einer strengen Strukturierung der Arbeit im Unternehmen, die Arbeitsteilung in viele kleine Schritte, die damit verbundenen komplexen Abläufe und Notwendigkeiten der Vernetzung, die tiefgestaffelten betrieblichen Hierarchien, der mühsame Dienstweg – sie müssen den weitgehend autonom, in Kundennähe eigenverantwortlich und mit hoher Flexibilität operierenden kleineren Einheiten weichen. In Konkretisierung dieser »Gruppenarbeit« bekommt auch in den Forschungs- und Entwicklungsbereichen die Projektorganisation eine große Bedeutung.

Die Beweggründe zur Handlung als »Unternehmer im Unternehmen« müssen bei den einzelnen Mitarbeitern von »innen« her kommen und können nicht von einer »äußeren« Steuerung als Sollvorgaben voll wirksam ausgelöst werden.

Die zahlreicheren kleineren Gruppen haben zur Folge, daß die Pyramiden im Organigramm wesentlich flacher werden. Die Mitarbeiter der Fachbereiche wirken jetzt als Spezialisten in den projektorientierten Einheiten mit oder müssen vorher neue Qualifikationen erwerben. Diese müssen im Rahmen einer systematischen Aus- und Weiterbildung vermittelt werden. Vorzugsweise geschieht dies auch durch Wechsel der Tätigkeiten, durch eine Rotation, auch mit der Folge, daß sich viel mehr Verständnis für die Arbeit anderer und eine bessere Kommunikation und Kooperationsbereitschaft einstellt. Die Projektgruppen wirken multifunktional und haben ihre Ziele in Reichweite, erkennen Abweichungen davon sehr früh und können Kurskorrekturen rasch durchführen.

Eine solche »Selbstregelung« macht die weitgehend autonomen Einheiten effizient, da sie den komplizierten Gang der Handlung in klassischen Strukturen und einen entsprechend langen Weg der Entscheidungen nicht benötigen. Die Ordnung, der diese Einheiten folgen, ergibt sich aus den für alle geltenden Unternehmensgrundsätzen, der gemeinsam abgeleiteten Analyse des Umfeldes, auch in der Zukunft, sowie der Beurteilung eigener Schwächen und Stärken. Die Ordnung impliziert auch die Gemeinsamkeit in der Erkennung strategischer Optionen und der Zielfindung. Dies darf nicht allein Aufgabe der Unternehmensführung und einer kleinen Elite sein. Wenn die Gemeinsamkeit in wichtigen Angelegenheiten des Unternehmens zur Sinngebung der Arbeit zählt, dann muß auch die Zielfindung zu dieser Gemeinsamkeit zählen. Die Projektbezogenheit kann sich – abstrakt gesehen – von der Koordination der Entwicklungsvorhaben in verschiedenen Funktionsbereichen bis zur Wirkung in rechtlich selbständigen kleinen Unternehmenseinheiten erstrecken.

In jedem Falle ist es für den Ansatz und die Durchführung von Projekten von großer Bedeutung, einen möglichst klaren Auftrag, eine Projektdefinition zu erstellen, in der neben dem Ziel der Entwicklung auch die Projektorganisation festgelegt wird. Da meistens während des Entwicklungsablaufs neue Erkenntnisse anfallen, die eine Änderung oder Ergänzung des Pflichtheftes auslösen, kann es auch erforderlich werden, die ursprünglich vorgegebenen Regelungen ebenfalls zu ändern. Dies bedingt, daß eine Projektorganisation immer eine Flexibilität möglich machen muß, dahin gehend, daß die Zahl der Mitwirkenden und die fachlichen Qualifikationen den neuen Notwendigkeiten angepaßt werden können. Diese Flexibilität ist mit Erfolg nur zu betreiben, wenn eine »Reserve« zur Verfügung steht, die schwerpunktmäßig und wechselweise bei verschiedenen Projekten zum Einsatz kommt. Dies würde konkret bedeuten, daß die Entwicklungsteams der kleinen Unternehmenseinheiten von einem in der Zentrale angesiedelten Pool Verstärkung anfordern dürfen, wenn dies die Situation erfordert. Dies betrifft meistens Bauteilkonstrukteure oder Mitarbeiter mit besonderen Kenntnissen auf dem Gebiet der Berechnung, der Steuerung/Regelung, der Elektronik und anderes mehr. Diese Verstärkung kann sich auf Lösungen von Teilaufgaben beschränken, was meistens auch nicht die Integration in die Entwicklungsteams zwingend voraussetzt, aber etwa die »Eingliederung auf Zeit« notwendig macht.

Ohne eine »Reserve« der Entwicklungskapazität ist die Gefahr sehr groß, daß sich die kleinen Entwicklungsteams in ihrer personellen Grundausstattung auf die nicht ständig gegebenen maximalen Anforderungen einstellen. Ob eine solche Maximalausstattung in Kauf genommen werden kann mit dem Vorteil, daß die kleinen Unternehmenseinheiten dann auch in der Entwicklung die notwendige Flexibilität selbst aufbringen, oder ob die Inanspruchnahme von Leistungen einer »Zentralen Technik« den größeren Nutzen bringt, ist von Unternehmen zu Unternehmen verschieden. Solche Anforderungen sind hinsichtlich der Vor- und Nachteile bei der Projektorganisation in Entwicklungsbereichen abzuwägen.

Eine Organisationsform, die die geringsten Eingriffe in die Grundstrukturen einer vorhandenen Linienorganisation darstellt, ist die Projektkoordination. Einzelne Führungskräfte mit fachübergreifenden Kenntnissen und hoher persönlicher Akzeptanz bemühen sich, den Gang der Handlung, bestimmte Entwicklungsprojekte betreffend, in den verschiedenen Funktionsbereichen auf den vorgesehenen Pfaden zu halten. Dort, wo sich vom angestrebten Entwicklungsergebnis, den Kosten oder dem Zeitablauf Abweichungen abzeichnen, muß der Projektleiter auf die Fachabteilungen Einfluß zu nehmen versuchen. Diesbezüglich hat er keine Weisungsbefugnisse, das heißt, er nimmt als Projektleiter eine Stabsfunktion wahr, was aber nicht heißt, daß sein Einfluß nur sehr gering sein kann. Bei einer entsprechend hohen fachlichen Qualifikation und ausgeprägter Fähigkeit zur Kommunikation kann der Projektleiter auch in dieser Organisationsform Erhebliches leisten. Die »Hausmacht« der Linienbereiche macht dies aber nicht immer möglich.

Für anspruchsvollere und für das Unternehmen wichtige Projekte stellt sich die Forderung nach weniger Schnittstellen im Entwicklungsablauf und bei den Zuständigkeiten und damit zu einer größeren Konzentration der Verantwortung. Dieser Bedingung kommt eine der Matrix entsprechende Organisationsform entgegen. Hier werden die für die Durchführung von Entwicklungsvorhaben beauftragten Projektleiter mit Weisungsbefugnissen gegenüber den Linienbereichen ausgestattet. Die Mitarbeiter bleiben personell ihren Linienvorgesetzten unterstellt, den Projektleitern steht aber die fachliche Weisungsbefugnis zu.

Oftmals wird in dieser Überschneidung der Zuständigkeiten die Vorprogrammierung von Konflikten gesehen. Wenn tatsächlich solche Schwierigkeiten auftreten, werden sie einerseits als Chancen verstanden, zu neuen Konzepten vorzustoßen. Andererseits liegt es oft aber nur an mangelnder Kooperationsbereitschaft der beteiligten Partner.

Interdisziplinäre Schnittstellen und Kompetenzschwierigkeiten werden mit einer Form der Projektorganisation vermieden, die am besten gekennzeichnet ist mit der Bezeichnung »selbständige Projektgruppen auf Zeit«. Die zur Durchführung der Entwicklungsaufgaben benötigten Mitarbeiter der verschiedenen Fachbereiche werden von ihren Linienfunktionen freigestellt und räumlich zusammengefaßt. Der unmittelbare Kontakt der Mitwirkenden aus verschiedenen Wissens- und Erfahrungsgebieten ist für die Effizienz, die Information und Kommunikation und für die Meinungsbildung von entscheidender Bedeutung.

Ein Projektleiter hat zwar innerhalb des Teams Weisungsbefugnis. Die Schlagkraft dieser Projektgruppen rührt aber im wesentlichen von ihrem Erlebnis als Gemeinschaft her mit der Folge, daß die Beziehungen der Mitarbeiter untereinander persönlicher, offener werden. Vor diesem Hintergrund gedeihen Bereitschaft zur gegenseitigen Information, Unterstützung und ein Gemeinschaftssinn, eine eigene Identität mit stark motivierender Wirkung. Begleitet wird die Tätigkeit dieser selbständigen Projektgruppen von einem Leitungsausschuß. Dieser ist der zu behandelnden Aufgabe entsprechend zusammengesetzt. Einige Leiter der Fachbereiche der im Team wirkenden Mitarbeiter können ebenso vertreten sein wie Mitglieder des Vorstandes beziehungsweise der Geschäftsleitung.

Wichtig ist, daß der jeweilige Lenkungsausschuß klein gehalten wird und anstehende Entscheidungen rasch treffen kann. Ebensowichtig ist, daß der Projektleiter ausreichende Handlungsfreiheit hat, um die gesteckten Entwicklungsziele zu erreichen. Der Projektleiter soll auf den Lenkungsausschuß nur dann angewiesen sein, wenn gegenüber den ursprünglichen Zielen Kurskorrekturen notwendig werden. Diese »Projektgruppen auf Zeit« werden in vielen Dienstleistungsunternehmen als Grundform der kundenorientierten Organisation in Anspruch genommen. Aber auch im produzierenden Gewerbe werden solche Möglichkeiten, ein auf den Kundennutzen fokussiertes Entwicklungsergebnis rasch zu erzielen, mit Erfolg praktiziert.

Es gibt auch Vorschläge, hierarchiefreie Projektgruppen auf Zeit zusammenzustellen. Der Unterschied zu den eben beschriebenen Projektgruppen wäre im wesentlichen der, daß die Gruppe ohne Projektleiter bei voller Teilnahme jedes einzelnen Mitgliedes an der Meinungsbildung und Entscheidungsfindung arbeitet. Der Lenkungsausschuß behält sich nur Grundsatzentscheidungen über Entwicklungsziele, Zusammensetzung der Gruppe und das Budget vor. Diese Organisationsform stellt höchste Anforderungen an die Kommunikations- und Kooperationsbereitschaft der Mitwirkenden.

Bei diesen Modellen der »Projektgruppen auf Zeit«, in denen Ausschüsse am Entwicklungsprozeß maßgeblich beteiligt sind, besteht die Gefahr, daß viele Fachbereiche sich in diesen Gremien zur Geltung bringen wollen und damit rasche Handlungen erschweren. Dies muß unbedingt vermieden werden, um die günstigen Voraussetzungen in den Projektgruppen hinsichtlich Einsatzbereitschaft, Kreativität und Motivation nicht zu gefährden. Erfahrungsgemäß können von stark besetzten Gremien selten positive Impulse als Motivation zu den Gruppenmitgliedern transformiert werden.

Eine weitere, der fachlichen Komplexität von Entwicklungsvorhaben entsprechende Organisationsform ist die der Aufteilung in Vorentwicklung und Hauptentwicklung. Letztere wird in Projektgruppen durchgeführt, erstere in Linienbereichen. Dabei können die Projektteams zu selbständigen, eventuell auch rechtlich selbständigen Unternehmenseinheiten gehören, während die Vorentwicklung von einer zentralen Technik durchgeführt wird, die auch gleichzeitig die Unterstützung der Projektgruppen mit Spezialisten übernimmt. Durch die Zusammenarbeit mit verschiedenen Projektgruppen kommen so ganz bemerkenswerte Synergieeffekte zustande. Die Vorentwicklung arbeitet dabei problemorientiert. Die Hauptentwicklung, repräsentiert durch die Projektteams, kundenorientiert.

Für viele Vorhaben müssen in der Vorentwicklung erst noch Grundlagen erarbeitet werden, bevor eine Projektdefinition vorgenommen werden kann. Andernfalls würden einige Entwicklungsvorhaben wegen fehlender Vorkenntnisse nicht zügig vorankommen. Diese Phänomene sind typische Kennzeichen der »Schlüsseltechnologien«, die die Projektinnovation eröffnen und sich auf Ergebnisse der angewandten Forschung und der Neuentwicklung abstützen.

Sowohl in der Vor- als auch in der Hauptentwicklung stehen die Mitarbeiter hohen Qualifikationsanforderungen gegenüber: die einen als Spezialisten, die anderen als Universalisten mit umfassenden Kenntnissen aus allen Bereichen der Technologien und zusätzlich guten Kenntnissen der relevanten Merkmale einer Kundenzufriedenheit in ihrem Marktsegment und der für sie geltenden Wettbewerbssituation. Überall ist Grund gegeben, hochmotiviert den Erfolgserlebnissen nachzugehen.

Eigene Abteilung für Sonderentwicklungen

Die Aufgaben der Projektgruppen induzieren oft in der Vorentwicklung neue, fachspezifische Probleme, die noch nicht genügend gelöst sind, ebenso wie die Vorentwicklung mit Ergebnissen aus der angewandten Forschung und den Ergebnissen aus Studien die Lösungsmöglichkeiten für die in den Projektgruppen anstehenden Aufgaben wesentlich erweitert.

Im Nachgang zu der Neuentwicklung von Erzeugnissen stellt sich meistens die Notwendigkeit, bei deren Markteinführung von seiten der Technik noch unterstützend tätig zu sein. Hierbei sollten die Projektgruppen nicht lange im Obligo bleiben. In solchen Fällen kann es sehr zweckmäßig sein, eine Anpassungsentwicklung organisatorisch nachzuschalten, die dann die notwendige Kundenbetreuung übernimmt. Sonderwünsche der verschiedenen Anwender der neuen Erzeugnisse, unterschiedliche Normen der Klassifikationsgesellschaften, unterschiedliche Zulassungsvorschriften in den Regionen geben Grund genug, den Projektgruppen solche Arbeiten abzunehmen. Sie würden im Tagesgeschäft von ihrer wichtigen Aufgabe der Wahrnehmung strategischer Optionen abgedrängt werden.

Bei der Würdigung der notwendigen Selbständigkeit der kleinen Unternehmenseinheiten und der operierenden Projektgruppen muß davon ausgegangen werden, daß allen ein übergeordneter Sinn des Handelns vermittelt und eine Leitlinie vorgegeben wurde. Daraus ergibt sich zwangsläufig, daß eine solche Orientierung von einer übergeordneten Führungsinstanz aufgezeigt worden ist.

Trotz der Unterschiedlichkeit der einzelnen Geschäfte gibt es viel Gemeinsames. Dies beginnt bei den Chancen und Risiken, mit denen uns die Zukunft erwartet, und setzt sich fort in der Beurteilung der Stärken und Schwächen, mit denen das Gesamtunternehmen in die Zukunft geht. Zum anderen hat jedes Unternehmen eine Kultur, die alle verbindet und verpflichtet. Diese muß von den einzelnen Unternehmenseinheiten aufgenommen und weiterentwickelt werden. Dazu zählen auch die Unternehmensgrundsätze, die den gewollten Sinn des gemeinsamen Handelns zum Ausdruck bringen. Es muß für alle Unternehmenseinheiten verbindlich und verbindend sein, vom gleichen Grundverständnis über das Produktsortiment, die Technologie und insbesondere die Innovationen auszugehen.

Diese Grundsätze, die für die Unternehmensführung geltenden Normen, führen alle Unternehmenseinheiten zu einer Familie zusammen, in der man vom Oberhaupt – es soll *Normatives Management* genannt werden – weiß, worauf es ankommt, und auch weiß, welche Mittel und Möglichkeiten für die Lösung von Zukunftsaufgaben zur Verfügung stehen. Dies steht im Zusammenhang mit Vorstellungen über eine gemeinsame Zukunft. Ein solches Leitbild wird umgesetzt in Zukunftsbilder der einzelnen Unternehmenseinheiten und über Ziele und selbst entwickelte Strategien der Verwirklichung zugeführt.

Das Normative Management gibt Rahmenbedingungen vor, innerhalb derer die Unternehmenseinheiten Freiräume ausnutzen. Für Forschung und Entwicklung ist es dabei entscheidend wichtig zu wissen, ob diese Freiräume für Innovationen in Produkte und Prozesse genutzt werden können oder sogar genutzt werden müssen. Sofern diese Fragen offen sind, können sie zu »Unterschieden in der Beurteilung der Geschäftspolitik« und zu Bruchzonen im Selbstverständnis des Unternehmens führen.

Die mageren Jahre bringen vielen Unternehmen Aufgaben ins Haus, die schwer zu lösen sind oder für die es noch gar keine Lösungen gibt. Auch in der Vergangenheit hat es solche Diskontinuitäten gegeben, die die Unternehmen nicht nur überwinden konnten, sondern aus denen sie meistens gestärkt wieder herausgetreten sind dadurch, daß mit einem attraktiveren Leistungsangebot am Markt eine bessere Wettbewerbsposition erreicht werden konnte.

So wie die Forschung und Entwicklung an den früheren Veränderungen beteiligt war, so muß und wird sie jetzt auch die Weichen stellen für Handlungen, die in eine Zukunft mit guter Wettbewerbsfähigkeit auf dem Weltmarkt führen. Der Unterschied zu früheren Diskontinuitäten im wirtschaftlichen Ablauf dürfte aber der sein, daß jetzt nicht mehr einem Wachstum Rechnung getragen werden muß, das Produktinnovationen und hohe Investitionen in betriebliche Anlagen induziert. Vielmehr müssen Strategien zur Anwendung kommen, die auch ohne ins Gewicht fallende Wachstumsraten eine Wettbewerbsfähigkeit unter Beweis stellen. Dies kann nur dadurch geschehen, daß bei Aufrechterhaltung einer hohen Produktqualität die anderen relevanten Merkmale eines Kundennutzens systematisch ausgebaut werden. Dies führt zu der Notwendigkeit eines besseren Dienstleistungsangebotes, insbesondere aber zu der Notwendigkeit, die eigenen Kosten im Wertschöpfungsprozeß zu senken. Die Prozeßinnovation ist jetzt gefordert, strategische Optionen zu erschließen und zu realisieren.

Die Prozesse der Zukunft müssen sich im wesentlichen auszeichnen durch Inanspruchnahme der geistigen, kreativen Qualitäten derjenigen, die mit der werteschaffenden Arbeit unmittelbar befaßt sind. Die physisch, in Routine eingesetzte Arbeitskraft war eine Folge der strikten Arbeitsteilung, der Spezialisierung auf kleine Arbeitsschritte. Das für die Motivation so entscheidende Erfolgserlebnis bleibt überall dort aus, wo es lange Prozeßketten gibt. Um solche komplexen Abläufe zu strukturieren und in Gang zu halten, sind hohe Aufwendungen für Arbeitsvorbereitung, Planung und Steuerung notwendig. Wenn neue Prozesse zu geringerem Aufwand in den »unproduktiven« Bürobereichen führen sollen, so müssen diejenigen »Kopfarbeiten« einer kritischen Würdigung unterzogen werden, deren Anteil an der Wertschöpfung gering ist.

Der Schluß liegt nahe, das Prinzip der starken Arbeitsteilung, der Theorie, die sich vor die Arbeit schiebt, nicht mehr als die beherrschende Technologie der Zukunft zu verstehen. Demgegenüber muß die Übersichtlichkeit der Arbeitsprozesse wiederhergestellt werden. Die Chance muß eröffnet werden, daß die »Handarbeit« auch »Kopfarbeit« beinhaltet und die Dispositionen »vor Ort« anstatt weit weg davon getroffen werden. Nachdem entlang der Wertschöpfungskette verschiedene Qualifikationen gefragt sind, die sich nur durch Zusammenarbeit ergänzen und in der Wirkung optimieren können, bietet sich wieder das Modell der weitgehend autonom operierenden, sich selbst regelnden, das heißt eine »Innensteuerung« praktizierende Gruppe an. Nur in den ihnen zugeordneten Freiräumen für überschaubare und im Ergebnis zu beurteilende Handlungen können sich die Mitwirkenden gemäß ihren geistigen Fähigkeiten einsetzen und Aufwendungen überflüssig machen, die durch »Außensteuerung« mit viel künstlerischer Intelligenz verbunden sind. Solche auf neue Strukturen aufbauende Prozesse stellen ganz andere Anforderungen an die Qualifikationen der arbeitenden Menschen, als dies bei starker Arbeitsteilung der Fall ist. Anstelle der Routine muß jetzt die Kreativität vorherrschend sein und neben der Spezialisierung mehr das Systemdenken die Inhalte der Arbeit ausmachen. Dazu ist mehr universales Wissen und Können notwendig, um Eigenständigkeit und umfassende Verantwortung wahrzunehmen und gleichzeitig die Qualität der Arbeit sicherzustellen. So können sich auch in kleinen Einheiten unternehmerische Fähigkeiten unmittelbar in die Tat umsetzen, dadurch, daß aus einer selbstentwickelten Eigendynamik heraus die mit der Arbeitswelt verbundenen Ressourcen optimal eingesetzt werden.

Verbesserung in kleinen Schritten

Wenn noch dazu die neuen Prozesse laufend weiter verbessert werden sollen, so setzt dies voraus, das in Frage stellen zu können, was man bisher getan und für gut befunden hat. Diese Bedingung, nicht nur in großen Schritten zu rationalisieren, sondern laufend die Arbeit in kleinen Schritten zu verbessern, kann wirkungsvoll von denjenigen erfüllt werden, die die Arbeit selbst »erleben«. Das Hinterfragen des Bisherigen, die Fähigkeit zur Selbstkritik, ist kein gutes Ansinnen an Individualisten. Insofern sind auch einige psychologische Fragen mit diesen anderen Arbeitsinhalten und einem neuen Sinn der Arbeit verknüpft.

Wenn eine erfolgreiche Forschung und Entwicklung in neue Erzeugnisse eine lang anhaltende wirtschaftliche Wachstumsphase zum wesentlichen Teil begründet hat, so sollte es uns auch in der Zeit der mageren Jahre gelingen, die Wettbewerbsfähigkeit auf dem Weltmarkt unter Beweis zu stellen. Die Herausforderung, neue Chancen, neue strategische Optionen zu erschließen, wird wieder eine Aufgabe sein, an der sich Forschung und Entwicklung maßgeblich zu beteiligen haben. Jetzt aber sind mit dem Inhalt die Arbeitsweisen so zu erneuern, daß die hohe Qualität der Erzeugnisse mit niedrigeren Kosten zu erbringen ist. Ohne die Fähigkeit zur Produktinnovation abzuschwächen, muß die Prozeßinnovation jetzt in den Vordergrund treten.

Die Anstrengungen, denen sich die Unternehmungen aussetzen, sind groß. Manches, was in der Vergangenheit richtig war in bezug auf betriebliche Hierarchien und strenge Arbeitsteilung wird in Zukunft nicht mehr richtig sein können. Große unternehmerische Einheiten werden viel vom Charakter und den Vorzügen der Mittelstandsbetriebe auf sich übertragen.

Bei der bestehenden Bereitschaft, die Veränderungen als eine Option zur Zukunftssicherung anzunehmen, auch wenn diese Veränderungen Dimensionen erreichen, die über die betrieblichen Grenzen hinausgehen, sollte es möglich sein, die neuen, inhaltlich anderen Aufgaben zu lösen. Das große schöpferische Potential der Menschen gibt uns hierzu die besten Voraussetzungen.

Qualität – Schlüsselwort für künftige Wettbewerbsfähigkeit

Wege zu kontinuierlicher Verbesserung in allen Unternehmensteilen

Horst Wildemann

Ein umfassendes Qualitätsmanagement hat nicht nur zum Ziel, Produkte so auszuliefern, daß deren Funktionsfähigkeit beim Kunden gewährleistet werden kann. Es geht darum, die Produkte von vornherein kundengerecht zu gestalten. Änderungskosten in Produktion und Beschaffung gering zu halten, einen optimalen Markteintrittszeitpunkt mit einem aktiven Zeitmanagement zu gewährleisten, Verschwendung jeder Art zu vermeiden und produktbegleitende Dienstleistungen wie Wartung und Lieferservice kundengerecht zu optimieren. Dabei muß der Weg zur Verbesserung der Unternehmensqualität sich auf die betrieblichen Teilaufgaben wie Forschung und Entwicklung, Beschaffung, Produktion und Marketing konzentrieren und diese Funktionen auf mögliche Qualitätsverbesserungsmaßnahmen hin untersuchen und mit differenzierten Strategien optimieren. Das übergreifende Qualitätsmanagement verlangt nach einem systematisch gestalteten Einführungsprozeß, der den Erfolg dauerhaft sicherstellt, sowie nach der Anwendung von Managementtechniken, wie der Auditierung und einer qualitätsbezogenen Kosten- und Leistungsrechnung, die eine ständige Steuerung des Verbesserungsprozesses ermöglichen.

Das Qualitätsmanagement in Forschung und Entwicklung hat zum Ziel, das Ergebnis der Entwicklung als Grundlage für die Produktion und Vermarktung zu beurteilen und den Entwicklungsprozeß selbst hinsichtlich seiner Effizienz zu verbessern. Die Ergebnisse in Gestalt und Vorgaben für Produktion, Beschaffung und Service müssen sicherstellen, daß die Produkte die Eigenschaften besitzen, die der Kunde in der Nutzungs- und Entsorgungsphase erwartet. Daneben ist das Ergebnis im Hinblick auf die Sicherstellung der wirtschaftlichen Herstellbarkeit und der Wirtschaftlichkeit in der Nutzungs- und Entsorgungsphase des Produktes zu beurteilen. Die Entsorgung erfährt eine zunehmende Beachtung seitens der Hersteller, da die Verbrauchersensibilität in dieser Frage ständig zunimmt und sich dieses Merkmal somit zur Differenzierung im Leistungswettbewerb anbietet. Die robuste Gestaltung von Produkten zur Vermeidung vorzeitiger Funktionsbeeinträchtigungen unter Zuverlässigkeitsaspekten und eine entsorgungsgerechte Materialauswahl sind Eckpunkte der Anforderungen an das Entwicklungsergebnis. Eine erhebliche wirtschaftliche Bedeutung für den Hersteller hat die Gestaltung des Produktanlaufs, der bei Neuprodukten oft hohe Kosten und Lieferschwierigkeiten verursacht.

Die Sicherstellung kundengerechter Entwicklungen stellt sich zunächst als ein Erfassungs- und Bereitstellungsproblem von Informationen dar. So sind zwar die Vorstellungen von Kunden über zum Erhebungszeitpunkt angebotene Produkte erfaßbar und lassen sich aus Befragungen oder Reklamationsauswertungen verfügbar machen; die Prognose von Anforderungen an zu entwickelnde Produkte, die unter Umständen erst Jahre später auf den Markt kommen, ist wesentlich komplizierter, da die Kundenvorstellungen über die Produkteigenschaften oft wenig konkret und dementsprechend schwer in bewertbare Produktmerkmale umzusetzen sind. Hinzu kommt das Problem der Inhomogenität von Kundenerwartungen an ein Produkt.

Ausfallrisiken und Schadensfälle minimieren

Das Erfassungs- und Beratungsproblem findet seine Fortsetzung in einem Umsetzungsproblem von Kundenanforderungen in meßbare oder zumindest qualitativ beurteilbare Produkt- und Prozeßparameter, die als Qualitätsmerkmale verwendet werden können. Um die vom Kunden gewünschten Eigenschaften hinsichtlich der Teilqualitäten von Anfang an in den Entwicklungsprozeß einzubeziehen, eignet sich das Instrument des Quality Function Deployment (QFD), dessen Aufgabe es ist, Produkteigenschaften in ihrer gegenseitigen Abhängigkeit zu erfassen und in einem mehrstufigen entwicklungsbegleitenden Prozeß in Produkt- und Prozeßmerkmale umzusetzen. Die Robustheit der Produkte in der Nutzungsphase kann durch die Anwendung der statistischen Versuchsplanung nach Taguchi verbessert werden. Ausfallrisiken und Schadensfälle zu minimieren ist das Ziel der Anwendung von Produkt-FMEA und quantitativen Methoden der Zuverlässigkeitsplanung, wie der Failure Tree Analysis (FTA).

Der Produktqualität als kundenbezogener Qualitätsperspektive steht die Prozeßqualität als herstellerbezogene Qualitätsdimension gegenüber. Die Prozeßqualität drückt sich zum einen in der Wirtschaftlichkeit des betrachteten Prozesses selbst aus, also der Frage, ob das Ziel einer kundengerechten Entwicklung mit minimalem Aufwand an Zeit und Kosten erreicht wird. Zum andern ist zu fragen, ob das Prozeßergebnis negative Auswirkungen in Folgeprozessen auslöst, also Fehlerfolgekosten verursacht. Die Frage eines effizienten Entwicklungsprozesses ist Gegenstand des Forschungs- und Entwicklungs-Controlling. Entwicklungsprojekte müssen straff nach Meilensteinen und unter Durchführung von Reviews zur regelmäßigen Überprüfung des Zwischenstandes geplant werden. Ferner sind Kosten- und Zeitbedarf zu planen, zu erfassen und in einer Abschlußbetrachtung dem erreichten Ergebnis gegenüberzustellen.

Die Bedeutung der Qualität des F & E-Prozesses hinsichtlich der Folgekosten in Anlauf-, Herstellungs-, Nutzungs- und Entsorgungsphase ist bekannt. Es geht in der Anlaufphase um die Vermeidung konstruktiver Änderungen bei laufendem Produktionsprozeß, um die Kosten einer Änderung zu minimieren. Bei einer entsprechenden Entwicklungskomplexität und dem daraus folgenden Grad der Arbeitsteilung im Prozeß von der Entstehung einer Produktidee bis zur Realisierung in der Produktion ist die Vorstellung der Fehlerfreiheit in der Entwurfsphase unrealistisch. Ziel kann es nicht sein, Anpassungen und Abstimmungsprozesse, die sich in Konzeptionsveränderungen niederschlagen, zu vermeiden, sondern sie in einem möglichst frühen Stadium effizient abzuwickeln. Einen wichtigen Beitrag hierzu leistet eine Prozeß-FMEA, die über die präventive Ausrichtung versucht, Herstellrisiken zu antizipieren und damit mögliche Fehlerquellen im Vorfeld zu beseitigen.

Qualitätsstrategien in der Produktion werden nach wie vor in engem Zusammenhang mit dem Einsatz statistischer Methoden gesehen. Jedoch führt auch der massive Einsatz dieser Instrumente an eine Grenze, jenseits derer eine weitergehende Verbesserung des Qualitätsniveaus nur über organisatorische Veränderungen möglich ist. Zur Realisierung einer hohen Produktionsqualität stehen vier Strategien zur Verfügung, die problemadäquat einzusetzen sind und sich gegenseitig ergänzen. Die Qualitätssicherung kann durch automatische Einrichtungen im Produktionsprozeß erfolgen und damit eine gleichbleibende Wiederholhäufigkeit im Prozeß sicherstellen. Eine Alternative ist der Einsatz der Selbstkontrolle, mit der die Motivation der Mitarbeiter zu qualitätsgerechtem Verhalten direkt beeinflußt wird.

Eine Qualitätssicherung durch Automatisierung konzentriert sich auf die Überprüfung oder standardisierte Messung von Produktmerkmalen. Damit können große Prüfumfänge, die eine rechnergestützte Auswertung erfordern, unter Vermeidung monotoner Prüfarbeitsplätze effizient abgewickelt werden. In dem Ansatz »Qualitätssicherung durch Selbstkontrolle« werden die Mitarbeiter der ausführenden Ebene voll in den Qualitätssicherungsprozeß mit einbezogen. Die Kontrolle des Arbeitsergebnisses ist von jedem Mitarbeiter selbst durchzuführen. Fehler werden unmittelbar nach ihrem Auftreten erkannt, ihre Ursachen diagnostiziert und behoben. Die Ausschlußfolgekosten werden so geringer gehalten. Neben einer Beschleunigung des Materialflusses und einer damit einhergehenden Verringerung von Auftragsdurchlaufzeiten und Kapitalbindungskosten ergeben sich auch Erleichterungen bei der Steuerung der Produktion. Eine Verringerung der Papierflut aufgrund des Wegfalls von Fehlerprotokollen und eine Steigerung der Produktivität gegenüber Fremdkontrollsystemen sind ebenfalls zu erwarten. Der Grund für die Wirksamkeit dieser Strategie ist vor allem in der Tatsache zu sehen, daß die Trennung zwischen Ausführung der Tätigkeit und Kontrolle des Arbeitsergebnisses auf die Mitarbeiter in hohem Maße demotivierend wirkt.

Während sich die automatisierte Qualitätskontrolle auf das Ergebnis des Prozesses, das Produkt, bezieht, konzentriert sich die Prozeßkontrolle auf den Prozeß selbst. Ziel ist also nicht das Erfassen und Aussortieren fehlerhafter Teile, sondern das Aufdecken von Störungen im Fertigungsprozeß. Als Methode kommt hierbei die statistische Prozeßregelung (SPC = Statistical Process Control) zum Einsatz. Die Strategie der Qualitätssicherung durch begleitendes Prozeßdesign ist die konsequente Umsetzung des Gedankens, Qualitätssicherungsaktivitäten so weit wie möglich in Richtung des Ursprungs der Innovationskette auszudehnen. Dabei wird aus dem laufenden Prozeß ein Rücksprung in die Entwicklungsphase durchgeführt, der eine kontinuierliche Verbesserung von Produkt und Prozeß ermöglicht. Im Kern setzt die Kontrolle der Prozeßparameter erst dann ein, wenn eine Abweichung vorliegt und diese dann durch schnelles Feedback wieder den Zielwerten angenähert wird. In diesem Sinne müßte es wünschenswert sein, 100-Prozent-Prüfungen durchzuführen und bei entdeckten Abweichungen die Rückmeldungen mit Korrekturmaßnahmen zu beschleunigen. Um die dafür notwendigen

Aufwendungen zu reduzieren, wird eine »Fehlerquelleninspektion« in der Arbeitsplatzgestaltung und Ablauforganisation vorgeschlagen. Diese Methode wird ergänzt von einer Vorgehensweise, die es ermöglicht, zufällige, unbeabsichtigte Fehler zu vermeiden. Um der Forderung Rechnung zu tragen, daß aus einer Fehlhandlung nicht zwangsläufig ein Fehler entsteht, wurde das Gestaltungsprinzip »Poka-Yoke« (das heißt Vermeidung des unbeabsichtigten Fehlers) entwickelt, das auf die Schaffung von Arbeits- und Ablaufsystemen sowie von Produkten abzielt, die eine Information über das Erscheinen von Fehlern sofort zurückmeldet. Diese Informationen können häufig mit einem neuen Design der Produktionsumwelt oder der Transporteinrichtungen gewonnen werden.

Die organisatorischen Veränderungen in der Produktion mit dem Ziel einer gesteigerten Qualitätsfähigkeit basieren auf Qualitätszirkeln, Lernstattkonzepten, dem betrieblichen Vorschlagwesen und teilautonomen Arbeitsgruppen. Die genannten Konzepte haben sich im Laufe der Zeit weiterentwickelt und vielfältige Modifikationen erfahren. Ansatzpunkt für die Weiterentwicklung von Qualitätszirkeln sind die konzeptionellen Schwächen, die dazu führen, daß Qualitätszirkel immer wieder einen typischen Lebenszyklus durchlaufen, der mit dem Niedergang endet. Ziel ist es, die Problemlösung der Mitarbeiter auf Dauer zu implementieren, um so zum Prozeß der kontinuierlichen Verbesserung zu kommen. Zur Weiterentwicklung von Qualitätszirkeln lassen sich zwei Entwicklungslinien aufzeigen: Einerseits die Schaffung von Partizipationsmöglichkeiten für eine größere Anzahl von Mitarbeitern durch Einführung zusätzlicher Gruppenkonzepte, die gegebenenfalls auch einen unterschiedlichen Grad an Partizipation erlauben, und andererseits die Erweiterung des Themenspektrums und der Mitwirkungsmöglichkeit der Gruppen bis hin zur Einführung teilautonomer Arbeitsgruppen. In den Organisationen werden die traditionellen Liniensysteme (Primärorganisation) mehr und mehr von einer Teamhierarchie (Sekundärorganisation) ergänzt. Routineaufgaben werden in der Linie wahrgenommen, während konzeptionelle und analytische Aufgaben in Teams abgehandelt werden. Diese Teams können in Form von dauerhaften Einrichtungen (zum Beispiel Qualitätszirkel oder Lernstatt) angelegt sein oder in ihrer Existenz auf die Lösung eines bestimmten Problems begrenzt sein (zum Beispiel Task-Force-Gruppen). Diese Gruppen können aus Mitarbeitern einer Hierarchiestufe gebildet werden oder aber hierarchieübergreifend sein, wie es bei Projektgruppen der Fall ist.

In Richtung umfassender Partizipation geht das Konzept der teilautonomen Arbeitsgruppen. Vor diesem Hintergrund können Qualitätszirkel als Übergangslösung interpretiert werden, bis im Unternehmen umfassendere Mitbestimmungsmöglichkeiten verwirklicht sind. Durch Schulung und Weiterbildung in Qualitätszirkeln können die Mitarbeiter auf diese Form partizipativen Managements vorbereitet werden. Ein weiterer Trend, der sich bei der Weiterentwicklung von Kleingruppenaktivitäten abzeichnet, ist die Integration des betrieblichen Vorschlagwesens und der Qualitätsgruppenarbeit und die Nutzung der damit verbundenen Synergieeffekte. Die Koppelung von Qualitätszirkeln an das betriebliche Vorschlagwesen eröffnet die Möglichkeit, ohne die Schaffung zusätzlicher Prämiensysteme entsprechende materielle Anerkennung auszusprechen.

Das Qualitätsmanagement in der Beschaffung hat sich an drei Prinzipien zu orientieren. Anzustreben ist ein weitestmöglicher Verzicht auf die Wareneingangskontrolle beim Abnehmer und anderer Doppelaktivitäten entlang der Zulieferkette, die hohe Kosten verursachen und dabei die Erreichung marktseitig geforderter Zeitziele gefährden, ohne Qualitätsprobleme effizient beseitigen zu können. Hinzu kommt die Forderung nach dem Einbezug logistischer Qualitätsmerkmale wie Lieferzeit und Liefertreue in die Qualitätssicherungsaktivitäten an der Schnittstelle zwischen Zulieferant und Abnehmer sowie die gesamtheitliche Minimierung der notwendigen Prüfaktivitäten entlang der Wertschöpfungskette durch Prävention in Entwicklung, Konstruktion und Produktion. Der Wegfall der Wareneingangskontrolle beim Abnehmer beinhaltet die Übertragung von Qualitätssicherungsfunktionen auf den Lieferanten. Liege- und Prüfzeiten in der Wareneingangskontrolle sollen im Sinne der Direktanlieferung zum Verbraucher vermieden werden, um den Materialfluß zu beschleunigen. Hierzu ist es erforderlich, die Aufgabenteilung zwischen Lieferant und Abnehmer neu zu gestalten. Ziel ist es, die Nachprüfung der Teile seitens des Abnehmers stufenweise durch eine reine Identitäts- und Mengenprüfung im Wareneingang zu ersetzen. In empirischen Untersuchungen wurden Durchlaufzeiten im Wareneingang von bis zu zwei Wochen erfaßt, wodurch eine erhebliche Kapitalbildung durch Bestände an Einkaufsteilen und ein großer Raumbedarf entstehen. Diese Aspekte sind neben dem Wegfall der Kosten durch Kontrollvorgänge in die Betrachtungen einzubeziehen.

Suche oft nur nach bekannten Fehlern

Für die weitestmögliche Übertragung von Qualitätssicherungsmaßnahmen auf den Lieferanten spricht auch die Tatsache, daß im Rahmen einer Wareneingangskontrolle nur nach bekannten Problemen gesucht werden kann; ein Fehler muß also immer erst tatsächlich aufgetreten sein, bevor das Qualitätssicherungssystem Maßnahmen zu seiner Beseitigung ergreifen kann. Hinzu kommt, daß bei reduziertem Umlaufvermögen die Reaktion der Wareneingangskontrolle beim Auftreten von Fehlern nicht länger im Rückgriff auf fehlerfreies Lagermaterial, sondern nur noch in der Abwicklung fallweise auftretender Reklamationen bestehen kann. Durch die Verlagerung der Qualitätsprüfung können beim Abnehmer das Handling reduziert, Sicherheitsbestände geringer dimensioniert und Durchlaufzeiten verkürzt werden.

Im Rahmen des Aufbaus langfristiger Zulieferer-Abnehmer-Beziehungen, die in der Beschaffungspolitik im Vordergrund stehen, ist der Einbezug logistischer Qualitätsmerkmale in die Qualitätssicherungsaktivitäten unter zwei Gesichtspunkten zu sehen. Zum einen ist die Frage zu diskutieren, inwieweit solche Parameter schon Gegenstand des Vertragsabschlusses werden können, zum anderen sind logistische Kenngrößen auch Gegenstand der Qualitätssicherung während des Beschaffungsvollzuges. In der Phase des Vertragsabschlusses wird mit Lieferanten meist eine Standardlieferzeit vereinbart, die für den Abnehmer als Wiederbeschaffungszeit berücksichtigt wird. Hierbei sind kürzestmögliche Zeiträume anzustreben, so daß das Prognoserisiko des Abnehmers weder durch zu hohe Bestellungen und damit Bestände an Einkaufsteilen noch durch kurzfristige Änderungen bereits plazierter Bestellungen, die zu hohen Kosten beim Zulieferer führen, ausgeglichen werden muß. Darüber hinaus sind Flexibilitätsvorgaben zu vereinbaren, die dem Abnehmer innerhalb einer gewissen Frist vor der geplanten Auslieferung des Lieferanten die Möglichkeit zu Termin-, Mengen- und Variantenänderungen in gewissen Bandbreiten erlauben. Ein solches Vorgehen trägt nicht zuletzt zu einer Stabilisierung des Vertrauensverhältnisses zwischen beiden Parteien bei, das für zukunftsorientierte Beschaffungskonzepte von großer Bedeutung ist.

Logistische Qualitätsmerkmale werden in laufenden Beschaffungsbeziehungen in den meisten Fällen nur prüfend und damit vergangenheitsorientiert in Form von Lieferantenbeurteilungen durchgeführt. Die Lieferantenbewertung kann mittels eines Notensystems ohne Gewichtung von Kriterien, mit Hilfe eines Scoring-Modells mit Gewichtungen oder über einen Zuverlässigkeitsindex, der nur die Parameter der laufenden Zulieferung wie Qualität, Quantität und Termintreue, aber keine grundsätzlichen Charakteristika des Lieferanten bewertet, geschehen. Ziel muß es sein, diese vergangenheitsorientierte Perspektive um eine präventive Komponente in Form der Auditierung zu ergänzen. Die Auditierung logistischer Parameter beschränkt sich bei den verfügbaren Auditierungskonzepten im wesentlichen auf Beeinträchtigungen des materiellen Zustands der zu liefernden Güter durch Logistikprozesse (Handling, Verpacken, Transportieren). Die logistischen Informationsprozesse, die für die Termintreue und die Länge der Lieferzeiten von erheblicher Bedeutung sind, finden dagegen keine Berücksichtigung.

Die Optimierung der Qualitätssicherungsaktivitäten über die gesamte Zulieferkette ist nur über eine schnittstellenübergreifende Prävention zwischen Zulieferern und Abnehmer möglich. Die Möglichkeiten der Prävention hängen von der Ausgestaltung der Zulieferer-Abnehmer-Beziehung und vom Zuliefertyp ab. Es lassen sich vier Stufen unterschiedlicher Kooperationsintensität in bezug auf präventive Qualitätssicherung formulieren: Auditierung, Prozeßprävention bei laufender Leistungserstellung, Prozeßprävention in der Entwicklung und produktbezogene Prävention in der Entwicklung. Die Auditierung umfaßt die Beurteilung des Qualitätssicherungssystems eines Zulieferers durch den Abnehmer. Die Form der Kooperation beschränkt sich auf die Schwachstellenanalyse des Abnehmers und seine Einflußnahme auf das Qualitätssicherungssystem des Zulieferers über die Formulierung von Verbesserungsvorschlägen und die Überprüfung ihrer Realisierung. Die zweite Intensitätsstufe ist die Kooperation im Rahmen präventiver Qualitätssicherungsmaßnahmen bei laufender Leistungserstellung des Lieferanten. Sie bezieht sich auf gemeinsame Anstrengungen zur Verbesserung der Prozeßqualität und kann sich zum Beispiel auf die gemeinsame Durchführung von Prozeßfähigkeits- und Maschinenfähigkeitsuntersuchungen oder die Prozeßverbesserung nach der Methode von Shainin erstrecken. Dabei arbeiten Qualitätsexperten von Zulieferer- und Abnehmerseite eng zusammen. Ein solches Vorgehen kann einen erheblichen Vorteil im Bemühen um die ständige Verbesserung der Leistungsqualität bringen, da die Abnehmerperspektive im Verbesserungsprozeß vertreten wird und darüber hinaus ein Know-how-Austausch gewährleistet ist.

Bei der Diskussion um Ziele und Inhalte der übergreifenden Verbesserung der Unternehmensqualität sind zwei wesentliche Probleme zu lösen. Es ist nach einer geeigneten Einführungsstrategie für den gewünschten kulturellen Wandel und nach den Möglichkeiten der Weiterentwicklung nach einer erfolgreichen Einführung zu fragen. Die Bedeutung dieser Fragen wird vor dem Hintergrund niedriger Erfolgsquoten bei der Einführung von Qualitätsverbesserungsprogrammen deutlich. So waren 1991 73 Prozent von 300 amerikanischen Elektronikunternehmen in ein Qualitätsprogramm involviert, doch nur 63 Prozent von ihnen konnten die Fehlerraten um mehr als 10 Prozent reduzieren. Der Übergang von der Einführung der Qualitätsverbesserung hin zum kontinuierlichen Verbesserungsprozeß ist erst wenigen westlichen Unternehmen gelungen, er erfordert unter anderem den Einsatz von veränderten Controllinginstrumenten.

Reorganisation im Unternehmen

Zur Implementierung eines unternehmensweiten Qualitätsmanagements wird aufgrund des Komplexitätsgrades und des unternehmensweiten Umfangs der Reorganisation der Aufbau einer Projektorganisation vorgeschlagen, deren Ausgestaltung jedoch unterschiedlich gesehen wird. Als Bezugspunkte der Einführung werden Unternehmensbereiche oder Geschäftsprozesse genannt. Die Diffusionsgeschwindigkeit variiert bei den Vorschlägen zwischen einer sprunghaften Einführung im gesamten Unternehmen und einer stufenweisen Vorgehensweise entlang der Innovations- und Wertschöpfungskette.

Kriterien zur Ermittlung einer geeigneten Vorgehensweise für unterschiedliche Ausgangssituationen werden nicht angegeben. Die Aufgabe der Projektsteuerung wird entweder vom oberen Management oder von speziellen Teams wahrgenommen. Die wichtige Frage der Gestaltung des Übergangs von der Beendigung der Einführungsphase in die ständige Anwendung von Methoden und die Verinnerlichung von Verhaltensweisen wird kaum problematisiert. Es stellt sich die Frage, wie der Bestand der positiven Wirkungen eines erfolgreich beendeten Reorganisationsprojektes zur Verbesserung der Unternehmensqualität längerfristig in der Unternehmensorganisation gewährleistet werden kann. Reorganisationen lassen sich nach der Größe der Schritte, mit denen der angestrebte

Sollzustand erreicht werden soll, unterteilen in die kontinuierliche Modifikation des bestehenden Systems in vielen kleinen Schritten, die Einführung nach einem Stufenplan und die sprunghafte Einführung in einem einzigen Reorganisationsschub. Die Entscheidung für eine der drei Formen der Systemveränderung ist abhängig von der unternehmensspezifischen Situation. Einflußgrößen im Hinblick auf die Wahl sind Unternehmensgröße und zur Verfügung stehende Ressourcen, personelle Kapazitäten für Projektmanagement und Mitarbeit in Projektteams, Erfahrungen des Personals mit den Bausteinen des Konzeptes, Innovationsbereitschaft des Managements, Flexibilität der Organisationsstrukturen sowie die für die Einführung zur Verfügung stehende Zeit.

Von den drei genannten Möglichkeiten besitzt die stufenweise Einführung nach einem strukturierten Einführungsplan die höchste Erfolgswahrscheinlichkeit. Sie zielt im Gegensatz zur kontinuierlichen Einführung bereits in der Startphase auf die Restrukturierung von Bereichen ab, die produkt- oder prozeßorientiert abgegrenzt werden können. Erforderlich ist eine genau definierte Stufenplanung, die den angestrebten Sollzustand vorgibt und die einzelnen Stufen und Einführungszeitpunkte festlegt. Die Umsetzung des Soll-Konzeptes für das Gesamtunternehmen erfolgt dann durch die sukzessive Eröffnung von weiteren Projekten, die sich schließlich über das gesamte Projektspektrum und die gesamte Wertschöpfungskette erstrecken. Dabei gilt es, bei der Formulierung der Aufgabeninhalte der einzelnen Projekte dem integrativen Ansatz der Unternehmensqualität Rechnung zu tragen. Die Projekte sind so zu strukturieren, daß gegenseitige Abhängigkeiten bei der Umsetzung des Soll-Konzeptes berücksichtigt werden. Der Vorgehensplan sollte flexibel sein, um Erfahrungen und Erkenntnisse aus den ersten Aufbaustufen und die neuesten Entwicklungen zu berücksichtigen. Der zeitliche Horizont der Planung sollte über die reine Einführung des zukünftigen Systems zur Verbesserung der Unternehmensqualität hinausgehen, um dessen kontinuierliche Weiterentwicklung nach der Einführung in kleinen Schritten im Plan zu verankern.

Diese Art der Systemveränderung ist bei einer Gesamtbetrachtung der Entscheidungskriterien als zweckmäßig anzusehen. Zur Formulierung einer zielführenden Vorgehensweise ist das Modell des stufenweisen Einführungsprozesses um die Formulierung und Analyse von Gestaltungsparametern zu ergänzen, um ihr Zusammenwirken transparent zu machen. Gestaltungsparameter einer stufenweisen Einführung sind der

Anlaß der Einführung, die Diffusionsrichtung im Unternehmen, die Festlegung inhaltlicher Prioritäten, der Autonomiegrad der Projektorganisation, die Schulung der Führungskräfte und Mitarbeiter und die persönliche Verantwortung des Managements. Gemeinsam ist erfolgreichen Strategien die Orientierung am Top-Down-Ansatz und, soweit dies nicht durch den Anlaß der Einführung (wie ultimative Forderungen von Abnehmerseite) ausgeschlossen ist, die stufenweise Vorgehensweise. Die inhaltlichen Prioritäten des Verbesserungsprojektes lassen sich durch eine auf die Unternehmenssituation zugeschnittenen Schwachstellenanalyse in Form einer Auditierung festlegen, um die Mängel standardisierter Checklisten zu vermeiden. Hierzu ist es zweckmäßig, in einer Grobanalyse den gesamten Wertschöpfungsprozeß auf Problemfelder und Rationalisierungspotentiale zu untersuchen. Die in der zweiten Stufe durchzuführenden Detailanalysen beziehen sich dann auf die ausgewählten Startprojekte. Wesentlich ist, daß eine vollständige und exakte Datenerfassung durchgeführt wird, da die vorab identifizierten Schwachstellen auf ihre Ursache-Wirkungs-Zusammenhänge untersucht und die Planungsgrundlagen für das Soll-Konzept geschaffen werden müssen.

Bei der Gestaltung der Projektorganisation ist darauf zu achten, daß deren Autonomiegrad gegenüber der Primärorganisation nicht zu groß ist und die persönliche Verantwortung der Führungskräfte für den Projekterfolg sichergestellt wird. Dies läßt sich mit einer Verknüpfung von Unternehmens- und Projektorganisation erreichen, die entsprechend dem »Sponsoring-Modell« ausgestaltet ist. Für die Informations- und Schulungsveranstaltungen aller an der Reorganisation Beteiligten bietet sich ein dreistufiges Aus- und Weiterbildungsprogramm an. Entsprechend dem Kaskaden-Prinzip ist zunächst die Unternehmensleitung über die Bilanz- und Wettbewerbswirkungen der Reorganisation sowie die Implikationen auf Personal, Organisation und Investitionen zu unterrichten. Der zweite Schritt umfaßt die Ausbildung der Fachpromotoren anhand konkreter Handlungsanweisungen und Fallstudien durch externe Berater und das Management. Anschließend werden die von der Reorganisation betroffenen Mitarbeiter von ihren Vorgesetzten geschult.

Die Institutionalisierung der Qualitätsverbesserung hat die Aufgabe, nach Beendigung des Einführungsprozesses den Übergang in die kontinuierliche Qualitätsverbesserung auszugestalten. Zunächst ist sicherzustellen, daß die ständige Verbesserung als Unternehmensziel verankert wird. Dies kann durch ein systematisches Qualitätscontrolling, in dessen

Rahmen die Primärorganisation eine jährliche Planung von Qualitätszielen durchzuführen und auf ihre Erreichung hin zu kontrollieren hat, erreicht werden. Dieses Konzept wird als strukturierter Planungsprozeß bezeichnet. Ausgehend von einer Unternehmensvision, die allen Mitarbeitern transparent gemacht werden soll, wird mit Hilfe einer Lückenanalyse ein drei- bis fünf-Jahres-Plan ausgestellt, der die zur Realisierung der Vision notwendigen Schritte beinhaltet. Dieser Plan wird auf Basis von Jahreszielen in einem partizipativen Prozeß in Bereichs- und Prozeßvorgaben umgesetzt.

Es ist ein Bestandteil des strukturierten Planungsprozesses, sich bei der Formulierung von Jahreszielen auf wenige, in der Regel drei übergeordnete Ziele zu beschränken, um eine Fokussierung der Aktivitäten und Bündelung der Problemlösungskapazitäten zu erreichen. Die Realisierung wird anhand regelmäßiger Prozeßreviews überprüft, die sich an der Regelkreisanalogie des Deming-Cycle orientieren. Der Gesamterfolg in bezug auf das Erreichen der »Breakthroughs« wird in einem jährlichen Review kontrolliert, dessen Ergebnisse in die Planung des Folgejahres eingehen. Regelgrößen sind Kennzahlen, die eine Aussage über qualitätsbezogene Kosten und Leistungen beinhalten. Bei der Qualitätskostenbetrachtung sind unter Variation der üblichen Dreiteilung in Prüfkosten, Fehlerkosten und Fehlerverhütungskosten primär die Abweichungskosten zu beachten, die um leistungsbezogene Kennzahlen wie Anzahl der geschulten Mitarbeiter, Anteil der mit FMEA oder QFD durchgeführten Projekte oder Anteil der statistisch beherrschten Prozesse zu ergänzen sind.

Probleme ergeben sie bei der Anwendung dieser ergebnisorientierten Vorgehensweise dadurch, daß die Ressourcen zur Verwirklichung der Ziele vernachlässigt werden. Zusätzlich zu ergebnisorientiertem Denken ist daher eine Prozeß- und Mitarbeiterorientierung zu verfolgen. Die wesentlichen Merkmale der kontinuierlichen Verbesserung sind die Veränderung in vielen kleinen und überschaubaren Schritten, die funktionsübergreifende Veränderung, die Nutzung der Problemlösungsfähigkeit aller Mitarbeiter und die Sicherstellung und Verbesserung von Arbeitsstandards. Durch prozeßbezogene, für jedermann verbindliche Standards sollen einerseits Abweichungen vom optimalen Ablauf gering gehalten werden, andererseits dienen sie zur Dokumentation der erreichten Verbesserungen. Die Standardisierung kann damit als ein Weg aufgefaßt werden, den Nutzen der Verbesserung über das gesamte Unternehmen zu verbreiten. Mit der Integration von Ergebnis- und Prozeßorientierung bei der Institutionalisierung der Unternehmensqualität können die Nachteile der vielfach zu beobachtenden Aktionsorientierung, die sich in der fehlenden Meßbarkeit der Aktivitäten und der mangelnden Ausrichtung an einem Gesamtkonzept konkretisieren, vermieden werden.

Eine wichtige Frage bei der kontinuierlichen Verbesserung der Qualität ist, wie im Unternehmen vorhandenes Wissen übergreifend genutzt werden kann, also die Duplizierung von Know-how und die Transformation auf andere Unternehmensbereiche sicherzustellen sind. Einen gangbaren Weg stellt hier die gegenseitige Auditierung von Organisationseinheiten dar. Gesteuert von einem Audit-Komitee, untersuchen sich die Organisationseinheiten abwechselnd bezüglich der Qualitätsfähigkeit der in ihnen ablaufenden Prozesse anhand einer standardisierten Checkliste. Die wechselnde Zusammensetzung der Audit-Teams gewährleisten den Informationstransfer hinsichtlich innovativer Methoden, Konzepte und Verfahren ebenso wie die Angleichung und darüber hinaus die Weiterentwicklung des Qualitätsniveaus.

Holding oder lockerer Konzernverbund?

Die richtige Organisationsform entscheidet über künftige Wettbewerbsfähigkeit

Rolf Bühner

Unternehmen sehen sich heute Herausforderungen gegenüber, denen sie strategisch und strukturell begegnen müssen. International ist eine Tendenz zur Globalisierung der Märkte zu beobachten. Wer international Wettbewerbsvorteile erzielen will, muß auf seinen wesentlichen Absatzmärkten präsent sein. Heute kommen die internationalen Akteure hauptsächlich aus Japan und den Vereinigten Staaten.

Zeit wird zum entscheidenden Wettbewerbsfaktor. Nicht nur operative, sondern auch strategische Entscheidungen müssen beschleunigt werden. Der Prozeß der Entscheidungsfindung muß beratend und schnell sein, wobei integrierende Abstimmungen zwischen Strategie und Operation beschleunigt wirken. Der rasche technische Fortschritt und die zeitliche Verkürzung der Entwicklungszeiten (technology push) forcieren einen massiven Innovationsdruck. Die Fähigkeit, Innovationen marktgerecht zu entwickeln, wird zum Überlebensfaktor. Dem Gebot der Schnelligkeit wird zunehmend durch eine Überlappung der Phasen Rechnung getragen, die ein Produkt von der Ideengenerierung bis zur Markteinführung durchläuft.

Der Gedanke der kontinuierlichen Verbesserung hat vor allem in Japan zu einer Ausweitung des Qualitätsbegriffs geführt. Aus dem produktbezogenen »fitness-for-use«-Ansatz (Juran) entwickelte sich ein umfassendes Qualitätsdenken. Heute ist Total Quality Management für japanische Arbeitnehmer eine Philosophie, die nicht nur einzelne Produkte, sondern auch Prozesse im Unternehmen erfaßt und zu einer Vielzahl von Verbesserungsvorschlägen führt. Auf diese Weise wird die bestehende Organisation permanent weiterentwickelt. Unternehmen müssen das Qualitätsdenken als hierarchieübergreifende Meßlatte begreifen.

Verschärfend wirken der Wunsch nach größerer Typenvielfalt und höherer Qualität von Zwischen- und Endprodukten bei den Kunden. Der Kostendruck wächst im internationalen Vergleich insbesondere für deutsche Unternehmen. Wir sind »Weltmarktführer« bei Stundenlöhnen, und die Personalzusatzkosten sind doppelt so hoch wie die japanischer Konkurrenten.

Nicht zu vernachlässigen ist die Verantwortung für den ökologischen Erhalt unserer Gesellschaft, zu der sich die Industrieländer in der Abschlußerklärung der UN-Umweltkonferenz bekannt haben. Die Grenzen der Regenerationsmöglichkeiten der Umwelt sind durch die Nutzung der natürlichen Ressourcen sowie der Freisetzung kaum abbaubarer Schadstoffe bereits überschritten.

Um diese Herausforderungen wirksam begegnen zu können, müssen bestehende Strategien und vor allem Strukturen überdacht werden. Die Zeit der »Dinosaurier« und monolithischen Großkonzerne ist abgelaufen. Gefragt sind Organisationsformen, die die Fähigkeit besitzen, rasch zu lernen und das Gelernte in Handlungen umzusetzen. Diese Art lernender Organisationen ist um den Mitarbeiter (nicht um die Maschine) zentriert.

Japanische Unternehmen haben diese Organisationsentwicklung teilweise bereits vollzogen. Sie agieren in einem lockeren Verbund, Konzernierungen sind kaum üblich, das heißt, selten hält ein Unternehmen mehr als drei Prozent der Aktien eines anderen. Diese Vermeidung von Unternehmensverflechtungen basiert auf dem »Anti-Monopol-Gesetz« von 1947, das insbesondere für Banken und Versicherungen Beteiligungshöchstgrenzen von 5 Prozent beziehungsweise 10 Prozent an Unternehmen vorschreibt und Holding-Gesellschaften grundsätzlich verbietet. Die unternehmerische Zusammenarbeit vollzieht sich in Form von Kooperationen rechtlich selbständig bleibender Gesellschaften. Diese *keiretsu* wahren die Freiheit der Kooperationspartner durch Anteilsbesitz und austarierte Spielregeln. Zusammen mit den Vereinbarungen über »stabile Anteile« anderer großer Institutionen werden etwa 60 Prozent bis 80 Prozent der Aktien von *keiretsu*-Unternehmen niemals gehandelt. Auf diese Weise bildet die Kooperation zwischen den Unternehmen Schutz vor feindlichen Übernahmen. Gleichzeitig ist sie Grundlage für langfristige wirtschaftliche Beziehungen. In diesem Sinne sind *keiretsu* mit strategischen Netzwerken vergleichbar.

Bei *keiretsu*-Unternehmen haben sich zwei Grundstrukturen herausgebildet:

- vertikale *keiretsu*, bei denen ein mächtiges produzierendes Unternehmen ein Geflecht von Zulieferern beherrscht, und

- horizontale *keiretsu*, bei denen eine Bank den Mittelpunkt des Geflechts bildet, um die herum gleichrangige Unternehmen verschiedener Branchen angesiedelt sind.

Zwischen den einzelnen Teilunternehmen eines *keiretsu* besteht kein Konzernverhältnis und damit formal keine einheitlich leitende Führungsinstanz. Zur Sicherung des Zusammenhalts zwischen den Teilbereichen der japanischen Netzwerke werden Güter- und Leistungstransfers vorwiegend mit Netzwerkpartnern durchgeführt. Diese materiellen Bindungen werden teilweise mit personellen Verflechtungen zwischen den Unternehmen verstärkt. Sogenannte »interlocking directors« verbinden gemeinsames Know-how im Netzwerk. Die strategische Ausrichtung der Teilbereiche erfolgt über gemeinsame Sitzungen von Führungskräften.

Marktnähe und Flexibilität sind nicht nur strukturell, sondern auch im Führungsverhältnis durchzusetzen. In der Unternehmenskultur japanischer Gesellschaften ist dieses Netzwerkdenken historisch gewachsen. Die heutigen Netzwerke haben sich aus den ehemaligen *zaibatsu*, breit diversifizierte Unternehmen mit dem Familiengedanken als eingebrachtem Kollektivwert, entwickelt. Letztere fielen aufgrund ihrer großen Machtkonzentration zur Zeit der amerikanischen Besatzung der Liberalisierung und Internationalisierung des Marktes und seiner rechtlichen Struktur zum Opfer. Obwohl das Gesellschaftseigentum breit gestreut wurde, hat sich das Familiendenken in der Zusammenarbeit zwischen den Gesellschaften fortgesetzt.

Das Familiendenken bindet den japanischen Arbeitnehmer an sein Unternehmen im Sinne einer »Schicksalsgemeinschaft«. Diese Gemeinschaft erfordert den Vorrang der Interessen und Bedürfnisse der Gruppe vor individuellen Ansprüchen. Die Funktionsfähigkeit des Systems sichern Senioritätsprinzip (vor allem Dauer der Betriebszugehörigkeit) und Harmonieprinzip. Das Harmoniestreben der Japaner garantiert das Fortbestehen ihrer vertikal-hierarchischen, paternalistischen Ordnung.

Deutsche Unternehmen können nicht auf diesen sozio-kulturellen Hintergrund zurückgreifen, um die Wettbewerbsvorteile der Japaner einzuholen. Und sie sollten auch nicht darauf bauen. Was jedoch jedes westliche Unternehmen aufnehmen muß, ist die Bereitschaft des einzelnen zu *kaizen*. Nur durch diesen Prozeß des Umdenkens der einzelnen Mitarbeiter im Sinne zukünftiger konstanter Verbesserung kann dem Grundsatz des »structure follows people« entsprochen werden.

Lernen hat zwei Dimensionen: kognitives Lernen, das sich in den Köpfen der Organisationsmitglieder abspielt, und aktives Lernen, das die Umsetzung der kognitiven Erkenntnisse in Handlungen für die Verbesserung der Organisation beinhaltet. Der Lernprozeß beschränkt sich somit nicht auf den reinen Prozeß des Erfassens von Zusammenhängen, sondern bezieht die Lernstruktur und das Ausführen der Lernerkenntnis mit ein. Lernen ist entlang eines Umsetzungsprozesses zu vollziehen und erfordert ein ständiges Hinterfragen des Strukturkonzepts auf seine Lernleistung. Die lernende, von ständiger Verbesserung *(kaizen)* geprägte Organisation zeichnet sich durch einen hohen Grad an innerer Flexibilität aus. Sobald jeder Mitarbeiter die aktive Lernfähigkeit durch Qualifizierung für sich in Anspruch nimmt, ist das strukturelle Gefüge in permanenter Bewegung. Angestrebt wird eine Struktur, die

- als Koordinationsmechanismus die verschiedenen Stufen der Wertschöpfung aufeinander abstimmt,
- dabei den Koordinationsaufwand minimiert, also Schnittstellen abbaut, und
- sich schnell und umfassend auf Veränderungen der Umwelt einstellen kann.

Die Organisationsform der neunziger Jahre verbindet die Vorteile großer Unternehmen mit denen kleiner Anbieter. Sie kann also sowohl Kapitalkraft und Marktmacht realisieren als auch schnelle Marktreaktion, Flexibilität und Konzentration auf konkrete Geschäfte. Richtungsweisende Organisationsform sind strategische Netzwerke.

Netzwerke sind Systeme, die zwischen reinem Marktgeschehen und uniformen Hierarchien anzusiedeln sind. Durch die Bildung von Netzwerken wird versucht, den Marktmechanismus in angestammte Organisationshierarchien zu holen. Die Bildung von Netzwerken erfolgt im Zuge der Implementierung von Beziehungen zwischen weiterhin autonom agierenden Unternehmen. Diese Beziehungen können vertraglicher oder nicht vertraglicher Natur sein. Wesentliche Beziehungsinhalte sind Kommunikations- beziehungsweise Informationsaustausch, Güter- und Leistungstransfers sowie der Austausch normativer und sozialer Werte zwischen den einzelnen Teilunternehmen.

In der Praxis haben sich drei verschiedene Formen von Netzwerken herausgebildet (siehe Abbildung 1).

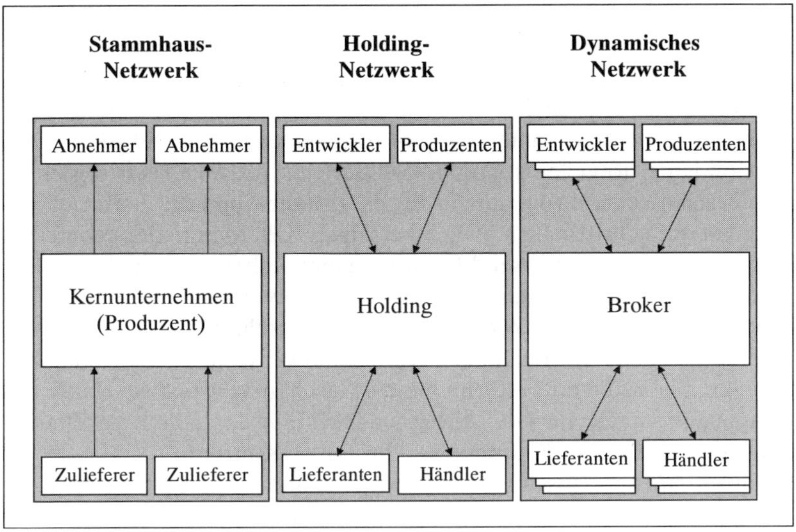

Abbildung 1: Drei Netzwerktypen

Stammhaus-Netzwerke: In Stammhaus-Netzwerken hält ein produzierendes Kernunternehmen entlang der Wertschöpfungskette Beziehungen zu einer begrenzten Zahl von Subunternehmen, die Lieferanten beziehungsweise Abnehmer sind. Stammhaus-Netzwerke sind darauf ausgerichtet, einen abgrenzbaren Markt gezielt zu bearbeiten.

Im Zuge vertikaler Integration werden entlang der Wertschöpfungskette bestehende Geschäftsbereiche ausgegliedert oder neue Unternehmen akquiriert. Sie nehmen im Unternehmensverbund eine Sonderstellung ein, da sie im Gegensatz zu externen Zulieferern beziehungsweise Abnehmern nicht an den Marktmechanismus gebunden sind. Sie verfügen über den »sicheren Hafen« eines Unternehmensverbunds, in dem interne Lieferungs- und Leistungstransfers oft per Konzernumlage verrechnet werden. Risikoausgleich und interne Subventionierung unrentabler Bereiche stehen im Vordergrund. Auch können sie in der Regel nicht zugleich für mehrere Auftraggeber tätig sein, also das Know-how anderer Unternehmen verwerten.

Im Stammhaus-Netzwerk kann sich das Kernunternehmen Kapital und Ressourcen von Lieferanten und Abnehmern zunutze machen. Aufgrund der Verteilung des Vermögens auf verschiedene Netzwerkunternehmen wird zudem das Unternehmensrisiko des Kernunternehmens begrenzt.

Das Stammhaus-Netzwerk verfügt über eine zahlenmäßig starke Führungsposition. Das meist aus zehn und mehr Vorständen bestehende Management des Kernunternehmens entscheidet nach ausführlicher Diskussion in der Regel einstimmig. Das Berichtswesen ist als Bringschuld der Geschäftsbereichsverantwortlichen gestaltet, und die Berichterstattung hat auf schriftlichem Weg zu erfolgen. Die Menge der gelieferten Informationen ist umfassend und setzt einen hohen Aufwand an Informationsverarbeitungskapazität in der Zentrale voraus.

Stammhaus-Netzwerke finden sich in Deutschland vor allem in der Chemie-Branche. Im Beiersdorf-Konzern erwirtschaftet das Kernunternehmen, die Beiersdorf AG, im letzten Geschäftsjahr fast die Hälfte des Gruppenumsatzes von 4,49 Milliarden DM. Eine ähnliche Konstellation zeigt sich in der BASF-Gruppe und im Bayer-Konzern.

Ein *Holding-Netzwerk* entsteht dagegen durch Ausgründung der Konzernleitung und Verselbständigung der Geschäftsfelder in einzelne Tochtergesellschaften. Auf diese Weise wird innerhalb der Unternehmensgruppe Transparenz geschaffen. Während sich die operativen Tochtergesellschaften auf das Tagesgeschäft ihres Geschäftsfeldes konzentrieren, widmet sich die Holding der visionären und strategischen Führung der Gruppe. Im Gegensatz zu den Stammhaus-Netzwerken müssen sich auch die produzierenden Geschäftsbereiche des Verbundes einer Marktbeurteilung unterziehen. In allen operativen Bereichen werden zentral koordinierte Verrechnungspreise interner Lieferungen und Leistungen vom Markt-Preis-Mechanismus ersetzt. Voraussetzung für die Bildung von internen Marktpreisen ist der Zugang der Subunternehmen zum externen Marktgeschehen.

Im Holding-Netzwerk handelt es sich um einen lockeren Verbund zwischen einem strategisch tätigen Kernunternehmen und operativen Subunternehmen. Im Mittelpunkt steht eine schlanke Gesellschaft, die eine »Broker-Funktion« übernimmt. Sie fingiert als Koordinations- und Clearing-Stelle für Informationen und ist selbst nicht operativ, also produzierend, tätig.

Die Clearing-Stelle hat im wesentlichen zwei Aufgaben:

– Sie ist für die Beseitigung von Informationsasymmetrien zuständig. Damit können Organisationskosten gesenkt und Elemente des Markt-

mechanismus in den lockeren Unternehmensverbund transferiert werden.
- Sie verwaltet die knappen Ressourcen und teilt diese den Subunternehmen entsprechend ihrer strategischen Zielsetzung zu.

Die Errichtung einer Clearing-Stelle sichert zusätzlich den internen Transfer von technologischem und Management-Know-how. Eine Umsetzungsmöglichkeit dieser internen Netzwerkkonstellation ist das Management-Holding. In den vergangenen Jahren haben zahlreiche Unternehmen auf diese Organisation umstrukturiert. Ziel dieser Neuausrichtung ist die Schaffung von Transparenz durch »gläserne Teilabschlüsse« und eine Entwicklung weg vom reinen Hierarchie-Mechanismus des Einheitsunternehmens hin zu marktähnlichen Mechanismen. Die Management-Holding hat folgende Kennzeichen:

- Die Bindungen zwischen den Subunternehmen und dem Kernunternehmen beruhen im wesentlichen auf dem Tatbestand der Konzernierung. Die verbundenen Unternehmen werden faktisch oder vertraglich unter einheitlicher Leitung geführt.
- Die Konzernleitung fungiert als Informations-Makler. Die Holding-Manager können steuernde Eingriffe in die operativen Geschäfte vornehmen. Zentrales Cash-Management, Betreuung und Entwicklung aller Führungskräfte und strategisches Controlling sind Aufgabenschwerpunkte. Sie sichern den gruppeninternen Transfer von Informationen und Zentralkompetenzen.
- Verglichen mit dem Führungsanspruch im Stammhaus-Netzwerk verfügt die Holding-Variante über eine dezentrale Führungsorganisation. Wenige Holding-Manager (bei Viag sind es vier und bei Mannesmann fünf Vorstandsmitglieder) entscheiden über die strategische Ausrichtung des Netzwerks.
  In Konfliktsituationen trifft nach eingehender Beratung mit ausgewählten Experten der Vorstandsvorsitzende oder Ressortchef die Entscheidung. Damit ist sichergestellt, daß strategische Entscheidungen rasch getroffen werden und nicht in der Bürokratie oder im Gerangel zwischen Bereichsleitern versanden. Die Informationsgewinnung vollzieht sich dabei sowohl als Bring- als auch Holschuld, wobei selektive Informationen persönlich oder telefonisch übermittelt und permanent ausgewertet werden.

– Bei der strategischen Führung des Netzwerks wird die Holding von Profit-Centern oder rechtlich selbständigen Service-Gesellschaften unterstützt, in denen gruppenübergreifende Dienstleistungsfunktionen zusammengefaßt sind. Die Subunternehmen können ebenfalls auf diese Zentralfunktionen zugreifen. Auf diese Weise werden Doppelaufwendungen im funktionalen Bereich vermieden. Die Struktur wird zunehmend schlank. Lediglich die Holding-Geschäftsführung wird noch als (gewinnverzehrendes) Cost-Center geführt.

Dem Netzwerk-Gedanken wird in der Management-Holding mit dem internen Wettbewerb der einbezogenen Unternehmen Rechnung getragen. Die operativ tätigen Tochtergesellschaften werden anhand ihres Beitrags zum Marktwert des Eigenkapitals beurteilt. Nicht zum Kerngeschäft gehörende beziehungsweise unrentable Aktivitäten können leicht abgespalten, neue Aufgabenfelder akquiriert und angegliedert werden. Damit ergibt sich ein hohes Maß an strategischer Flexibilität.

Neben den bisher beschriebenen Unternehmens-Netzwerken hat sich eine weitere, eher modulare Netzwerk-Struktur herausgebildet. *Dynamische Netzwerke* sind fluktuierende Systeme, die sich laufend in Form und Inhalt des Geschäftszwecks verändern. Sie treten vor allem in Märkten auf, die einem raschen technologischen Wandel unterliegen.

Im Kern des Netzwerks steht eine Broker-Stelle, die für den Transfer von Informationen zuständig ist. Diese nimmt – anders als im Holding-Fall – keine Führungseingriffe in die operativen Gesellschaften vor. Koordinationsmechanismen wie zentrale Planung und Kontrolle oder Leiteridentität von Broker-Gesellschaft und Subunternehmen sind nicht vorgesehen. Sie werden durch Verträge und Zahlungsströme sowie Kommunikation und Informationsaustausch ersetzt. Der Zusammenhalt wird über ein umfassendes Informations-Management-System gesichert. Die Broker-Gesellschaft führt eine begrenzte Zeit Subunternehmen zusammen. Dabei erfüllt sie eine Vermittlerfunktion. Sie bildet prozeßorientierte Action-Sets, die an der Erfüllung einer abgrenzbaren Aufgabe zusammenarbeiten. Sämtliche operativen Tätigkeiten von der Ideengenerierung bis zur Produkteinführung werden mittels Subcontracting verrichtet. Durch die Zusammenführung von Spezialisten erfährt das Organisationsprinzip der Spezialisierung im dynamischen Netzwerk eine Weiterentwicklung.

Der Spielwarenhersteller Lewis Galoob Toys Inc., San Francisco, ist als dynamisches Netzwerk organisiert. Executive Vice President Galoob bezeichnet den Geschäftszweck als das Arrangieren von Beziehungen zwischen verschiedenen Subunternehmen. Das Kernunternehmen beschränkt sich auf eine reine Koordination von Spezialisten aus aller Welt. Die Broker-Funktion wird ausschließlich auf den Informationstransfer beschränkt. Sogar Fakturierung und Konditionenpolitik erfolgen über eine Drittgesellschaft.

Dynamische Netzwerke können auf allen Stufen des Wertschöpfungsprozesses im Unternehmen aufgebaut werden. Die häufigsten Formen sind:

- Konstruktions- und Entwicklungsgemeinschaften,
- Produktionsgemeinschaften,
- Lieferantengemeinschaften sowie
- Einkaufs- und Händlernetze.

Der modulare Charakter dynamischer Netzwerke erlaubt es, diese Strukturen als Subsysteme an andere Netzwerkstrukturen anzubinden. Als Rahmenorganisation eignet sich besonders die Holding-Organisation. Teilbereiche können in Form von strategischen Allianzen als dynamische Netzwerke ausgestaltet werden. Sie werden selbst Vertragspartner im Beziehungsgeflecht des dynamischen Subsystems.

Die Kombination von Holding- und dynamischen Netzwerken bilden sich derzeit unter anderen im Maschinen- und Anlagenbau heraus. So haben Maho und Traub ihr funktionales Know-how in den Bereichen Einkauf, Vertrieb und Grundlagenforschung in eine strategische Allianz eingebracht. Beide Rahmengesellschaften bleiben dabei rechtlich selbständig.

Ein Musterbeispiel für die Einbindung dynamischer Netzwerke in bestehende Strukturen ist die internationale Allianz von IBM (größter Chip-Hersteller der Welt), Toshiba (zweitgrößter Chip-Hersteller Japans) und Siemens (Nummer drei in Europas Halbleiter-Industrie). Ziel der Zusammenarbeit ist das Pooling gemeinsamer Fähigkeiten zur Entwicklung und Herstellung eines 256 megabit memory chip. Motive dieser dynamischen Cross-Border-Kooperation sind die astronomischen Kosten für Entwicklung und Herstellung des Chip, Risk-Sharing sowie die Umgehung der nationalen Antimonopolgesetze, die eine Allianz im eigenen Land unmöglich machen. Als Reaktion auf diese transnationale

Kooperation haben sich im Hochtechnologiebereich weitere Netzwerke gebildet. Das dynamische Netzwerk gilt als wegweisende Kooperationsform, die Ian M. Ross, President von AT&T Bell Laboratories, treffend als Argumentieren aus der Position der Stärke heraus bezeichnet.

Die Vorteile von Netzwerken sind für die Netzwerkteilnehmer beachtlich:

- Jeder Partner kann sich auf die Aktivitäten konzentrieren, die wesentlich für die Erzielung seiner Wettbewerbsvorteile sind. Auf diese Weise sind Größenvorteile bei gleichzeitiger Funktionenspezialisierung realisierbar.
- Der Handlungsspielraum der Einzelunternehmen bleibt im Rahmen der horizontal und vertikal verbundenen Zweckgemeinschaft erhalten.
- Aufgrund des hohen Grades der Dezentralisierung funktionaler Aufgaben sinkt die Mitarbeiterzahl in der Zentrale. Die Hierarchie wird flacher.
- Die einzelnen Subunternehmen erhalten mehr Verantwortlichkeiten. Die vertikale Dimension der Führung wird weniger wichtig. Zur Erzielung von Vorteilen aus der Zusammenarbeit rückt die horizontale Dimension im Rahmen der Kooperation und Kommunikation in den Vordergrund.

Die Nachteile der Netzwerkstruktur sind Kommunikationsdefizite und daraus resultierende Ineffektivitäten. Die nur lockere Bindung im Geflecht kann schnelle Reaktionen des gesamten Netzwerks behindern. Mit sinkender Anzahl und Intensität der Bindungen zwischen den Teilunternehmen geht eine Verminderung der Stabilität des Netzwerks einher. Erweist sich eine Absprache als Fehler, zerbricht dieses Bindeglied. Andere Lieferungs- und Leistungsbeziehungen müssen diese Verbindung abfangen, um das Geflecht nicht zu unterbrechen.

Die Position jedes Vertragspartners innerhalb des Netzwerks ist umkämpft. Wer nicht entsprechend der Zielsetzung der Kooperation agieren will oder kann, wird ausgeschlossen und ersetzt. Die Konkurrenz innerhalb eines Netzwerks dient mehr der Positionsfindung und dem Aufbau von Gegenmachtkräften als dem Abjagen von Marktanteilen der Partner. Der Ausschlußmechanismus ist also nicht wie in traditionellen Organisationsformen der Macht- und Führungsanspruch im Markt, sondern mangelnde Koordinations- und Kooperationsfähigkeit zwischen Markt und Hierarchie. Die Teilnahme an einem Netzwerk ist vergleichbar einer »Investition« in die gemeinsame Nutzung spezifischer Ressourcen. Der Erfolg eines Netzwerks hängt in hohem Maße vom Vertrauen der Netzwerkpartner untereinander ab. Mißtrauen schafft Transaktionskosten und führt damit zur Integration und nicht zur lockeren Unternehmensverbindung. Gemeinsames Vertrauen in die Zukunft von Netzwerken und in die Arbeit der Mitarbeiter sind wesentliche Lektionen, die deutsche Unternehmen von den Japanern erlernen müssen, um zu lernenden Organisationen zu kommen.

III. Kapitel
Management und Führung

Früherkennung und professionelle Öffentlichkeitsarbeit

Vom Umgang mit Krisen im Wirtschaftsleben

Boris A. Lerman

Wir sind von Krisen umgeben. Ginge heute ein Reporter mit der Frage auf die Straße: »Für wie gefährlich halten Sie die gegenwärtige Krise?«, bekäme er vermutlich zu hören: »Welche Krise meinen Sie?« Da ist kaum jemand, der den Begriff Krise nicht sofort und vielfältig zuordnen kann, ob er nun an seine Ehekrise denkt, an eine der akuten Währungskrisen und natürlich an die allgegenwärtige Wirtschaftskrise, oder sei es nur seine »Midlife-crisis«. Vielleicht erinnert sich der Befragte an historische Krisenvorfälle, an die Suez-Krise, an die Kuba-Krise, die Golf-Krise. Der amerikanische Präsidentschaftskandidat ruft auf dem Parteikonvent: »Dieses Land steckt in einer tiefen Krise!« Aber gewiß doch, denn wovor sonst sollte er es retten? Ein anderer Politiker, der noch Stimmen braucht, warnt in Rio: »Die Welt steckt in einer tiefen Krise. Die Menschen haben das Gefühl dafür verloren, daß sie ein Teil der Natur sind.« Eine Krise zu beschwören, um sich als Mittel zu ihrer Überwindung zu präsentieren, war schon immer ein wohlfeiles politisches Rezept.

Im freien Spiel der marktwirtschaftlichen Kräfte ist solche Verfahrensweise durchaus nicht unbekannt. Es ist jedenfalls nicht unethisch, der Konkurrenz zu einer Krise zu verhelfen. Das kann sogar Zielvorgabe sein. Auf jeden Fall besteht keine moralische Pflicht, ihr aus der Krise herauszuhelfen. Alles ist Krise – Krise ist alles. Stichworte zum aktuellen Krisenszenario bieten sich in Fülle. Da schrieb der »Economist« neulich: »Krise ist ein viel mißbrauchtes Wort, und dies nicht nur in Britannien. Die Italiener, jahrzehntelang an politisches Mißmanagement gewöhnt, nutzen es jedesmal, wenn ihre Regierung zusammenbricht, was gewöhnlich nur ein Routinevorfall ist. Es ist seit 1948 nachweislich fünfzigmal geschehen.« Fragt ein Staatspräsident den anderen: »Was macht Ihre Krise?«, bekommt er zur Antwort: »Danke, sie geht so.« Da geht es uns besser. Wir leiden nur unter einer pangermanischen Identitätskrise, da paßt der Begriff: »Anpassungskrise«. Ahnungsvoll schrieb die »Washington Post« im Zusammenhang mit innerdeutschen Krawallen: »Dies ist keine asylpolitische Debatte, da braut sich vielmehr eine Krise zusammen.« Mitunter hat es den Anschein, als bestimmten nicht die Akteure oder die Betroffenen, was Krise ist, sondern die Beobachter auf den Rängen, also die Öffentlichkeit, angeleitet von Medien. Das ist sicherlich die wichtigste Krisenerfahrung: Der Medienimpakt entscheidet wesentlich über die Selektion der Krise, über ihre Qualität und Dimension und nicht zuletzt über ihr Ende, nämlich dann, wenn eine andere Krise mehr verspricht. Das soll uns später noch beschäftigen.

Jedenfalls vermittelt die Beschäftigung mit der Krisentypologie zunächst einmal den Eindruck der semantischen Inflationierung des Begriffs. Das Wort geistert als beliebtes Klischee durch unsere Alltagssprache: Da gibt es Krisenmanagement, Krisenstab und Krisenbewußtsein, an dem es nur Unsensiblen mangelt. Notfalls wird beschwichtigend von »Krisengerede« gesprochen. Wir reden von Krisenanfälligkeit, von krisenhafter Zuspitzung, wir sind krisenfest oder krisengeprüft, wenn nicht gar krisengeschüttelt.

»Krisenmüdigkeit« in der Öffentlichkeit

Es gibt eine Klimakrise, eine Ernährungskrise, eine Krise am Wohnungsmarkt. Und wenn man selbst den Krisen nicht mehr trauen kann, gibt es eine Vertrauenskrise. »Unsere Krise gib uns täglich«, und das ist durchaus kein Schabernack. Als sich die Amtsenthebung, das sogenannte »Impeachment«, von Präsident Nixon immer unvermeidlicher abzeichnete, kam man gar nicht so leicht an ihn heran, denn er mußte ständig Krisen bewältigen. In Washington spottete man damals: »One crisis a day keeps impeachment away.«

Angesichts der gewaltigen verbalen Abnutzung ist eine gewisse Krisenmüdigkeit, was die öffentliche Aufmerksamkeit angeht, nicht verwunderlich. Da kann es gelegentlich vorkommen, daß keiner hinhört, wenn Krisenalarm erschallt. Das gilt auch im Betriebsalltag. Wehe dem, der auf jeden blinden Alarm überreagiert – und doppelt wehe dem, der sich darauf verläßt, daß der Alarm blind ist. Potenziert hebt sich die Krise zwar auf. Permanente Krise ist so gut wie Nie-Krise. Doch das wiederum verführt zu einem Gefühl von Sicherheit, die immer etwas Trügerisches hat. Sie ist eben nicht das Gegenteil von Krise, sondern eher eine ihrer konstitutiven Vorbedingungen. Woraus logisch folgt, daß die Frage:

»Wie reagiert man auf eine Krise?« zuallererst mit dem ehrlichen Abklopfen des eigenen Sicherheitsbewußtseins auf unsichere Stellen zu beantworten ist. Präsident Kennedy ließ sich bei seiner Amtsübernahme von seinen Stäben die schwerstmöglichen GAUs in Innen- und Außenpolitik auflisten, ihre Wahrscheinlichkeit, ihre Implikationen und mögliche Vorbeugemaßnahmen. Sicher kann sich nur der fühlen, der die eigene Verwundbarkeit kennt, denn nichts ist so relativ wie Sicherheit. Die praktische Betriebserfahrung gebietet Zurückhaltung bei der Inanspruchnahme der Krisenkategorie. Die ausufernde Anwendung des Krisenbegriffs in der Öffentlichkeit macht die definitorische Präzision wenigstens im Wirtschaftsleben wünschenswert. Einmal wollen wir Krisen nicht herbeireden, und schließlich gilt es, die vorhandenen Kräfte für den Ernstfall zu schonen, sie nicht an beliebige Exaltiertheiten zu verschwenden. »Du sollst die Krise ernst nehmen, sie aber nicht an die Wand malen.« Wie oft ist das, was wir Krise nennen, nur ein Konfliktfall, eine kritische Situation, eine Imponderabilie oder nur eine angespannte Lage?

Da heißt es lapidar: »Die Krise in der Luftfahrtindustrie führt zur Kurzarbeit bei den Zulieferern.« Scheint hier nicht bereits ein allgemeiner Konsensus über den kritischen Zustand eines bedeutenden Industriezweiges unterstellt, ganz undifferenziert und unbefragt? Denn bei näherem Hinschauen stellt sich heraus, daß bedeutende Teile dieser Branche sehr erfolgreich arbeiten.

So kommen wir vom Phänomen der Krise zu ihrer Anatomie. Die Qualifizierung der Krise ist berechtigt, wenn bestimmte Voraussetzungen vorliegen. Denn die Krise im Unternehmensleben, wie übrigens auch in der Medizin, ist der absolute Ernstfall. Mit ihr ist ein gefährlicher Wendepunkt erreicht, mit hohem Risiko und ungewissem, möglicherweise fatalem Ausgang. In der Wirtschaft ist die Krise ein bedrohlicher Konfliktfall, der höchste Konzentration aller Kräfte unter stärkstem Entscheidungszwang fordert, eine extreme Situation, in der Fehler folgenschwer und jede falsche Bewegung irreparabel sein können. Also eine Kombination von Unvorhersehbarkeit des Auftretens und Unberechenbarkeit im Verlauf, bei maximaler Anforderung an die Kompetenz des Steuerungspersonals und der Entscheidungsträger, mit anderen Worten eine Situation von maximalem Risiko und minimaler Steuerbarkeit.

Damit soll nicht das Jüngste Gericht beschworen werden, doch sind bestimmte inhaltliche Mindestanforderungen zu stellen, die einer Problemlage das Prädikat der Krise zubilligen. Die Anforderungen sind hoch, erweisen sich aber als angemessen in der retrospektiven Bewertung von erlebten Fällen. Zum Beispiel:

Die Bonität einer Bank gerät unerwartet in die öffentliche Kritik. Das geschieht trotz sensibler Früherkennungssysteme nicht über Nacht, sondern meistens an Wochenenden. Montags schließen dann schon die Schalter. Ein ganzes Heer von Kunden ist betroffen, viele von ihnen existentiell. Es lohnt sich, die Chronologien zweier erlebter Privatbankenkräche lernend nachzuvollziehen.

Dies ist lehrreich wegen des nackten Überlebenskampfes. Angesichts höchster öffentlicher Erregungsstufen ist da mit gepflegter Kommunikation nichts zu retten, bestenfalls ein paar Grundsteine zum Weitermachen für später. Die gerichtliche Aufarbeitung sorgt noch Jahre danach für Schlagzeilen. In diesem Fall bedeutet die Krise das Aus. Postmortal sind weniger die vermeidbaren Fehler wissenswert als die Arbeitsbedingungen und -abläufe unter extremen Bedingungen: der Abbruch aller Bedingungen, der Exodus der Unentbehrlichen, externer und interner Vertrauensverlust, der Totalschwund des Handlungsspielraums unter dem fremden Krisenkommando. Der Blick in den Abgrund ist kein obligater Lehrstoff, aber er schärft das Vorstellungsvermögen.

Oder: Eine Werkzeugmaschinenfabrik findet ihren langjährigen, mit allen Segnungen der Legalität versehenen Hauptkunden auf einmal auf einer UN-Embargoliste. Zu massiven Erlöseinbußen gesellen sich lautstarke öffentliche Verdächtigungen in den Medien. Wie kann sich ein Unternehmen vor den Wechselfällen politischer Opportunität schützen? Regierungen verlangen von ihren Steuerzahlern gewöhnlich mehr Moral als von sich selbst, und meistens behalten sie sich auch noch vor, zu bestimmen, was Moral ist. Plötzlich bläst dem Unternehmen politischer Sturm ins Gesicht. Zum Verlust gesellt sich der Rufschaden, den unter Kontrolle zu halten es höchsten Geschicks in der Öffentlichkeitsarbeit bedarf. Beharrt man auf seinem Recht, ist man arrogant, hält man sich zurück, erscheint man als reuiger Sünder.

Eine Öko-Protestorganisation sperrt einem Produktionsbetrieb mit unbewiesenen Giftvorwürfen die Abfallentsorgung. Das ist die Öko-Randale. Die Aufsichtsbehörden verhalten sich eingeschüchtert abwartend. Es kommt zur Produktionseinstellung mit allen wirtschaftlichen und sozialen Folgen für den Standort. Ungeachtet der häufig schwerwiegenden ökologischen Folgen ist ein Krisenstab gegenüber militanten Protestaktionen immer im Nachteil. Denn unabhängig von der Beweislast verleiht jeder Öko-Protest den öffentlichen Anschein moralischer Höherwertigkeit. Es ist ganz einfach: Die Guten sind dafür, die Bösen dagegen. Und nie macht Unrecht mehr Freude, als wenn es gegen das vermeintlich Böse angewendet wird. So führt die Krise gelegentlich an den Rand der Rechtssicherheit, dorthin, wo sich ein Rechtsanspruch nur noch bedingt durchsetzen läßt. Wichtig für den Krisenmanager ist dabei die Erfahrung von der begrenzten Belastbarkeit aller Rechtstitel und von der Grenzenlosigkeit des Rechts auf freie Meinungsäußerung.

Die Berechtigung oder Haltlosigkeit öffentlich erhobener Vorwürfe mit Umweltrelevanz erweist sich in der Regel erst lange nach dem Kollaps des Beschuldigten. Dies gilt vor allem bei Markenartikeln aus der Lebensmittel- oder Arzneibranche. Erinnert sei an Krisenfälle wie den Hamburger Fischmarkt, das Altei in der Schwabenpasta, Baby-Nahrung, das berühmte Nobelmineralwasser aus Frankreich oder an die amerikanische Medienkampagne gegen den beliebten deutschen Pkw wegen seiner angeblich okkulten Selbstbeschleunigungskräfte. Die Reihe läßt sich beliebig fortsetzen. Solche Fälle sind dem aufmerksamen Studium empfohlen, da sie wegen ihrer hohen Krisenbrisanz immer eine Grenzsituation herbeiführten, aus der Verhaltensnormen und Austragungsmodelle abzuleiten sind. (Lernen kann man sogar aus einem Protokoll »Pressearbeit während eines Kaufhausbrandes in Montreal«.) Natürlich ist in der Krisentypologie keine Krise wie die andere. Die eine fängt arglos an und wächst unaufhaltsam zur Bedrohung, während die andere uns völlig unvermittelt als Urknall entgegentritt. Im ersteren Fall wird zum Beispiel ein neues Abfallgesetz als Entwurf hin- und hergereicht. Auf einmal ist es unumkehrbares Recht und stuft die gesamte Vorstoffversorgung eines rohstoffverarbeitenden Betriebes als toxisch ein. Das kann das Ende bedeuten, es zumindest einläuten. Das ist die Krise mit Eskalationskoeffizient. Erst wenn es zu spät ist, fragt man, warum niemand rechtzeitig aufgepaßt hat.

Oder: Ein nicht aufzuhaltender Währungsverfall mit hohen Abwertungsraten kann nicht kompensierbare, bedrohliche Einnahmeausfälle bescheren. Das ist die Krise, die man langsam auf sich zukommen sieht, die man nicht abwenden kann, die einem aber Zeit zur Vorbereitung läßt.

Und dann ist da der klassische betriebliche Katastrophenfall, der blitzartig zuschlägt, vor dem niemand gefeit ist. Man hat traumatische Fälle vor Augen, zum Beispiel, wenn der Öltanker strandet oder das Gas in der Kohlegrube explodiert. Was ist allen diesen Krisen gemeinsam?

Das Phänomen »Krise« findet gewissermaßen auf zwei Ebenen der Realität statt. Auf der ersten läuft das, was wirklich geschieht, und auf der zweiten läuft das Abbild von dem, was geschieht, also das, von dem man glaubt oder glauben soll, daß es geschieht. Und wir wissen seit Machiavelli, daß die zweite Ebene die erste an Wirkung übertreffen kann. Das gilt für Ereignisse wie für Personen.

Die Krise, die abgeschirmt vor und unbemerkt von der Öffentlichkeit verläuft, ist die ideale. Sie ist aber auch die Ausnahme. Sie ist am leichtesten zu steuern und hat daher keinen hohen Demonstrationswert. Die Chance einer optimalen Krisenbewältigung liegt ganz offenbar darin, die beiden genannten Ebenen, die des realen Geschehens und die seiner öffentlichen Vermittlung, zur Kongruenz zu bringen, was ohne Beteiligung der Medien kaum möglich und gegen dieselben völlig ausgeschlossen ist. Es ist die mangelnde Übereinstimmung von Anlaß und Darstellung, die regelmäßig zur Kriseneskalation beiträgt. Wenn sich so die Wirkung emotional auflädt und von der Ursache entfernt und in ihrer Unverhältnismäßigkeit immer unberechenbarer wird, bekommt die Krise eine verhängnisvolle Eigendynamik. Deswegen muß der Darstellung und der Interpretation des faktischen Geschehens durch das Krisenmanagement oberste Aufmerksamkeit gelten. Das ist zwar eine Binsenweisheit, doch sie wird notorisch vernachlässigt. Die Öffentlichkeit, oder was immer man dafür hält, sucht weniger die ungefilterte Realität als die Bestätigung vorgefaßter Auffassungen, Sichtweisen oder Gesinnungen. Die Medien neigen zur Anpassung an solche von ihnen im Sinne des Zeitgeistes mitgeprägten Einstellungen, und sie bedienen dieselben, wobei es nicht so sehr darauf ankommt, ob öffentlich erhobene Beschuldigungen tatsächlich zutreffen, solange sie vorgegebenen Ressentiments entsprechen. Die Bedrohung durch Radioaktivität, die allgemeine industrielle Belastung der Umwelt, die Macht der Banken und Konzerne, die Endlichkeit der Ressourcen, ganz allgemein die Angst vor unbekannten Risiken, Technikfeindlichkeit, Verteidigung von Individualrechten gegen etablierte Mächte – all dies sind nur Beispiele für oft irrationale Empfindlichkeiten, die bei öffentlich ausgetragenen Konflikten über deren Ausgang wesentlich mitentscheiden.

Der Zustand ist nicht zu beklagen, sondern zu beschreiben, insbesondere zur Vorbereitung auf die professionelle Auseinandersetzung mit ihm.

Wollte man vergleichende Krisenforschung betreiben und durchlebte praktische Erfahrung nach krisentheoretischen Erkenntnissen abfragen, würden dabei kaum stereotype Abläufe zu gewinnen sein. Strenggenommen handelt es sich bei dem Begriff »Krisenmanagement« um ein Oxymoron, also eine rhetorische Figur, die zwei sich ausschließende, gegensätzliche Begriffe verbindet.

Ist es nicht das Wesensmerkmal der echten Krise, daß sie sich nicht »managen« läßt? Denn läßt sie sich »managen«, ist sie keine Krise mehr. Die Begriffe schließen sich aus. Zu ihrem Wesen gehört nun mal das Irrationale, die gänzliche Unkalkulierbarkeit, die Eigendynamik und die Nähe zum Chaos. Auch raffinierte Früherkennungssysteme können vor Überraschungen nicht schützen. Die Erfahrung lehrt, daß sich auf diese Weise in bestimmten Fällen ein zeitlicher Vorsprung verschaffen, daß sich die Krise selbst aber kaum abwehren läßt. Wie ist es sonst zu erklären, daß das seit Generationen weltmarktführende Elektronikunternehmen zu spät erkennt, daß es auf den falschen Entwicklungstrend gesetzt hat? Mit geschicktem Krisenmanagement kann man eben die Bonität einer Bank nicht wiederherstellen. Tatsächlich wird in den Großrechenzentren der Konzerne das Risiko elektronisch kontrolliert, simuliert, minimiert. Alles scheint berechenbar. Unser Controlling hat alles im Griff. Und dann springt urplötzlich die Krise wie ein wildes Tier auf den Vorstandstisch. Mahnte nicht schon Klausewitz: »Das sogenannte Mathematische hat nirgends einen festen Grund in der Militärpolitik und im Krieg.« (Berührungsängste gegenüber dem Militärischen sollten wir uns ohnehin sparen. Für unser Geschäft gibt es da viel zu lernen, was bewährte Krisenabwehr- und -bewältigungsinstrumente anbelangt. Bereitsein ist alles. Wenn man davon ausgeht, daß ein Krisenstab vor einer möglicherweise unübersehbaren Entwicklung auf diese vorbereitet sein muß, lohnt sich ein Blick auf Expertenteams, die sich auf Krisen spezialisieren, die Krisenverhalten trainieren, simulieren und immer wieder antizipieren.)

Wer das Fürchten lernen will, soll einmal in den spektakulären Grubenunfällen der jüngsten Bergbaugeschichte herumstöbern. Die extreme Katastrophensituation ist zwar nicht absolut identisch mit dem vorliegenden Krisenbegriff, aber man trifft in ihr dessen wesentliche Elemente. Meistens geht der Katastrophe eine Krise voraus, und meistens führt sie auch in eine Krise. Und niemand in der Industrie bereitet sich so intensiv auf die Stunde X, auf die Groß-Krisenlage, vor wie der Bergbau.

Der Einsatzplan der obersten Deutschen Bergbaubehörde liest sich wie ein Mobilmachungsplan, ein Musterbeispiel an organisatorischer Perfektion und Vorsorge. In dieser Behörde ist das gesamte bergbaurelevante Krisen-Know-how der Welt versammelt. Der hohe technische Standard in einem zentral gesteuerten Einsatzsystem hat die Unfallrate des deutschen Bergbaus ohne Zweifel dramatisch zu senken vermocht. Dazu gehören ein kompliziertes Alarmsystem sowie detaillierte Vorbeuge- und Hilfsmaßnahmen, alles vernetzt in einem subtilen Countdown. An alles ist gedacht, von der Wartung der Geräte bis zur Betreuung der Angehörigen. Ein eindrucksvolles, erfolgreich erprobtes Instrumentarium, und doch sind bei der Manöverkritik immer wieder Mängel und Fehlleistungen auf der Kommunikationsseite zu diagnostizieren.

Fehler in der Öffentlichkeitsarbeit

Dieser Aspekt ist schon im gesamten Planungswerk unterbewertet. Und dieses Mißverhältnis ist um so gravierender, als beim Krisenablauf unter starker öffentlicher Anteilnahme sehr rasch die sichtbare und einklagbare Kompetenz der Verantwortlichen kritisiert wird, so daß selbst im Falle einer hochprofessionellen Managementleistung die mangelnde PR-Leistung negativ ins Gewicht fällt.

Es geht nicht darum, aus dem Fehlverhalten in einer extremen Krisensituation verallgemeinernde Schlüsse zu ziehen. Doch gerade wegen ihrer spezifischen Komponenten enthält sie doch alles, was für Krisenverhalten charakteristisch, bedenkenswert und lehrreich ist. So lassen sich aus dem Studium des vorliegenden Superfalles, angereichert durch Eigenerfahrungen, gewisse praktische Empfehlungen gewinnen, die hier zusammengefaßt sind: Es gibt kein spezielles abrufbares »Krisenvermeidungs-Know-how«, genausowenig wie es in der Klimaforschung eine Abteilung für »Schlechtwetter« gibt. Management ist nicht anderes als ein ständiger Versuch der Krisenprävention. Daraus folgt, daß, wer sich nach Krisenanzeichen umschaut, beim Management anfragen muß. Dort müßte der Seismograph stehen. Was die Krisenvorbereitung angeht, ist die physische Simulation des Ernstfalles, die Trockenübung, eine empfehlenswerte, aber aufwendige Sache. Weniger umständlich und gleichermaßen wirksam ist die mentale Vorbereitung. Die beginnt mit der Befreiung von der Gewißheit, daß Krisen vorwiegend bei anderen eintreten. Jede Krise, die anderen widerfährt, soll uns daran ermahnen, daß wir selbst als nächste an der Reihe sein mögen. Zu den Mindestanforderungen an Krisenfähigkeit gehört vor allem die Erhöhung der Berechenbarkeit des Auftretens und des Verlaufs möglicher Krisen. Das bedeutet, das Irrationale zu rationalisieren. Die Bordbesatzung eines Verkehrsflugzeugs ist vermutlich mit dem Krisenhandbuch wohl vertraut. Aber die Checkliste »Was tun, wenn ...?« findet sich in der Regel leider nicht in der Chefschublade. Der Pressechef sollte darauf hinarbeiten, daß sie dort griffbereit gehalten wird.

Es hat nichts mit Hysterie zu tun, an das Schlimmste zu denken. Die Aufgabe der Kommunikation ist weniger, das Schlimmste zu verhüten, als auf das Schlimmste vorbereitet zu sein. Im »Worst-Case-Szenario« steht ganz oben »First mistakes are worst mistakes«. Ahnungslosigkeit ist oft nur Mangel an Phantasie.

Kenne Dein eigenes Territorium gut. Bei der weiträumigen geographischen Streuung von Betriebsstätten gilt das auch für Aktivitäten in entlegenen Ecken. Eine Karte mit den Schlüsseldaten der Krisenverdachtsflächen kann hilfreich sein. Dazu gehören unbedingt die Personalien der lokal Zuständigen. Mach' Dich vertraut mit den Stärken und speziellen Gaben der zuständigen Geschäftsführer. Versuche, sie krisenbewußt zu machen. Schaffe Dir funktionierende Informationskanäle im eigenen Haus, die im Ernstfall belastbar sind. Merke: Wer die Wahrheit sagen will, muß sie kennen. Stell Dir in Gedanken Deinen eigenen Schattenkrisenstab zusammen. Wähle nur Kollegen, mit denen Du durch einen dunklen Wald gehen würdest. Suche die Nähe kluger Juristen. Erprobe Deine eigenen Kommunikationsmittel regelmäßig und pflege Beziehungen zu praktizierenden Journalisten in Deinem Umfeld und stelle sicher, daß sie auch Dich kennen.

Von existentieller Bedeutung kann die Beziehung zur allzuoft unterschätzten lokalen Presse sein, vor allem dort, wo man industriell angesiedelt ist. Vielleicht kann sie als Freund nicht viel nützen, aber als Feind kann sie ungeheuer schaden. Die Presse wird immer ein kritischer Beobachter sein. Wer sie in dieser Rolle respektiert, wird sie sich nicht auch zum feindseligen Gegner machen. Entscheidend für den Krisenverlauf ist neben der öffentlichen Darstellung zuallererst die Informationshandhabung nach innen. Zeitpunkt, Dosierung und Rangfolge der Unterrichtung über eine sich kritisch zuspitzende Lage wollen wohl bedacht sein. Die Daumenregel ist grob, aber hilfreich: so spät wie möglich und nur so vielen wie nötig. Diesseits aller gesetzlichen Publizitätsauflagen hat sich erwiesen, daß Krisenbeschleunigung häufiger auf zu frühem als auf zu spätem Informieren beruht. Der Moment der Krise läßt keine Zeit für den umständlichen Aufbau von Apparaturen. Je mehr man präfabriziert hat, desto erfolgreicher läßt sich improvisieren.

Die optimale Organisationsleistung, daß alle Verantwortlichen mit einer Stimme sprechen, ist in der Krise schwer zu erreichen. In der extrem angespannten, schwer zu überschauenden Lage wächst die Neigung, auf der eigenen Meinung zu bestehen und sie zu äußern. Das gilt vor allem bei ständiger Belagerung durch offensive Befrager. Ein strenges Nachrichtenembargo ist schwer durchzusetzen, aber der Versuch lohnt sich, wenigstens zeitweilig. Die Stimme des Unternehmens kennzeichnet eine besondere Qualität: Sie ist authentisch. Man bringe sie zu Gehör, mache sie exklusiv. Das bedeutet in der Praxis: die Geschäftsleitung soll sich einstimmig äußern.

Nicht alles sagen, was wahr ist

Wenn die Presse nicht immer wahrheitsgemäß berichten kann, wird das als betriebsbedingt entschuldigt. Von einem Unternehmen erwartet man wahrheitsgemäße Auskünfte. Alles andere wäre unethisch. Es muß nur nicht immer alles gesagt werden, was wahr ist. Zögere nicht, von krisenerfahrenen Kollegen zu lernen. Die Lektüre von Krisenfällen in Pressearchiven birgt Schätze an praktischen Lehren.

Im Gefolge extremen Krisendrucks muß mit internem Vertrauensschwund gerechnet werden. Vertrauen zu gewinnen und zu stärken ist daher oberste Managementpflicht. Bei realistischer Einschätzung glaubwürdig zu bleiben, Zukunftsperspektiven zu zeigen, Loyalität und Engagement über die Krise hinaus zu erhalten, verlangt das Äußerste an Führungsfähigkeit. Das ist die eigentliche Herausforderung der Krise. In einem gereizten Stimmungsklima wiegt jeder Managementfehler schwer, doch jeder Fehler im Umgang mit der Presse wird dem Management doppelt angerechnet. Schon aus diesem Grunde kommt für die Öffentlichkeitsarbeit mit der Krise die Stunde der Bewährung. Sie kann eine Stunde höchsten professionellen Niveaus werden, aber auch der Tiefpunkt krassen Versagens.

Die Fiktion perfekter Planung und Kontrolle

Unberechenbarkeit und Komplexität fordern neue Konzepte der Unternehmenssteuerung

Georg Schreyögg

»Die wenigsten Unternehmen haben ein umfassendes Zielsystem – und wenn, dann ist es nur nachgeschoben.« Mit dieser keineswegs negativ gemeinten Äußerung provozierte kürzlich ein prominenter Vertreter der Betriebswirtschaftslehre bei einem Theorie-Praxis-Symposion lebhaften Protest. Am energischsten haben nicht Theoretiker, sondern Praktiker widersprochen; sie haben auf ihre Jahrespläne und Planungshandbücher verwiesen, die Beweis genug sein sollten, die Unhaltbarkeit des Behaupteten zu belegen. Ein Konsens konnte nicht erzielt werden. Das Überraschende und Verwirrende an der Diskussion war eine Art Rollentausch, die (Mehrzahl der) Praktiker vertraten die Lehrbuchmeinung, und der Theoretiker verwies auf die Praxis so, wie er sie beobachtet hatte. Es meldeten sich freilich auch noch zahlreiche andere Theoretiker zu Wort, die das fehlende klare Zielsystem als häufig beobachtbares Faktum bestätigen, darin aber anders als der Referent einen schweren Mangel sahen, den die betreffenden Unternehmen rasch beheben sollten.

Dieser kurze Ausschnitt aus einer Podiumsdiskussion ist gewissermaßen symptomatisch für den derzeitigen Umbruch in der Unternehmenssteuerungsdiskussion. Eine sorgfältigere und neugierigere Beobachtung der Empirie, aber auch zahlreiche neue Fragestellungen und Perspektiven, wie sie etwa in den Stichworten Selbstorganisation, kreatives Chaos oder dynamisches Netzwerk zum Ausdruck kommen, haben den Ruf nach einem Überdenken der vorherrschenden Steuerungsvorstellungen immer lauter werden lassen. Ist dieses Unbehagen berechtigt, und wenn ja, wie könnte eine Theorie der Unternehmenssteuerung aussehen, die in der Lage ist, die verschiedenen kritischen Stränge und Entwicklungen zu einer neuen Orientierung zu bündeln?

Die herkömmliche Betriebswirtschaftslehre wie auch die mehr angloamerikanisch geprägte Managementlehre bauen ihr Grundverständnis des betrieblichen Steuerungsprozesses auf einem Phasenschema auf. Ihm zufolge wird Unternehmensführung als eine systematische Abfolge von

Phasen der Willensbildung und Willensdurchsetzung begriffen, wobei im allgemeinen in die Managementfunktionen Planung, Organisation, Personaleinsatz, Führung und Kontrolle weiter untergliedert wird.

Am Anfang dieser Funktionsabfolge soll dementsprechend die Zielbildung und die Planung als geistiger Entwurf der zukünftig gewollten Ordnung und der dafür zu ergreifenden Maßnahmen stehen. Der Planung wird deshalb auch das absolute Primat eingeräumt. Alle anderen Managementfunktionen sollen auf die Erreichung der Planziele hin ausgelegt werden: Mit der Organisation soll ein Strukturgefüge entworfen werden, das die Planungsziele realisierbar macht. Daran schließt sich die Besetzung der Stellen mit geeignetem Personal an und die Führung des Personals zur direkten Veranlassung und Überwachung des Aufgabenvollzuges. Der Prozeß mündet in die Kontrolle ein, die prüft, ob der Vollzug den Planvorgaben entspricht. Allfällige Abweichungsinformationen werden an den neuen, sich anschließenden Planungsprozeß weitergereicht, um die für die nächste Periode zu erstellenden Pläne zu verbessern. Der betriebliche Steuerungsprozeß stellt sich demgemäß als eine Abfolge von Episoden der Zielbildung, Planung und Durchsetzung sowie ihrer Kontrolle dar.

Die gedankliche Last der Unternehmenssteuerung liegt nach dieser Konzeption also eindeutig bei der Planung; sie ist das Steuerungszentrum schlechthin. Sie schafft den Rahmen, in den sich alle anderen Steuerungsaktivitäten einzuordnen haben. Die Planung bestimmt die Marschrichtung (Vision, Strategie, Umsatzziele usw.), die zu verwirklichen den anderen Mangementfunktionen obliegt. Alle der Planung nachgeordneten Mangementfunktionen sind ihrer Natur nach »derivativ«, sie erfahren ihre Bestimmung aus den vorgegebenen Plänen. Man kann hier deshalb auch vom Modell der »plandeterminierten Unternehmensführung« sprechen.

Als Leitfigur ist dies ein weithin akzeptiertes, wenn nicht *das* Modell der Unternehmenssteuerung; man denke nur an die vielen Unternehmen, die ihre Steuerung als ein System aufeinander abgestimmter Pläne oder in Form einer Planhierarchie darstellen. Und ähnlich ist das Management by Objectives, bei dem das Steuerungsproblem eine Frage der Zielbildung und Zielabstimmung ist; das Ergebnis soll ein Totalsystem von Zielen sein. Eine neuere Variante dieser Steuerungsphilosophie ist das CIM (Computer Integrated Manufacturing) oder die vom Anspruch her bescheideneren Produktionsplanungs- und -steuerungssysteme. Auch hier wird davon ausgegangen, daß sich die Fertigung über ein perfekt abgestimmtes, umfassendes System von Plänen und Datenstrukturen zentral steuern läßt.

In scharfem Kontrast zu der breiten Akzeptanz, welche die planungszentrierte Steuerungsphilosophie in Theorie und Praxis als Orientierungsfigur gefunden hat, stehen zahlreiche empirische Beobachtungen und Problemberichte.

An erster Stelle steht hier das sogenannte Implementationsproblem. Dies ist ein Sammelbegriff für all jene Probleme, die notorisch auftreten, wenn in Unternehmen Pläne praktisch umgesetzt werden sollen: Pläne treffen auf den offenen oder verdeckten Widerspruch aus den Bereichen; das »Tagesgeschäft« dominiert das Geschehen, und die Pläne bleiben in der Schublade; »Überraschungen« lassen Pläne noch vor ihrer Realisierung inaktuell werden; es kommt ständig zu Pannen, weil die Pläne nur einen kleinen Teil der Steuerungsprobleme abdecken (können), usw. Noch deutlicher wird diese Problematik, wenn man sich eine Großzahl neuerer Managementkonzepte ansieht, die auf breite Resonanz gestoßen sind. Hier sind vor allem zu nennen: Unternehmenskultur, Selbstorganisation, lose Koppelung oder hierarchiefreie Netze. Ihnen allen ist ein gemeinsamer Grundzug eigen; sie vertrauen nicht auf die planerische Vorsteuerung, sondern vielmehr auf die eigenständigen Kräfte im Unternehmen. Eine Integration in das System plandeterminierter Steuerung ist schon deshalb von ihrer Basislogik her nicht möglich. Im Gegenteil, ihr Streben gilt einer Loslösung von dem Plan. Das (ausgeprägte) Interesse an solchen Konzepten kann man als Signal der Unzufriedenheit mit der traditionellen Plansteuerungsphilosophie interpretieren.

Wenn ihre Logik eine andere ist, dann ist es allerdings auch nicht möglich, die neuen Konzepte einfach an den Leitrahmen der plandeterminierten Steuerung anzuhängen in dem Sinne, daß man diesen Handlungsempfehlungen eben auch folgt. Ein Dilemma tut sich auf. Gleiches gilt für die mit dem Stichwort »Implementationsprobleme« umschriebenen Schwierigkeiten. Auch sie lassen sich nicht mit Nachbesserungen oder flexiblerer Planung beseitigen, sie sind struktureller Natur, sind mithin Ausdruck tiefer liegender Probleme des plandeterminierten Steuerungsansatzes. Zu fordern ist daher ein grundsätzliches Umdenken, ein neues Modell der Unternehmenssteuerung.

Die Notwendigkeit einer Neuorientierung in der Steuerungsphilosophie wird sofort deutlich, wenn man sich die Annahmen vor Augen führt, auf denen – allerdings unausgesprochen – das herkömmliche Steuerungsmodell beruht. Die Planung muß ja nach dieser Konzeption alle wesentlichen Probleme der betrieblichen Steuerung antizipieren und im Sinne der stimmigen Gesamtordnung lösen können. Es muß möglich und – wichtiger noch – sinnvoll sein, alle Handlungen innerhalb eines Systems auf die Planziele auszurichten. Dies setzt voraus, daß

1. die Umwelt der Unternehmung in allen ihren Wirkungen verstehbar und prognostizierbar ist,
2. das System Unternehmung vollständig durchdringbar und beherrschbar ist.

Beides sind offenkundig völlig unrealistische Voraussetzungen, die schon bei einfacher Prüfung in Widerspruch zu jeder Lebenserfahrung geraten. Weder ist die Unternehmensumwelt auch nur annähernd erfaßbar, noch gehorcht ihre Entwicklung solchen Verlaufsgesetzen, daß sie gut prognostizierbar wäre. Für die Umwelt gilt vielmehr, daß sie prinzipiell komplex ist, das heißt, es gibt unüberschaubar viele Elemente, und es sind ebenso unüberschaubar viele Anschlüsse zwischen diesen möglich (Niklas Luhmann). Eine vollständige Erfassung der Umwelt ist damit von vornherein ausgeschlossen. Die Umwelt bleibt damit zwangsläufig unberechenbar. Jede Prognose findet in den jederzeit neu möglichen »Anschlüssen« ihre logische Grenze; man denke nur an die vielfältigen neuen Konstellationen in Mittel- und Osteuropa. Als Folge davon bleiben für die Unternehmung und ihre Entscheidungsträger die Aktionen und Reaktionen der »Umwelt« notwendigerweise immer zu einem gewissen Teil überraschend; die diesbezügliche Rede von der turbulenten (und das heißt nur zu einem geringen Teil durchschaubaren) Umwelt ist fast schon sprichwörtlich geworden. Die Situation der Ungewißheit, Undurchschaubarkeit und der Überraschung ist deshalb für jede Unternehmung konstitutiv, und sie muß zum Ausgangspunkt jeder realistischen Theorie der Unternehmenssteuerung werden.

Diese Einwendungen gelten im selben Maße für die zweite Grundannahme. Die Idee der vollständigen Durchplanung eines Handlungssystems scheitert an demselben Strukturmerkmal, die Unternehmung ist selbst komplex, also nur partiell verstehbar und ordnungsfähig. Die Vorstellung, man könnte ein solches System nach dem Prinzip der Willensbildung an der Spitze und der Willensdurchsetzung auf den nachfolgenden Ebenen beherrschen, ist spätestens seit den Untersuchungen zum Kontrollverlust in hierarchischen Organisationen zur Illusion geworden. Es ist in gefährlicher Weise irreführend, sich komplexe Systeme als kohärente Handlungs- oder Zielsysteme vorzustellen und darauf die Systemsteuerung auszulegen. Die Leitfigur des Unternehmenssteuerers, der sich einen Gesamtplan für sein System erstellt und diesen stringent zu realisieren weiß, geht an der fundamentalen Tatsache vorbei, daß die Unternehmung kein monolithischer Instanzenzug, sondern ein soziales System ist, das heißt ein Verbund unterschiedlicher Erwartungen, Interessen, Orientierungen und Handlungsmuster. Eine revidierte Theorie der Unternehmenssteuerung muß deshalb berücksichtigen, daß das Unternehmensgeschehen nicht nur planmäßig verläuft, sondern eine Vielzahl widerstreitender Kräfte und eigendynamischer Prozesse zu bewältigen sind. Die Wirkungen von Eingriffen in soziale Systeme sind nur begrenzt vorhersehbar. Ein neues Steuerungsmodell hat deshalb die nur begrenzte Steuerbarkeit von vornherein als Kernproblem mit zu bedenken.

Zwei fundamentale Voraussetzungen bilden den Ausgangspunkt für ein neues Steuerungsdenken:

1. Die Unternehmenssteuerung geschieht vor dem Hintergrund einer prinzipiell unsicheren, nur in Teilen zu verstehenden Umwelt, die den Bestandserhalt zu einem permanenten Problem macht.
2. Die Unternehmung ist ein komplexes System; komplexe Systeme sind nur beschränkt steuerbar.

Unternehmenssteuerung muß sich deshalb in doppelter Weise einem Komplexitätsdruck stellen: Es müssen Wege der Handhabung von Umweltkomplexität gefunden werden, und es müssen Mittel gefunden werden, ein nur partiell beherrschbares System zu bewegen.

Aus der Tatsache, daß die Unternehmung einer unübersehbaren komplexen Umwelt gegenübersteht, erwächst der Steuerung eine erste fundamentale Aufgabe, nämlich die Schaffung einer Orientierung, die der Unternehmung als Handlungsbasis dienen kann. Es muß gewissermaßen für den internen Gebrauch eine Welt geringerer Komplexität »konstruiert« werden, das heißt, es wird festgelegt, welche Segmente der Umwelt bedeutsam sind, wie bestimmte Elemente der Umwelt zusammenwirken, welche anderen Verknüpfungen wahrscheinlich sind usw.

Die Handhabung von Umweltkomplexität heißt so gesehen also in erster Linie Selektion, das heißt, es werden Orientierungsschnitte in das unüberschaubare, amorphe Umfeld gelegt; es wird gewissermaßen eine mehr oder weniger plausible Interpretation der Umwelt und ihrer Bewegungskräfte entworfen, um sinnvoll Handlungen entwickeln zu können. Der Grund dafür ist einfach: Würde man alles im unklaren lassen, könnte auch nicht gehandelt werden.

Die Vereinfachung hat also ihren Preis, ausgeblendete Sektoren, Elemente und Bezüge bleiben virulent – unter Umständen in bestandsgefährdender Weise. Die Umwelt wird daher für die Unternehmung zum permanenten Unsicherheitsfaktor, die Bestandserhaltung zum permanenten Problem. Einmal gefundene Lösungsmuster laufen jederzeit Gefahr, ihre Gültigkeit zu verlieren – ja mehr noch, man muß davon ausgehen, daß sie von Anfang an auf wackeligen Beinen stehen. Die Hoffnung, man könnte durch mehr Forschung diesen Zustand prinzipiell ändern, ist trügerisch.

Dieses Kernrisiko, das unvermeidlich aus dem Komplexitätsdruck und den daraufhin – wie auch immer – ausgelegten Vereinfachungsstrategien resultiert, bedeutet für die Unternehmenssteuerung eine zweite parallel laufende Aufgabe, nämlich Maßnahmen zu entwickeln, die das Vereinfachungsrisiko beziehungsweise die daraus potentiell resultierenden Probleme begrenzen. Dies können sowohl Maßnahmen sein, die die Entwicklung der Umwelt überwachen, als auch solche der Abpufferung oder der Flexibilisierung. Diese Risikovorsorge muß unabhängig von der Planung sein. Sie muß gegenläufig ausgelegt sein, weil sie gerade nicht von dem ausgehen darf, was dort unterstellt wird. Die Managementfunktion Kontrolle findet hier eine ganz neue Bestimmung.

Der zuletzt genannte Gesichtspunkt der Risikokompensation verweist nachdrücklich darauf, daß alle von der Systemsteuerung entwickelten Maßnahmen und Strategien sich jederzeit als falsch oder als nicht mehr funktionsfähig erweisen können. Die gefundenen Lösungen sind prinzipiell ungesichert.

Die Unternehmenssteuerung hat deshalb über Selektion und Risikokompensation hinaus grundsätzlich dafür Sorge zu tragen, daß das System den nach Zeit, Art und Umfang unberechenbaren Veränderungsanforderungen gerecht werden kann. Da diese Anforderungen nicht berechenbar sind, kann man sie auch nicht erfassen und zu einem Plan des Wandels verarbeiten, man muß das System auf andere Weise darauf vorbereiten, damit zur gegebenen Zeit die Potentiale vorhanden sind, um eine andere Lösung zu finden.

Von der Steuerung her gesehen, sind die hier zu kompensierenden Maßnahmen ganz anderer Art als im plandeterminierten Denkansatz. Die vorlaufende Steuerung kann hier nicht mehr inhaltlich bestimmt sein, sondern ist dem Wesen nach formal. Es geht um die Schaffung von Handlungs- und Umsteuerungspotentialen. Dort, wo keine inhaltlichen Vorgaben mehr gemacht werden können, ist eine Systemsteuerung letztlich auf die Existenz von Handlungspotentialen angewiesen, die spontan auf veränderte Lagen zu reagieren verstehen. Am besten läßt sich die diesbezügliche Steuerungsanforderung als Sicherstellung der organisatorischen Lernfähigkeit (oder noch genauer: als Lernen des Lernens) beschreiben. Die angesprochene Vorsteuerung läuft darauf hinaus, Systeme lernfähig zu machen. Die Unternehmung muß in die Lage versetzt werden, Veränderungsnotwendigkeiten nicht nur rechtzeitig zu registrieren, sondern auch allfällig selbst zu erneuern. Konkret ist damit nicht nur die Einrichtung von offenen Kommunikationskanälen, Feedback-Systemen und ähnlichem verbunden, sondern auch und vor allem die Vorbereitung der Mitarbeiter auf diese höheren Anforderungen an Selbständigkeit und Eigeninitiative. Der Personalentwicklung muß deshalb für ein Management in komplexen Systemen ein sehr hoher Stellenwert eingeräumt werden.

Aus dem dargelegten Prinzip der unvermeidlichen Komplexitätsreduktion könnte man den Schluß ziehen, daß Systeme mit der Umweltkomplexität um so besser umgehen können, je einfacher das Bild ist, das sie davon entwerfen. Das wäre indessen ein fataler Trugschluß. Zwar ist es richtig, daß sich in einer einfach »gezimmerten« Welt am problemlosesten handeln läßt – das Risiko des Scheiterns würde jedoch bei einer so extremen Reduktion ins Unermeßliche steigen. Die Systemtheorie verweist deshalb schon lange darauf, daß Komplexität letztlich nur mit Komplexität kleingearbeitet werden kann. Mit anderen Worten, Unternehmen müssen selbst in bestimmtem Umfang komplex sein, damit sie der facettenreichen Komplexität der Umwelt erfolgreich begegnen können und handlungsfähig bleiben. Vor diesem Hintergrund muß auch das in jüngster Zeit stark propagierte »Prinzip der Einfachheit« fragwürdig erscheinen. Neben der Einrichtung von risikobegrenzenden Kompensationsmaßnahmen und dem Aufbau von Reaktionspotentialen ist der bekannteste Weg, interne Komplexität aufzubauen, die Bildung von

Subsystemen. Dies sei wegen seiner herausragenden Bedeutung für ein neues Unternehmenssteuerungskonzept ein wenig genauer beleuchtet. Die Herausbildung von Subsystemen (gleichgültig ob beabsichtigt oder nicht) bedeutet für das Gesamtsystem eine erhebliche Ausweitung des Verarbeitungs- und Reaktionspotentials. Subsysteme entwickeln in Grenzen eine eigenständige Orientierung und Dynamik. Jedes Teilsystem übernimmt gewissermaßen einen Teil der Umweltkomplexität, es spezialisiert sich auf die eigene Vereinfachungsstrategie. Die Ausdifferenzierung in teilautonome Subsysteme hat sich für die meisten Unternehmen als unverzichtbar erwiesen; sie entlastet die in Anbetracht der komplexen Umwelt ohnehin chronisch überforderte Steuerungszentrale. Mit dem damit zugleich erforderlichen Vertrauen auf das Selbststeuerungsvermögen der Subsysteme muß die Theorie der Unternehmenssteuerung allerdings Abschied nehmen von einer Reihe eherner Regeln erfolgreicher Unternehmensführung. Hier ist zuallererst die »Einheit der Leitung« zu nennen, also die Vorstellung, eine Unternehmung funktioniere dann am besten, wenn alles nach einheitlichen, zentral bestimmten Grundsätzen und Prinzipien arbeite. Die Subsystembildung, die ja im Grunde nichts anderes ist als ein dezentrales, indirektes Steuerungsmodell, verlangt genau das Gegenteil: Diversität anstelle von Homogenität, Abgrenzung anstelle von Vereinheitlichung.

Der Umgang mit Vielfalt und die Anerkennung der teilautonomen Steuerung der Subsysteme bedeuten aber auch, daß die klassischen Integrationsinstrumente der Organisationslehre fraglich werden, allen voran die Abstimmung durch Hierarchie. Es ist gewiß kein Zufall, daß sich die neuere Managementlehre so stark für nicht formalisierte, stärker wertbezogene Integrationsformen interessiert. Zu erinnern ist in diesem Zusammenhang an die Unternehmenskultur.

Damit ist bereits das zweite eherne Prinzip angesprochen, von dem eine neue Steuerungstheorie Abschied nehmen muß, nämlich das Prinzip der hierarchischen Integration. Ein komplexes System kann nicht länger darauf vertrauen, daß die Anschlüsse zwischen den Subsystemen von der jeweils vorgeordneten Instanz geleistet werden können und sollen. Die (partielle) Verselbständigung von Subsystemen verschiebt das Abstimmungsgeschehen sehr viel mehr in die horizontale Dimension, das heißt, Subsysteme versuchen, von sich aus die erforderlichen Anschlüsse zu den anderen Subsystemen einer Unternehmung herzustellen. In neuerer Zeit wird diese Form der horizontalen Selbstabstimmung bisweilen auch als dynamische Netzwerkorganisation bezeichnet, wobei hier auch Systeme der Umwelt beziehungsweise deren Subsysteme miteinbezogen sind.

Die in Umrissen skizzierte Neuorientierung sollte deutlich gemacht haben, daß Unternehmenssteuerung nicht mehr länger Kohärenz und Transparenz als Leitprinzipien verwenden kann. Ins Zentrum rückt statt dessen die doppelte Komplexität und mit ihr das Wissen um die Grenzen der Steuerung. Ein neues Steuerungskonzept muß davon ausgehen, daß die Erreichbarkeit von Steuerungsabsichten nicht nur stets ungewiß ist, sondern daß auch in aller Regel ungeahnte Nebenwirkungen auftreten. Es entsteht ein Paradox, die Unternehmung bedarf der Steuerung trotz der begrenzten Steuerbarkeit und zugleich einer risikokompensierenden Gegensteuerung wegen der begrenzten Steuerbarkeit. Zentrale Anforderungen einer solchen Konzeption sind:

- *Komplexitätsverarbeitung:* Schaffung einer tragfähigen Arbeitsgrundlage durch Vereinfachung der Umweltkomplexität. Diese Arbeitsgrundlage markiert und definiert das System und seine Grenzen.
- *Risikomanagement:* Angesichts der Unüberschaubarkeit der Umwelt wird jedes Bild und jede Selektionsentscheidung zum Risiko; niemals kann sichergestellt werden, daß eine Entscheidung richtig ist. Die Unternehmenssteuerung kann diesem Problem nicht dadurch begegnen, daß sie Wahrscheinlichkeitsdaten einführt, sondern sie muß strukturell eine Risikovorsorge in das System einführen, zum Beispiel durch Überwachung oder Abpufferung.
- *Komplexe Organisation:* Entgegen aktuell diskutierten anderslautenden Vorschlägen können Unternehmen komplexen Umwelten nicht mit einfachen Strukturen begegnen, sondern müssen selbst in gewissem Umfang komplex sein. Die Schaffung von teilautonomen Subsystemen steht an erster Stelle bei dem Aufbau funktionsgerechter interner Komplexität. Subsysteme entlasten die Steuerungszentrale – allerdings um den Preis verringerter Transparenz und Vorhersehbarkeit.
- *Horizontale Kooperation:* Teilautonome Subsysteme sind nicht mehr ausschließlich durch eine vertikale Linienorganisation verknüpfbar (wie in fast allen Organigrammen noch unterstellt). Ebensowenig kann auf eine vorprogrammierte Abstimmung (»enge Koppelung«) vertraut werden. Die strukturelle Unsicherheit verlangt nach einem Spielraum; dazu ist eine gewisse Verselbständigung der Abstimmungsverfahren

erforderlich, das heißt, die Subsysteme sind in vielen Fällen gehalten, selbst nach geeigneten Handlungsanschlüssen zu suchen (»lose Koppelung«).

- *Personalentwicklung als Schlüsselfunktion:* Sowohl die Risikovorsorge als auch die teilautonomen Steuerungsprinzipien rücken das Personal als (partiell) selbständige Handlungspotentiale in den Vordergrund. Der Personalentwicklung fällt zum Ausbau und zur Sicherung dieser Potentiale eine Schlüsselrolle zu. Überall dort, wo aufgrund unvorhersehbarer Ereignisse eine Vorsteuerung nicht mehr möglich ist, ist die Unternehmung auf wirksame spontane Reaktionen der einzelnen Handlungsträger angewiesen.
- *Das Lernen lernen:* Die Aufforderung, einmal gefundene Problemlösungen grundsätzlich als potentiell revisionsbedürftig zu betrachten, läuft der Routine in vielen Organisationen zuwider; nicht selten gibt es hier sogar Tabus, die das verhindern. Eine effektive Unternehmenssteuerung muß deshalb dafür Sorge tragen, daß die kritische Eigenbeobachtung sowohl der Entscheidungsbildung als auch der (unbeabsichtigten) Folgen überhaupt realisierbar wird. Es müssen, mit anderen Worten, die Lernfähigkeit des Systems gefördert und Lernblockaden abgebaut werden.

Zusammenfassend kann man sagen, daß ein komplexitätsorientiertes Steuerungsmodell in sich die widersprüchlichen Anforderungen aufnehmen muß, die es in der täglichen Praxis zu bewältigen hat. Am angemessensten ist es noch, diese Steuerungsaufgabe als einen Spannungsbogen darzustellen, der die Balance zu halten hat zwischen Ordnung und Widerspruch, Öffnung und Schließung, Planung und Überraschung, Gestaltung und Selbstorganisation. Worauf es also im Kern ankommt, ist, in der Unternehmenssteuerung dem doppelten Komplexitätsdruck zu begegnen, wie er sich modernen Organisationen stellt.

Leitlinien über den Tag hinaus

Warum Führungskräfte Visionen brauchen

Werner Jung/Jürgen Schreiber

Sehnsüchte bewegen Menschen. Dieses erstmals religiösen Propheten vorbehaltene Geschäft wird nun demokratisiert. Jedermann hat nun die Chance, ein potentieller »Seher« zu werden – vorausgesetzt, daß er eine Vision hat. Mit ihr erfindet er seine Zukunft. Das Einfallstor für diese Art industrieller Esoterik ist nicht in sozialen Nischen zu suchen. Promoter ist ausgerechnet das Wirtschaftsmanagement, das seither zumindest nach außen als Hort kühler Rationalität für die Logik der Zahl und des Wortes zu bürgen schien. Doch hier entstehen Mangelgefühle, ob da nicht etwas vergessen wurde. Wie anders ist der Eifer zu erklären, der die Führungsetagen erfaßt, wenn einer die Zukunft beim Namen »Vision« nennt?

Nicht zufällig liegen die Karrierechancen der Vision in einer Zeit, die unübersichtlich und komplex geworden ist. Das Handwerk des Rechnens, dem all die Kaufleute und Techniker ihren bisherigen Aufstieg und Erfolg zu verdanken haben, reicht alleine nicht mehr aus. Auch auf die Faszinationskraft großer Vorbilder zu warten bietet keine Perspektive. Es dauert zu lange. Die Großväter der industriellen Aufbauzeit wie Henry Ford, Thomas A. Edison, Konsuke Matsushita oder Gottlieb Duttweiler hatten zwar das, was als Erfolgsfaktor jeder Veränderung gerade heute erstrebenswert ist: eine große Sehnsucht und die Fähigkeit, diese in die Köpfe und Herzen ihrer Mitarbeiter hineinpflanzen zu können. Doch woher die Enkel nehmen, wenn die Zeit drängt?

Die Utopie ist tot, es lebe die Vision. Dieser merkwürdige Widerspruch hält eine Welt zusammen, die sich selbst als Problem hat, aber keine Lösungen mehr kennt. Mit dem Zusammenbruch des Kommunismus ist jede politische Utopie verdächtig geworden. An die einzig gültige Lösung glaubt keiner mehr; sie hat sich selbst der Totalität überführt. Ein Gesellschaftsentwurf, der die Idee der besseren Welt und des neuen Menschen durch staatliche Macht verordnen will, wird auf die historischen Kosten verwiesen. Wege, die mit Leichen gepflastert sind, werden von den Verwundeten gemieden. Und doch wird allenthalben deutlich, daß ohne ein utopisches Moment das »schlechte Leben« nicht zu ertragen ist. Anders gesagt: »Wenn der Mensch nicht mehr strebt, ist er seelisch schon tot«, wie es der Politologe Iring Fetscher beschreibt. So wird ein Ausweg aus dem Dilemma zwischen erfahrungsgeschwängerter Zukunftsverweigerung und lebensnotwendigem Zukunftsentwurf gesucht.

Wenn es die allgemeingültige Utopie schwer hat, kommen die vielen kleinen Zukünfte zu ihrem Recht. Der Begriff »Vision« steht dafür als Synonym. Eine Vision ist nicht allgemein, sondern konkret. Sie knüpft an dem an, was ist, und verweist doch darüber hinaus auf mögliche Entwicklungen. Sie ist ohne persönliche Perspektiven und Vermittlung nicht denkbar und trotzdem für Organisationen entwurfsfähig. Sie lenkt das Überschüssige der Phantasie an jenen Ort, an dem Gegenbilder zur Wirklichkeit entstehen können. Erst diese Bilder und Metaphern nämlich sind die Energieträger der Welt, die einerseits nicht mehr und andererseits noch nicht wieder weiß, wo ihr der Kopf steht.

Tatkraft durch die Macht der Ideen

Dabei kann kein asketischer Umsetzungsversuch einer von anderen allein »vorgedachten« Vision gelingen. Visionen enthalten zwar eine faszinierende Strahlkraft, aber sie müssen persönlich vermittelt und verankert sein, um wirksam zu werden. Sie können nicht delegiert werden. Das ist die Chance in einer Gesellschaft, deren Entwicklung nur im erfolgreichen Rückgriff auf das Münchhausen-Syndrom denkbar ist: Sie muß sich am eigenen Schopf aus dem Sumpf ziehen.

»Visionen zu haben heißt, sich etwas vorzustellen, was im Moment der Vorstellung weit außerhalb der Möglichkeiten zu sein scheint. Aus diesem Grund wird es auch von vielen nicht verfolgt. Aber man muß fest daran glauben, daß man zielstrebig dafür zu arbeiten für sinnvoll hält«, beschreibt Christian Dräger, Vorstandsvorsitzender der Lübecker Dräger AG, sehr pragmatisch den handlungsleitenden Wert seiner Vorstellung eines angestrebten künftigen Zustandes. Dahinter steckt die These, daß man dem Augenblick nur erwartungsvoll begegnen und ihn tatkräftig gestalten kann, wenn man die Phantasie des fernen Sehens, das Tagträumen auf eine Idee hin kultiviert hat.

Zum Leit-Bild werden Zukunftsvorstellungen, wenn sie die Kraft der Bilder entfalten können. Dazu muß gegen gewachsene Gewohnheiten verstoßen werden. Das Vordringen des rationalen Denkens wurde zum

Vordrängeln des Wortes. Doch am Anfang war nicht das Wort, sondern das Bild. Die Bilder aber wurden nach und nach ins Ästhetische abgedrängt. So mutet das Bilderdenken heute archaisch-mystisch an, im gegenwärtigen Sinne unzeitgemäß. Doch der Sieg des puren Verstandes hat seinen Preis. Der Triumph des Begriffs über die Anschauung führte, frei nach Kant, zu blinder Anschauung und leerer Begrifflichkeit. Langsam erst gewinnt das assoziativ-bildhafte Denken wieder Reputation. Mit tastenden Versuchen nähert man sich dem Fremdgewordenen. Die Tendenz zum visionären Denken ist so auch ein Rehabilitationsversuch für verdrängte Fähigkeiten des ganzen Menschen.

Visionen verankern sich im Bewußtsein, indem man sich ihrer erinnert. Sie helfen, den Weg durch unbekanntes Gelände zu gehen. Visionen geben Orientierung im Labyrinth der ungezählten Möglichkeiten. Als bildhafte Vorstellung der latenten Wünsche geben sie Ziel und Richtung. Dadurch gewinnen Visionen ihre psychologische Macht, mit der sie den einzelnen, ein Unternehmen oder die ganze Gesellschaft inspirieren können. Insofern sind die Zeiten des Umbruchs produktiv. Sie fordern und fördern den experimentellen Umgang mit sich selbst und den Problemen. Das in Visionen geprobte Bilddenken ist das emotionale Kraftwerk, auf das wirkliche Veränderungen angewiesen sind.

Historische Beispiele sind Reden von John F. Kennedy und Martin Luther King Anfang der sechziger Jahre. Ihre Bedeutung erhielten sie durch die Tatsache, daß sich in ihren formulierten Ideen das Zukunftsgefühl vieler kristallisierte. Sie waren in der Lage, latente Wünsche in der Bevölkerung zu erspüren, ihnen zur Sprache zu verhelfen und den gesellschaftlichen Aufbruch persönlich anzuführen. In der von ihnen geschaffenen und verkörperten Vision gewann die Idee die Konturen eines vorstellbaren Szenarios. Es mobilisierte, weil es intuitiv überzeugte. Es wirkte anziehend, weil es noch nicht fertig ausgedacht war. Es motivierte zum Eingreifen, weil es persönlich ein besseres Leben versprach.

Solche visionären Führer werden zwar gebraucht, doch sie allein rudern das Schiff nicht vom Fleck. Visionäres Denken gewinnt sein Mobilisierungspotential heute dadurch, daß es als eine grundsätzliche Haltung des Organisationsverhalten und damit die Zukunftssuche jedes einzelnen prägt. Sein energischer Gehalt bemißt sich an seinem Faszinationsgrad, das heißt: an seiner Überzeugungskraft, mit der es alle Beteiligten über längere Zeit mit starker Motivation versorgt und auf ein gemeinsames Ziel hin ausrichtet.

Bis in die jüngste Vergangenheit orientierte sich Unternehmensführung fast ausschließlich – und größtenteils durchaus erfolgreich – an den Prinzipien des »scientific managements«. In seiner Logik steht der Grundsatz an vorderster Stelle, daß nur zählt, was auch quantifizierbar ist. Das klassische Management konzentrierte sich dementsprechend vor allem auf Zahlen, auf Produkte, auf kausal erklärbare Prozesse und Ergebnisse.

Obgleich das »human relation movement« schon seit Beginn der dreißiger Jahre auf die Bedeutung der sozialen, emotionalen und kulturellen Faktoren für den Unternehmenserfolg verwies, kam die entsprechende Neuausrichtung des Managements in breiter Front erst in den achtziger Jahren. Von diesem Geist war auch Hans Georg Pohl, Ex-Vorstandschef Deutsche Shell AG, inspiriert, als er vor etwa zwei Jahren – noch recht vorsichtig – formulierte: »Visionen sind in aller Regel etwas für Philosophen, Religionsstifter oder Politiker. Wir Wirtschaftsmanager halten es eher mit der Kalkulation. Dennoch glaube ich, daß ein wenig mehr visionäres Denken und daraus abgeleitetes Handeln den Verantwortungsträgern der Wirtschaft gut anstünde.«

Seitdem sind die Herausforderungen weiter gestiegen: Technische Neuerungen und technologische Sprünge folgen in immer kürzeren Zeitspannen aufeinander, viele Märkte geraten im Rahmen einer beschleunigten Globalisierung in Turbulenzen. Geschwindigkeit und Veränderungsfähigkeit werden zu kritischen Erfolgsfaktoren von Unternehmen. Die Schlagworte »Speed-Management«, »Change-Management« oder »Learning Organization« sind Ausdruck des Versuchs, neue Steuerungshilfen zu finden. Die Zeit ist knapp geworden. Der rasante Prozeß der Produkt- und Imageerneuerung erfordert immer schnellere Reaktionen im Markt. Die Zeit, die beansprucht wird, ist immer zuviel Zeit. Woher also Zeit nehmen?

Die Schatzfahrt findet im Kopfe und in den Sinnen statt. Sie gilt nicht mehr der Ausgrabung des schon Verschütteten, also dem *Nach-Denken* des Vergangenen, sondern der Entdeckung des Neuen als dem *Vor-Stellen* des Zukünftigen. Damit verschieben sich die historischen Gewichte. Bisher war die Lebensorientierung auf die Vergangenheit bezogen. In diesem Zeithorizont kam den individuellen und kollektiven Erfahrungen ein hoher Stellenwert zu. Mit dem zunehmenden Sog innovationsträchtiger Erneuerung eignet sich nun Vergangenes immer weniger als Rückhalt und Entscheidungsbasis für das Handeln im Management. Visionen provozieren aktives Denken. Der Blick wendet sich nach vorne. Damit besitzen sie die Kraft, die Einstellung des »wait and see« zu überwinden. Sie demonstrieren für etwas, was noch nicht ist, aber sein soll.

Zeit wird gewonnen, indem Zukunft kreiert wird. Man plant heute für einen Zustand, den man einmal erreichen will. Dies bedeutet, sofort anzufangen. Diese veränderte Perspektive schafft Zeit, indem sie Zukunft operationalisiert und verfügbar macht. Die Zukunft ist damit nicht mehr das ferne Land »Utopia«, in das sämtliche Wünsche und Hoffnungen projiziert werden. Zukunft beginnt in der Gegenwart. Sie wird zum Handwerkszeug, zum profanen und technokratischen Planungsmittel.

Hier und heute soll dem Problemdruck begegnet werden, der auf der Gesellschaft und den Unternehmen lastet. Es ist der verzweifelte Versuch, trotz aller Unsicherheiten und ungewissen Folgewirkungen handlungsfähig zu bleiben. Dazu wird in erster Linie flexibles Handeln notwendig. Starre Organisationen mit langen Entscheidungswegen haben keine Chance. Unter diesen Bedingungen ist eine Fähigkeit zur »methodischen Improvisation« (Gerd Gerken) gefragt. Improvisation verzichtet zwar auf Vorbereitung, verlangt aber gerade deshalb – will sie gelingen – verläßliche Ordnungsprinzipien und konstante Leitwerte. Diese können aber weder semantisch noch operational auf der Ebene einer langfristigen Planung liegen. Benötigt wird eine Art Leitstern, der über den Turbulenzen der Märkte eine dauerhafte Orientierung gewährt. Er hat in einem Unternehmen zwei Funktionen:

- Als Fixpunkt sorgt er für Handlungsorientierung und Handlungskohärenz.
- Als Wunschbild ist er die Quelle für persönliche Motivation und soziale Energien.

In einer Welt, in der Geschwindigkeit zum Überlebensfaktor wird, gewinnen bildhafte Zukunftsperspektiven nicht zuletzt durch diese Funktionen der Handlungsorientierung und Motivierung erheblich an Bedeutung. Die neue Bilderwelt ist funktional. Sie nutzt das ganzheitliche Denken in Bildern: Ein einziger Blick genügt, um zu sehen, was ist. Das bildhafte Denken ist der weitschweifigen begrifflichen Anstrengung überlegen. Es ist kürzer und schneller.

Wir leben heute in der Zeit der vielen Möglichkeiten – anything goes. Die Erosion traditioneller, quasi »natürlicher« Ordnungen schafft neue

Spielräume. Das, was sozial scheinbar ein für allemal gültig schien oder religiös selbstverständlich gewesen ist, erodiert zusehend. Die neugewonnenen Freiheiten üben aber nun selbst Zwang aus. Sie zwingen dazu, sich immer wieder umzuschauen, auszuwählen und selbst neu zu entscheiden. Mit dieser neugewonnenen Freiheit nehmen aber auch die Unsicherheiten zu.

Der Lernbedarf ist gewaltig. Es zählt, wer die Selbstorganisation besser beherrscht. Dies gilt nicht nur für Personen, die ohne detaillierte Anweisungen das Richtige tun können müssen, sondern auch für Unternehmen als Ganzes. Das erfordert eine Führung auf der zweiten Ebene. Der Weg ist so zu weisen, daß Mitarbeiter sich selbst motivieren, sich selbst kontrollieren und selbst entscheidungsfähig sind. Grundlage solcher Selbststeuerung ist ein selbständiges rationales, ästhetisches und moralisches Urteilsvermögen. Sie überfordert all jene, denen kein klares erstrebenswertes Ziel vor Augen steht.

Die Vision ist die Metaebene, von der aus die Wirklichkeiten auf ihre Kohärenz mit dem gemeinsamen Wollen und ihre Wirkung auf die Selbstorganisation hin interpretiert werden können. Die Vision bestimmt also nicht die Inhalte der Wirklichkeit, sondern die Interpretation dieser Inhalte auf der Grundlage der gewünschten Zukunft.

Beim visionären Management dreht sich alles um die Optimierung der Selbstorganisation. Sein Paradigma ist die Entwicklung. Ihm geht es weniger um das Erreichen starrer Ziele als um die Fähigkeit permanenten Veränderns. Visionen engen Handlungsspielräume nicht ein, sondern erweitern sie. Als ideelles Ordnungsprinzip nehmen sie die Angst, unvorbereitet und unüberlegt das Falsche zu tun, und geben Sicherheit, Neues zu probieren. Die Vision erweist sich in diesem Sinne als eine Bedingung von Selbstorganisation, also der Fähigkeit, ohne konkrete Detailanwendung sinnvoll zu handeln. Selbstorganisation zu managen heißt darüber hinaus, den einzelnen Mitarbeiter und Gruppen diejenigen Daten, Ressourcen und (Geschäfts-)Ziele an die Hand zu geben, die sie benötigen, um sich selbst zu motivieren, selbst zu steuern und selbst zu kontrollieren. Kurz: Selbstorganisation zu managen bedeutet, lediglich das zu steuern, was andere sich selbst steuern läßt.

Wo der Wandel die Konstante ist, wird Unsicherheit zum Problem und Veränderung zum Programm. Veränderung erfordert jedoch Planung. Change-Management meint somit – sofern es sich nicht im bloßen Prognostizieren des Kommenden erschöpfen soll – vor allem Planungsmanagement. Als solches benötigt es ein vorausschauendes, vorwegnehmendes Denken. Da Visionen dafür einen sinnhaften Bezugsrahmen bilden, dienen sie im Veränderungsmanagement als zentrales operatives Planungsinstrument. Sie nehmen jene Selektionsfunktionen wahr, die für alle aktiven Veränderungsplanungen deshalb so wichtig sind, weil mit ihnen die Erwartungssicherheiten erhöht und damit Unsicherheiten reduziert werden. Jedes Veränderungsmanagement ist herausgefordert, das Paradox zu bewältigen, Sicherheit in der Unsicherheit zu finden. Visionen sind dazu ein Mittel, weil sie Wege nicht festschreiben, sondern ein flexibles Reagieren auf veränderte Situationen mit einbeziehen. Immer weniger steuert die Führung des Veränderungsprozesses konkrete Handlungen. Aufgabe ist es, »nur« die Bedingungen zu schaffen, unter denen Erneuerung möglich wird. Change-Management in diesem Sinne zielt nicht direkt auf das Verhalten des einzelnen, sondern optimiert die Selbstorganisation des Verhaltens. Die Vision ist dabei ein unverzichtbares Instrument; nur von ihr aus kann er die den »fließenden Zielen« sich anpassenden strategischen Schritte entwerfen. Die strukturelle Modernisierung des Produktionsprozesses klappt nur in der Freisetzung und Entwicklung selbsteingelagerter Fähigkeiten wie Innovationsbereitschaft, Verantwortungsübernahme, Selbstverpflichtung und Risikobereitschaft.

Anweisungen, Anordnungen, Soll-Pläne und ähnliches mehr verzichten nicht nur auf die Kraft der Selbstmotivation, sie zerstören diese geradezu. Auch strategische Ziele stehen vor dem Problem unzureichender sozialer Veränderungsenergie. Sie setzen nur selten direkt das Engagement der Mitarbeiter frei. Eine Vision hingegen schafft einen akzeptierten Zugang zur Emotion und gibt ihnen eine Ausdrucksmöglichkeit. Visionen entwickeln jene Begeisterungsfähigkeit, die gleichermaßen überrascht wie fasziniert. Damit wird im Dschungel der Gefühle, die im Unternehmen offiziell keine Rolle spielen, aber gleichwohl mannigfaltig wirken, eine Schneise zugänglich. Die vielfach ignorierte Gefühlsebene setzt im Visionsprozeß akzeptierte Akzente: Emotionen können positiv fokussiert werden, der Blick auf die Zukunft macht sensibel für neue Wahrnehmungen des gegenwärtigen Zustands, Sinn wird auch emotional verankert. Verwoben mit klaren Leistungsanforderungen der Führungsspitze, wird die Vision zur tragenden Säule des Change-Managements.

Die Verknüpfung von Wunschbild und Wirklichkeit, die Herstellung einer »creative tension« (Peter M. Senge) zwischen Vision und Realität ist methodische Bewußtseinsarbeit. Sie ist die ergänzende »weiche« Antwort auf die noch immer vorherrschende Tendenz, die »harten« Instrumente des Managements (Organisationsstruktur, Fertigungsabläufe, Kostencontrolling usw.) flexibler und schneller zu gestalten. Mit Hilfe von Visionen führen Veränderungen nicht mehr zur Auflösung und Ordnungslosigkeit, sondern zu Lernprozessen. Erst die Verknüpfung von Lernen und Ent-Lernen garantiert eine dem Wirklichkeitsfluß angemessene Anpassung an veränderte Gegebenheiten. Visionäres Management ist somit auch Change-Management. Es dient als Fundament einer erfolgreichen Bewältigung unvorhersehbarer Herausforderungen und wird zur Bedingung langfristigen unternehmerischen Überlebens.

Gemeinsame Ziele durch Visionen

Bislang war die Basis der unternehmerischen Handlungsorientierung die Vergangenheit, also die in der Führung des Unternehmens versammelten Erfahrungen. Mit der zunehmenden Alterung des Bestehenden und den technologischen »Quantensprüngen« aber eignet sich Vergangenes immer weniger zur Deutung und Bewältigung des Kommenden. Die Aufgabe der Managementführung heißt deshalb heute, die Zukunft quasi »von hinten her« zu sehen und zu denken und Strategien entsprechend auszulegen.

Während die klassische Unternehmensstrategie auf die Wertmehrung des unternehmerischen Leistungs- und Produkt-Portfolios hin ausgerichtet ist, entsteht aus der Vision der Wunsch nach Veränderung. Unternehmensvisionen durchdringen das unternehmerische Handeln nicht nur mit einer faszinierenden, von allen getragenen Leitidee, sondern dienen als Verständigungsgrundlage eines gemeinsamen Zieles auch der langfristigen Wert- und Vorteilsmaximierung. Unternehmensvisionen bauen auf dem Bestehenden auf und versuchen, Probleme von wirtschaftlicher, technischer oder gesellschaftlicher Bedeutung auf neuartige Weise zu lösen und damit einen Beitrag für die Allgemeinheit zu leisten. Die Vision eines Unternehmens orientiert sich dabei nicht bloß an ökonomischen Interessen oder Grundsätzen, sondern bezieht ihre Faszination immer auch aus einer allgemein geteilten Sehnsucht. Sie bricht – wo nötig – mit traditionellen Vorgehensweisen ebenso wie mit bestehenden Normen und entwirft damit etwas grundlegend Neues.

In einer zweckorientierten Welt sind Unternehmensvisionen Reflex insbesondere auf jene Defizite, die durch die Trennung von Kopf und Bauch entstehen. Betrachtet man nun aber das, was immer mehr Unternehmen heute als ihre Vision definieren, so wird deutlich, daß selten mehr dahintersteckt als ein vager Begriff, in den beliebige psychologische und kulturelle Muster oder wirtschaftliche Zielvorstellungen hineininterpretiert werden können. *Pars pro toto* möge hier das »Vision-Statement« der Bertelsmann-Gruppe stehen: »Wir haben eine Vision von Bertelsmann an der Schwelle zum nächsten Jahrtausend, die vorrangig von qualitativen Elementen geprägt ist. Wir möchten eine anerkannt ›excellent company‹ mit breiter Programmpalette, pluralen Medieninhalten und weltweitem Tätigkeitsfeld sein. Bertelsmann 99 – ein Unternehmen, in dem kompetent, professionell und innovativ gearbeitet wird, wo zuverlässig handwerkliches Können mit kreativer Gestaltungskraft und Management-Enthusiasmus zusammenkommen. Ein Unternehmen, das die operationale Tagesarbeit auf strategische Weitsicht aufbaut und wo gesellschaftspolitische Sensibilität und soziale Phantasie zu beispielhaften inneren Strukturen und zu motivierender Unternehmenskultur geführt haben.«

Bei diesem Beispiel einer nur geschriebenen Vision fällt auf, daß sie sich an den bereits im Alltagsgeschäft eingeschlagenen Richtungen orientiert und daher kaum von andernorts formulierten »Leitlinien« unterscheidet. Es fehlt das Faszinierende, das Bahnbrechende, die übergeordnete Idee. Wo ist das Bild, das wirkt, an das man sich erinnert, auch wenn man nicht daran denkt?

Im Unterschied zur Unternehmensmission, welche vorwiegend gegenwartsbezogen ist, befaßt sich die Unternehmensvision mit dem Gewollten, dem Möglichen und der Bewältigung des Zukünftigen. Dabei sieht sie nicht nur das Ziel, sondern – zumindest in groben Zügen – auch den Weg, der dorthin führt. Sie baut auf dem bereits Vorhandenen auf und zeigt den von ihr avisierten zukünftigen Zustand als erreichbar.

Die Verwirklichung einer Vision kann nicht erzwungen werden. Unternehmensvisionen gedeihen nur in einem Klima der Offenheit, der störungsfreien Verständigung und der konstruktiven wechselseitigen Kritik. Hierzu bedarf es vieler kleiner Schritte. Aus den Köpfen weniger entsprungen, leitet die Vision in selbstorganisierten Gruppen ein Verfahren von Versuch und Irrtum ein, das zum Modell eines allgemein sinnvollen Vorgehens wird. Die Vision ist somit die Besinnung auf das

Veränderungsprinzip, jenes Prinzip also, das Erstarrung vermeiden will und das sich bewußt ist, daß nichts währt außer dem Wandel.

Weil unternehmerischer Erfolg – auf Dauer – nur gesichert werden kann, wenn das Bestehende durch die Suche nach dem Besseren ständig in Frage gestellt wird, braucht die Managementführung Visionen. Sie sind nämlich die ideelle, kreative Verneinung des Bestehenden, das klare Bild einer ersehnten Zukunft. Visionen zu verwirklichen heißt also mehr als Realisierung konventioneller Konzepte oder die Optimierung des Vorhandenen, heißt: Mut zur Phantasie, zur innovativen Idee, zur Veränderung. Zukunft fällt nämlich nicht wie eine reife Frucht vom Baum. Sie geschieht nicht einfach, sondern sie muß zweimal mit Arbeit hervorgebracht werden: einmal im gedanklichen Weckruf und ein zweites Mal in der praktischen Überführung. Echte Zukunft macht nicht das aus, was bereits war und damit nur wiederholt wird. Sie ist wesensmäßig gerade das Neue, noch nicht Dagewesene, noch Unwiederholte.

Ob eine Unternehmensvision schließlich verwirklicht wird, hängt vor allem von der Stärke der Sehnsucht und vom festen Willen der Betroffenen ab. Denn: Ist Zukünftiges erst einmal zum Willen geworden, findet sich auch ein Weg – getreu dem Motto: Was wir nicht erreichen, haben wir nicht richtig gewollt. Ein Wille hat nichts Weiches, er läßt sich in den Worten des Philosophen Ernst Bloch »von keinem Gewordensein überstimmen«. Seine Stärke geht von der Sehnsucht aus: »Es soll so sein, es muß so werden« (Ernst Bloch). Visionen helfen unserem Willen auf die Sprünge.

Management des Umweltschutzes

Herausforderung an Organisation und Motivation

Heinz W. Adams

Umweltschutz bietet Chancen und Risiken. Während manche Unternehmen die Wirtschaftlichkeit durch Umweltschutz gefährdet sehen, berichten schon die ersten Unternehmen, daß Umweltschutz Gewinn bringt. Auf jeden Fall kostet Umweltschutz zunächst Geld; Investitionen in Technik, Organisation und Menschen sind erforderlich. Will man Chancen und Risiken durch Umweltschutz weitgehend ausgleichen, muß überlegt werden, wie die knappen Ressourcen, vor allem Kapital, optimal eingesetzt werden können. Die Entscheidungen dazu müssen sorgfältig vorbereitet sein.

Vor diesem Hintergrund werden Rufe nach guten betriebswirtschaftlichen Kriterien laut, weil sie in der Vergangenheit fehlten. Sie entstehen erst jetzt und werden zukünftig noch weiter verfeinert werden.

Mit der Öko-Nutzen- und der Öko-Wert-Analyse werden zwei Instrumente zum besseren Einsatz der knappen Ressourcen entwickelt. Das Öko-Controlling stellt einen umfassenden Ansatz zur Handhabung des Umweltschutzes aus ökonomischer Sicht dar. Ebenso bedeutend ist die auf der Managementebene angesiedelte Frage nach der Organisation des Umweltschutzes. Darüber hinaus bildet präventiver Umweltschutz eine wichtige Basis des unternehmerischen Risk-Managements. Zur wirksamen Umsetzung eines Umweltschutzsystems im Unternehmen müssen auch die »weichen« Motivationsfaktoren berücksichtigt werden.

Die Betriebswirtschaftslehre hat – auch nach den Aussagen von Lehrenden – den Umweltschutz zu spät als Arbeitsgebiet entdeckt, dies erklärt auch den Wildwuchs von Öko-Bilanzen, Produktlinienanalysen, Controlling und allgemeinen Kosten-Nutzen-Betrachtungen. Gerade erst entstehen einheitliche Konzepte; es wird noch Jahre dauern, bis es allgemein anerkannte Regeln für das Erstellen einer Öko-Bilanz gibt. In der Zwischenzeit greift man deswegen in den Unternehmen zurück auf altbewährte Instrumentarien aus anderen Bereichen und adaptiert sie für den Umweltschutz; so entsteht aus der Nutzen-Analyse die Öko-Nutzen-Analyse und aus der Wert-Analyse die Öko-Wert-Analyse.

- Mit der Öko-Nutzen-Analyse wird ein Ansatz gewählt, um die knappen Ressourcen möglichst optimal zur Verbesserung des Umweltschutzes einsetzen zu können. Schließlich soll die Verteilung der Mittel nicht unwirksam nach einem Gießkannenprinzip erfolgen, sondern zielgerichtet und effektiv zur Lösung der drängendsten Probleme im Umweltschutz.
- Während die Öko-Nutzen-Analyse zur Auswahl von möglichen Umweltprojekten unter Einsatz der vorhandenen und nur begrenzten Mittel dient, hilft die Öko-Wert-Analyse im konkreten Umweltprojekt. Ein Produkt, ein Verfahren, eine Produktionsanlage oder eine Umweltschutzkomponente wird zumeist als ein Umweltschutzkostenblock betrachtet, den es zu minimieren gilt. Die Öko-Wert-Analyse betrachtet die Funktionen des Untersuchungsobjektes und weist den Funktionen nach festgelegten Kriterien die anteiligen Gesamtkosten zu. Daraus ergeben sich Prioritäten und entsprechende Kataloge.
- Wie zu erwarten war, hat das Controlling jetzt auch den Umweltschutz entdeckt. Es wäre wünschenswert, wenn alle relevanten Daten über Kosten im Umweltbereich vorlägen und den Hierarchiestufen im Unternehmen entsprechend hoch verdichtete Informationen für kostenbasierte Entscheidungen im Umweltschutz angeboten werden können, um die Zukunft des Unternehmens zu sichern.
  So wäre es gut, wenn die verschiedenen Kosteninformationen nach Anlagenart, zum Beispiel Galvanik, Pressereien, Lackierereien, und nach Medienart, zum Beispiel Luft, Wasser, Abfall, vorhanden wären. Dazu gibt es in den Unternehmen nichtvernetzte Dateninseln. Es ist daher notwendig, über Ist-Aufnahme und Analyse vorhandener Daten und der Bedürfnisse der Anwender zu einem Umweltschutz-Controlling-Konzept des Unternehmens zu kommen. Dieses Konzept kann dann umgesetzt werden und bietet der Unternehmensführung eine Datenbasis für kostenbasierte Entscheidungen zum Umweltschutz.

In den Zeiten einer schwächer werdenden Konjunktur einerseits und aufgrund steigender gesellschaftlicher Anforderungen zum Umweltschutz andererseits werden Kosten – und damit letztlich Marktchancen – in einer Systematisierung des Umweltschutzes im Unternehmen gesehen. Dies gilt auch für das Einführen von Präventivmaßnahmen, um Pönalisierungen der Gesellschaft im Strafrecht, Zivilrecht und öffentlichen Recht vorbeugen und gegebenenfalls entgehen zu können.

Unternehmen müssen Umweltschutz umsetzen

Umweltschutz ist längst zu einer der Aufgaben jeder Volkswirtschaft geworden, damit auch unserer. Die Konsequenzen für die Unternehmen sind in zweierlei Hinsicht zu sehen: Systeme für den Umweltschutz einerseits und präventative Maßnahmen im Hinblick auf die Umwelthaftung beziehungsweise andere Haftungsprobleme andererseits. Daraus folgen notwendige unternehmerische Entscheidungen, damit die Unternehmen wachsenden und schärfer werdenden Anforderungen sicher begegnen können.

Doch zunächst zur Systematisierung des Umweltschutzes, nämlich der Durchsetzung von Umweltschutzmaßnahmen im Unternehmen; dieses Ordnen der Aufgaben wird heute als Umweltschutz-Management bezeichnet. Dabei sind drei Aspekte zu beachten.

1. Ein erster Aspekt des Umweltschutz-Managements ist zeitlicher Art. Umweltschutz war ganz früher nur ein Thema von Sonntagsreden, von Wahlaussagen und politischen Programmen. Heute ist Umweltschutz in den Unternehmen machbar geworden, kann also gemanagt und im Unternehmen umgesetzt werden. Umweltschutz-Management wurde entwickelt für Produkte und Produktionsanlagen. Produkte werden in Produktionsanlagen hergestellt; Umweltschutz muß sowohl in die Produkte als auch in die Produktionsanlagen vorbeugend integriert werden. Es muß sich dabei um eine echte Integration handeln, nicht nur um eine End-of-the-pipe-Umweltschutz-Addition, sondern um einen Begin-of-the-pipe-Umweltschutz.

Konkret: Schon in der F&E-Phase für Produkte und Produktionsanlagen muß ein Haltepunkt eingelegt werden, der es ermöglicht, über die Umweltverträglichkeit des Produktes und der Produktionsanlage nachzudenken. Dieses Vorgehen muß selbstverständlich organisiert sein. In allen Phasen des Lebenszyklus von Produkten und Produktionsanlagen muß vorausschauend der Umweltschutz betrachtet werden; dies bedeutet, daß schon in der F&E-Phase über die Entsorgung von Produkten und Produktionsanlagen nachgedacht wird.

2. Ein zweiter Aspekt zur Systematisierung des Umweltschutzes zielt auf die einzelnen Funktionen im Unternehmen ab. Alle Funktionen im Unternehmen – Einkauf, Produktion, F&E, Aus-/Weiterbildung – sind

dahingehend zu überprüfen, ob sie aufgrund der neuen Umweltschutzanforderungen neu bewertet werden müssen. Umweltschutz findet nicht nur in der Produktionsanlage bei der Produktion der Produkte statt, sondern auch beim Einkauf, beim Transport oder bei der Entsorgung. Aber auch die notwendige Motivation der Mitarbeiter zum Umweltschutz im Unternehmen muß in der Funktion Personalwesen, konkret Aus- und Weiterbildung, organisiert werden. Alle Funktionen müssen überprüft werden, inwieweit sie vom Umweltschutzgedanken tangiert werden. Umweltschutz beeinflußt sämtliche unternehmerischen Funktionen.

3. Ein weiterer Aspekt des Umweltschutzes ist ganz offensichtlich, nämlich die hierarchische Dimension der Umsetzung des Umweltschutzes im Unternehmen. Leitlinien zum Umweltschutz sind unerläßliche Bekundung des unternehmerischen Willens, ein umweltbewußtes Unternehmen in einer umweltbewußten Gesellschaft zu sein.

Dieses mag in der Vorstandsrunde einhellige Meinung sein; die Umweltleitlinien werden von allen Organmitgliedern getragen. Aber: Was hilft die Leitlinie dem Mitarbeiter vor Ort, zum Beispiel bei Instandsetzungsarbeiten im Kabelkanal oder unter Abschmierbühnen? Hier werden Lösungsmittel benutzt, es werden Putzlappen benötigt, es fallen Altöl und Schmieraltöl an. Die Mitarbeiter müssen wissen, wie sie konkret mit den einzelnen Stoffen umgehen müssen. Daher sind die Umweltschutzleitlinien – je nach Größe des Unternehmens – um mehrere Stufen »herunterzubrechen« und es muß – gegebenenfalls über eine Zwischenstufe der Richtlinien – eine konkrete Arbeitsanweisung für den Umweltschutz vor Ort geben.

Hier, am Arbeitsplatz, ist der »point of environmental protection«; hier wird die Umwelt gefährdet beziehungsweise geschützt. Ähnlich wie die Unternehmenden Umsatz am »point of sale« machen, müssen die Unternehmen den Umweltschutz am »point of environmental protection« realisieren, das heißt vor Ort. Hier muß durch technische, organisatorische und bewußtseinsbildende Maßnahmen sichergestellt sein, daß die Umwelt konkret durch korrekte Ausführung der Arbeitsanweisungen geschont wird.

Über ausgefeilte Anweisungen als Push-Mechanismen müssen die Mitarbeiter zum Umweltschutz »gedrückt« werden, ihre Motivation, die durch das Unternehmen gefördert wird, muß die Mitarbeiter zum Umweltschutz über Pull-Mechanismen »ziehen«.

Regelungsmechanismus eines Umweltschutzsystems

Diese Umweltschutzaspekte werden mit technischen, organisatorischen und Motivationsmaßnahmen realisiert. Die technischen Maßnahmen sind mittlerweile unstreitig eingeführt, zum Beispiel Ölauffangwannen sind schon überall vorhanden.

Organisationskonzepte zum Umweltschutz-Management befinden sich gerade in der Entwicklung. Hier werden Erfahrungen und Prinzipien aus der Qualitätssicherung übernommen, zum Beispiel eine spezifische Aufbau- und Ablauforganisation zum Umweltschutz. Die Forderung nach Übertragung der Prinzipien der Qualitätssicherung auf den Umweltschutz findet sich in der Literatur immer häufiger. Qualitätssicherungssysteme entwickeln sich zu einem Stand der Technik der Organisation auch im Bereich Umweltschutz.

Als Beispiel für die Tendenz kann die Öko-Verordnung der EG dienen, die konkrete Hinweise zum Management des Umweltschutzes gibt (siehe Abbildung 1). Sie enthält »Gute Managementpraktiken des Umweltschutzes (Ähnliches ist bekannt aus der Pharma als »Good manufactoring practice«). Darüber hinaus wird in der Öko-Audit-Verordnung darauf hingewiesen, daß das Umweltschutzinstrumentarium zu gestalten ist nach den Erfordernissen der EN-Normen 29 000 ff. zu Qualitätssicherungssystemen, die wortgleich sind zu der DIN ISO 9 000er Reihe zur Qualitätssicherung – so in der Fassung März 1992. In der neuen Fassung (Ende 1992) ist der Hinweis auf die EN 29 000 ff. nicht mehr enthalten, sondern dafür ein Hinweis auf eigenstaatliche Normen. Dies ist zur Zeit British Standard 7 750; eine einzelstaatliche deutsche Norm entsteht zur Zeit im NAGUS-Projekt des DIN. Inhaltlich hat sich nichts geändert, da der Regelungsinhalt gleich ist.

Es gibt weitere direkte Parallelen zum Qualitätssicherungssystem, wo es akkreditierte Zertifizierungsgesellschaften gibt, die den Unternehmen bestätigen, daß sie ein Qualitätssicherungssystem haben, das konform zum Regelwerk ist. Dies kommt jetzt auch für Umweltschutzsysteme, die über die Öko-Audit-Verordnung von unabhängigen Dritten auf Konformität mit dem externen Regelwerk geprüft werden können.

Eine weitere Konsequenz der Öko-Audit-Verordnung besteht darin, daß immer mehr Unternehmen von ihren Auftraggebern gezwungen werden, Umweltschutzsysteme einzuführen und dieses nachweisbar zu machen. Dazu werden interne Audits durchgeführt, diese sind integraler

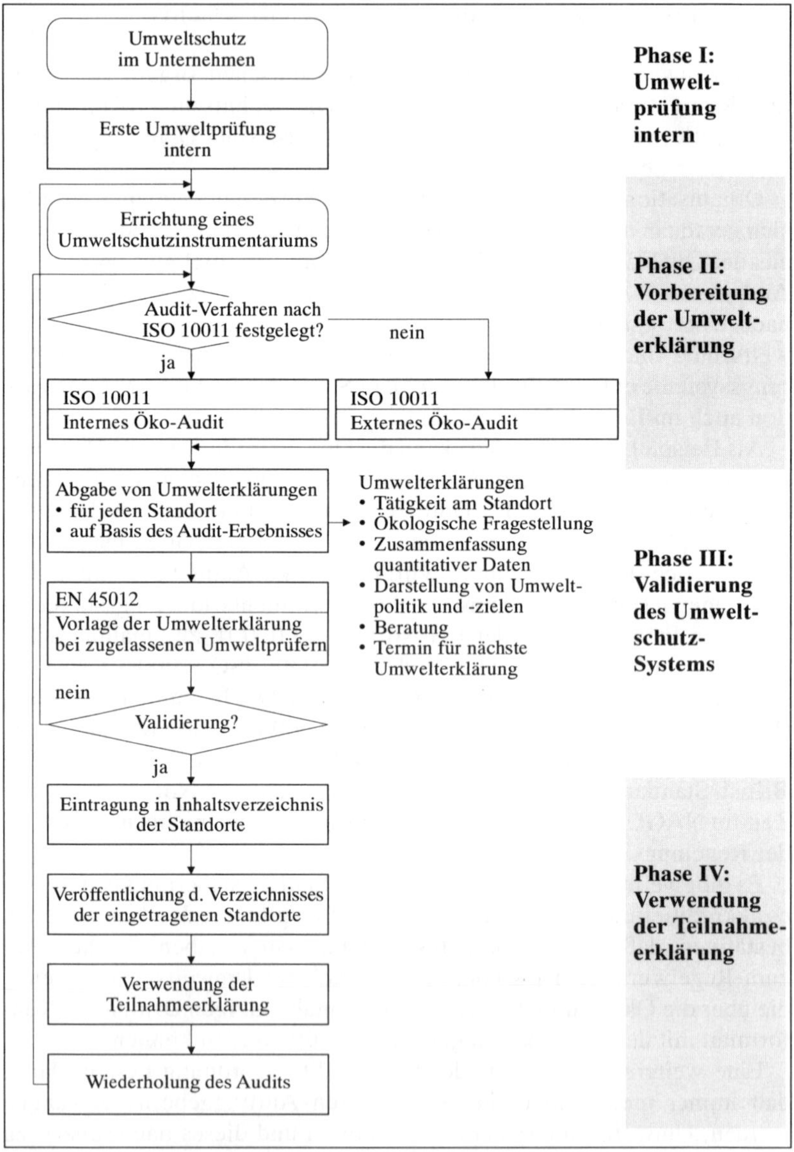

Abbildung 1: Maßnahmen zur Umsetzung der Öko-Audit-Verordnung

Bestandteil des einzurichtenden Umweltmanagementsystems. Auch Auftraggeber auditieren mittlerweile ihr Bestreben im Umweltschutz; sie verlangen Umweltschutzsysteme mit integrierten betriebseigenen Audits. Letztlich werden im Öko-Audit-System die Umweltmanagementsysteme auf Konformität mit dem externen Regelwerk (DIN ISO-Regelwerk oder eigenstaatliche Norm) geprüft, das heißt validiert. Auch hier werden interne Audits als integraler Bestandteil der zu validierenden Umweltschutzsysteme vorausgesetzt.

Ähnliche Ketten wurden für Lieferungen und Leistungen im Rahmen von Qualitätssicherungssystemen aufgebaut. Insoweit ist die vorgesehene freiwillige Teilnahme am Öko-Audit-System natürlich nicht freiwillig. Markt, Konkurrenz und Großabnehmer zwingen zur Teilnahme am freiwilligen System.

Rechtliche Anforderungen an die Konstruktion eines Umweltschutzsystems

Zur Zeit gilt nur in der Bundesrepublik Deutschland das Umwelthaftungsgesetz, es wird jedoch in absehbarer Zeit in Europa ähnliche Regelungen geben. Gemäß dem Umwelthaftungsgesetz wird bei uns aufgrund der verschuldensunabhängigen Gefährdungshaftung vermutet, daß bestimmte Anlagen Umweltschäden verursacht haben können. Sofern die Betreiber der Anlagen der Auffassung sind, daß dies nicht ursächlich geschehen ist, müssen sie den bestimmungsgemäßen Betrieb ihrer Produktionsanlagen gemäß § 6, Absatz 2, 3 Umwelthaftungsgesetz nachweisen. Dieser bestimmungsgemäße Betrieb ist der Betrieb im Rahmen aller Genehmigungen und Auflagen. Wenn man also nicht unter die verschuldensunabhängige Gefährdungshaftung der Umwelthaftung fallen möchte, muß man zum Beispiel sämtliche Auflagen nachweisbar erfüllt haben. Das Umwelthaftungsgesetz sieht auch vor, daß Geschädigte sich an Behörden und Betreiber wenden können, um Auskunft zu erhalten, welche Auflagen zu beachten waren und wie diese Auflagen im Unternehmen beachtet wurden.

Unversehens hat der Umweltschutz etwas mit Auflagenerfüllung und Behörden zu tun. Dies erfordert neue Maßnahmen. Das Genehmigungsverfahren wird in manchen Unternehmen in der Rechtsabteilung oder von Immissionsschutzbeauftragten betrieben, in manchen Unternehmen sollen sogar die Produktionsleiter bewußt nicht erfahren, welche Auflagen sie zu beachten haben, damit sie nicht »unsicher« werden.

Dies ist natürlich völliger Unsinn. Das Umwelthaftungsgesetz droht mit Schadenersatz-Höchstsummen von bis zu jeweils 160 Millionen DM für Personen- und Sachschäden. Die Produktionsleiter »riskieren« sozusagen 320 Millionen DM, wenn sie ihre Anlage nicht im genehmigten Bereich betreiben. Gerade das Beispiel der Nichterfüllung von Auflagen zeigt auf, daß es Ärger mit Behörden, Ermittlungsbehörden, Haftungsprozessen, Versicherungen geben kann.

Das Umwelthaftungsgesetz ist aber nur eine der rechtlichen Rahmenbedingungen, die zum Umweltschutz zwingen. Nur zur Vervollständigung sollen hier weitere Anforderungen an die »Konstruktion« von Umweltschutzsystemen kurz dargestellt werden. Für die Unternehmen gilt ganz allgemein die Organisationshaftung in Zivil- und Strafrecht, bei der die Unternehmen im Wege der Beweislastumkehr nachweisen müssen, daß sie auch zum Umweltschutz ihre Mitarbeiter ordentlich angewiesen, ausgewählt und überwacht haben, indem Aufgabe, Kompetenz und Verantwortung von der Unternehmensleitung durchdelegiert wurde bis zu den ausführenden Mitarbeitern vor Ort.

Die Produkthaftung und die Produktionsanlagenhaftung (Stichwort: Kupolofen-Urteil des BGH) zwingen ebenfalls zu einer festgelegten Aufbau- und Ablauforganisation der Unternehmen, die im Haftungsfalle nachgewiesen werden muß. Dabei decken die Qualitätssicherungssysteme nicht die ganzen Anforderungen zur Entlastung aus der Rechtsprechung zu Produkthaftungsfällen ab, so daß Qualitätssicherungssysteme nur einen Teil der Sicherheit bieten.

Interessant ist seit dem Lederspray-Urteil die Entwicklung im Strafrecht, wo man immer mehr dazu übergeht, Ermittlungsverfahren gegen Verantwortliche im Unternehmen, sprich: Geschäftsführungen oder Vorstände, zu richten, da im Wege der Verantwortungsaddition zunächst vermutet wird, daß die Unternehmensleitung zum Beispiel Umweltschäden im Strafrecht zu vertreten hat. Die Bedeutung des § 13 Strafgesetzbuch (Unechte Unterlassungsdelikte) wird zur Zeit immer mehr den Führungskräften bewußt. Auch interessante Aussagen zur Schuld, wie zum Beispiel »billigend in Kauf nehmen« gleich vorsätzlich handeln, werden immer bekannter. In Produktionsbetrieben fordert die Rechtsprechung von jedem verantwortlichen Mitarbeiter das Gewissen eines »umweltbewußten Rechtsgenossen«.

Gerade große Unternehmen haben sich in den letzten Jahren zunehmend bemüht, ihre Vorstände und Geschäftsführer aus Ermittlungs- und Strafverfahren herauszuhalten. Dadurch sind im Wege der Einstellung nach § 153 a Strafprozeßordnung erhebliche Beträge teils an die Staatskasse, teils an die Anwälte geflossen. Bekannte Strafverfahren gegen Unternehmensleitungen haben Anwaltskosten in mehrfacher Millionenhöhe verursacht; auch dieses wird mittlerweile als Risiko von den Unternehmensleitungen erkannt. Es wird vorbeugend gehandelt, um die Führungskräfte und die Unternehmensleitungen aus der Haftungssituation unkontrollierter Art herauszuhelfen.

Strategieentscheidung: Umweltschutz-Management

Umweltschutz-Management ist eine strategische Entscheidung der Unternehmen. Selbst in einer schwächer werdenden Konjunktur kann es sich ein Unternehmen nicht leisten, über die Anforderungen des Umweltschutzes hinwegzusehen. Umweltschutz ist heute ein Gesellschaftsziel mit einer immer stärkeren Bedeutung. Die Gesellschaft wird die Unternehmen vermittelt über Markt- und Rechtsmechanismen sanktionieren, sofern diese Umweltschutzmaßnahmen unterlassen. Zukunftsausgerichtete Unternehmen hingegen werten den Umweltschutz auf und nutzen sein Rationalisierungspotential, etwa beim Einsatz von Energie. Aussterben werden die Unternehmen, die meinen, mit Umweltschutz werben zu können, ohne ihn auch im Unternehmen umzusetzen.

Diese Einflüsse und Trends führen zu gut strukturierten Umweltschutzsystemen in jenen Unternehmen, die über eine festgelegte Aufbau- und Ablauforganisation des Umweltschutzes als integralen Bestandteil einer auch sonst optimal geführten Organisation verfügen. Es müssen jeweils Aufgabe, Kompetenz und Verantwortung über die verschiedenen Hierarchiestufen durch Anweisungs-, Auswahl- und Überwachungspflichten festgelegt und klar voneinander abgegrenzt sein. Schließlich muß das Ganze dokumentiert sein, damit man auch noch nach zehn Jahren nachweisen kann, daß man alles zum Schutz der Umwelt getan hat.

Damit entsteht eine ganz neue Situation in den Unternehmen. Weg von der Angst vor dem Papier! Die Grundzüge ordnungsmäßiger Buchführung gelten für die Kaufleute, sie haben sicherlich auch zu gelten für die

Techniker. Man vergleiche einmal, welcher Aufwand in die kaufmännische Behandlung einer Bewirtungsrechnung gelegt wird; man denke an die Begleitdokumentation (Bewirtungsnachweis), und man überlege sich einmal, wie wenig Aufwand getrieben wird für die Beachtung einer Genehmigung mit vielleicht mehreren hundert Auflagen. Eine Auflage nicht zu beachten heißt, die geschilderten rechtlichen Konsequenzen in Kauf zu nehmen.

Umweltschutz-Management für die nächsten schweren Jahrzehnte bedeutet daher strategische Entscheidungen zu einem gut organisierten und dokumentierten Umweltschutz zu treffen, damit allen Mitarbeitern in allen Hierarchieebenen der unternehmerische Wille vermittelt werden kann.

Motivation der Mitarbeiter

Bei der Einführung von Qualitätssicherungssystemen oder auch bei der Einführung von Rationalisierungsverfahren, wie beispielsweise Lean-Management, hat man immer stärker den Faktor Mensch als wichtigste Ressource entdeckt. Es gibt sehr viele Lösungsansätze, um Bereichsgrenzen zu überwinden, um die Mitarbeiter für ihre Arbeit neu zu interessieren, um die innere Kündigung zu beseitigen und insgesamt zu einer höheren Effizienz und Produktivität zu kommen.

Bei allen diesen Anstrengungen steht der Mensch im Mittelpunkt. So ist auch die Entwicklung von der Qualitätssicherung über Qualitätssicherungssysteme zum Total-Quality-Management (TQM) zu erklären, die darauf abzielt, die Einstellung der Mitarbeiter im Hinblick auf eine interne und externe Kunden-Lieferanten-Beziehung zu erweitern und prozeßorientiert zu denken und zu handeln. Eine ähnliche Entwicklung, die mit dem Stichwort Total-Environmental-Management (TEM) überschrieben werden kann, zeichnet sich im Umweltschutz ab.

Die notwendigen Motivationsmaßnahmen in den Unternehmen müssen organisiert werden, Schulung und Ausbildung beziehungsweise Information und Kommunikation entstehen nicht von allein; es muß dafür gesorgt werden, daß die gewünschten Effekte entstehen können. So ist die Einführung eines TQM- oder eines TEM-Systems in den Unternehmen im wesentlichen ein Organisationsproblem der Motivationskampagnen im weitesten Sinne. Insoweit hat sich der Begriff Motivation von einem nebulösen Ausdruck zu einem handhabbaren und machbaren Begriff gewandelt, teilweise wird schon über Motivations-Management gesprochen.

Schon jetzt wird die Einführung von Umweltschutzsystemen vom Motivations-Management in den Unternehmen begleitet, es werden Auditoren und Moderatoren in Gesprächsführungs- und Präsentationstechniken ausgebildet. Diese führen Audits zur Optimierung der Systeme durch und initiieren »environmental circles« in Analogie zu »quality circles«. Insoweit wird vermittelt über die Moderatoren ein Umweltverbesserungsprogramm gestartet, das möglichst schnell alle Mitarbeiter erfassen soll, die dann in »environmental circles« zusammenarbeiten, um den Umweltschutz des Unternehmens zu verbessern. Damit haben die Unternehmen auch in schwierigen Zeiten die Möglichkeit, mit den steigenden und schwieriger werdenden Umweltschutzanforderungen zurechtzukommen.

Ausblick

Viele Unternehmen berichten bereits über Einsparungspotentiale und Effizienzsteigerungen durch einen optimierten Umweltschutz. Umweltschutzsensibilisierte Mitarbeiter schauen nun auf sämtliche Prozesse des Unternehmens sowohl technischer als auch organisatorischer Art und schlagen Optimierungsmöglichkeiten vor, die insgesamt bei einer Kosten-Nutzen-Betrachtung zu einer verbesserten Effizienz der Unternehmen führen. Es steht zu erwarten, daß sich aufgrund der gesellschaftlichen und zeitlichen Entwicklung die Anzahl jener Unternehmen weiter erhöht, die guten Umweltschutz betreiben wollen; die Unternehmen, die sich dagegen sträuben, werden mehr und mehr aus dem Markt gedrängt.

IV. Kapitel
Markt und Marketing

Die Entwicklung der Persönlichkeit als Schlüssel zum Erfolg

Führung und Motivation von Verkäufern im Verdrängungswettbewerb

Hans Christian Altmann

Die Zeichen stehen auf Sturm. Viele Verkäufer sehen sich heute – im Zeichen des immer härter werdenden Wettbewerbs – einem zunehmenden Druck ausgesetzt. Das erzeugt Streß und blockiert die Leistungsfähigkeit. Doch wer hilft den Verkäufern, mit ihren Selbstzweifeln, Ängsten und Enttäuschungen fertig zu werden? Im Verkäuferalltag werden sie ständig mit ihren Fähigkeiten und Einstellungen, also mit dem Kern ihrer Persönlichkeit, konfrontiert. In aller Regel müssen sie dies alleine verarbeiten.

Je ähnlicher die Produkte werden, desto mehr kommt es auf den Verkäufer an. Dann entscheiden vier Faktoren über seinen Verkaufserfolg:

1. seine Einstellung (die Probleme des Kunden lösen zu wollen),
2. seine Kompetenz (den Kunden von seinen Problemlösungen überzeugen zu können),
3. seine Zuverlässigkeit (die versprochenen Problemlösungen auch korrekt zu leisten) und
4. seine Entschlossenheit (den Kunden für seine Problemlösungen auch wirklich gewinnen zu wollen).

Dazu kommt noch ein fünfter, ein ganz entscheidender Faktor: sein Optimismus. Genauer gesagt: der richtige Optimismus. Denn der echte Optimismus hat absolut nichts mit naiver Schönfärberei zu tun, sondern bemißt sich ausschließlich danach, wie sehr ein Verkäufer auch nach (mehreren) Mißerfolgen an seinen Erfolg glaubt und wie sehr er bereit ist, nach solchen Mißerfolgen nicht aufzugeben, sondern ebenso entschlossen wie bisher weiterzumachen. Und alle diese fünf Faktoren sind »Persönlichkeitsfaktoren«. Damit steht fest: In Zukunft kommt der Persönlichkeit des Verkäufers noch weit mehr Bedeutung zu als bisher.

Das ist ebenso schnell wie einfach zu beweisen: So wichtig die

Fachkompetenz heute wie in Zukunft für das Selbstvertrauen des Verkäufers und seine Überzeugungskraft ist, so sehr kann sie im Zeichen härter werdender Märkte nur dann voll zur Geltung kommen, wenn der Verkäufer gleichzeitig weiß, wie er mit den stärker werdenden Belastungen seines Berufes fertig wird. Genauer gesagt: wenn er weiß, wie er mit den zunehmenden Mißerfolgen, Frustrationen, Enttäuschungen und Demütigungen – alles Erscheinungen, die seine Motivation lähmen – umgehen muß. Dabei geht es nicht nur um die Verarbeitung von Mißerfolgserlebnissen. Ebenso zunehmen wird auch der körperliche Streß sowie der Umsatz- und Erfolgsdruck.

Ein Verkäufer kann dann noch so kompetent sein, aber wenn er – entnervt von diesen physischen und psychischen Belastungen – resigniert, den nächsten Kunden nur noch halbherzig oder gar mit einer negativen Erwartungshaltung anspricht oder die Tour an diesem Tag gleich ganz abbricht, dann nützt ihm seine Kompetenz in diesem Augenblick genausoviel wie ein Sportwagen ohne Benzin.

Im Zeichen eines härteren Verdrängungswettbewerbs bedeutet dies, daß ein Verkäufer nicht nur seine gewohnten Stammkunden aufsuchen, sondern daß er auch neue Kunden, die Kunden der Wettbewerber, besuchen muß. Es gilt, den kurzen Zeitvorsprung zu nutzen, den zum Beispiel ein neues Modell oder ein neues Angebot bietet, um fremde Kunden anzusprechen; Neukunden, die von ihm nichts wissen wollen, die ihn nicht erwarten, die ihn oft genug als Störfaktor ansehen und die von ihm umfangreiche Vorleistungen erwarten.

Braucht ein Verkäufer für das Gespräch mit einem Stammkunden lediglich ein gutes Klima, so muß er bei der Ansprache von Neukunden oder Wettbewerbskunden – ob per Telefon oder im Gespräch – in einer geradezu exzellenten Verfassung sein, um eine echte Erfolgschance zu haben. Dafür braucht er wesentlich mehr Konzentration, Energie und Selbstvertrauen. Gerade dazu aber sind viele Verkäufer nicht fähig. Nicht weil sie nicht wollen, sondern weil sie auf diese Herausforderung niemand vorbereitet hat. Sie wissen nicht, daß dann ihre Blockade von ihrer Persönlichkeit herrührt und daß die Grenzen ihrer Persönlichkeit jetzt auch die Grenzen ihrer Erfolgschancen darstellen. Das bedeutet: Ohne intensivere Förderung ihrer Persönlichkeit werden diese Verkäufer unweigerlich auf der Stelle treten. Die alte Persönlichkeit wird zum Engpaßfaktor, und jede weitere Fachausbildung wird genauso wirkungslos verpuffen wie der berühmte Appell an den guten Willen.

Deshalb gilt im Zeichen härter werdender Märkte und zunehmender persönlicher Belastungen: Die Förderung der Persönlichkeit muß Priorität haben. Und genauso müssen auch die Verkäufer selbst begreifen, daß ihr künftiger Erfolg vermehrt von ihrer Persönlichkeit abhängt und daß sie deshalb alles tun müssen, um die neuen »Spielregeln ihres Berufserfolges« zu erfahren und zu beherrschen.

Jede Persönlichkeitsentwicklung beginnt mit einem intensiveren Bewußtsein seiner selbst, mit einem verstärkten Selbstbewußtsein. Das bedeutet:

Viele Verkäufer müssen aus ihren Träumen aufwachen und sich von Illusionen lösen (zum Beispiel von der Illusion, daß Kunden »Freunde« sind und daß sich ein gutes Produkt oder ein guter Name auch künftig noch von alleine verkaufen). Und ebenso schnell müssen sie die neuen Wahrheiten und Herausforderungen erkennen (zum Beispiel, daß die Kunden heute statt unter acht unter 23 Anbietern auswählen können und daß bei dem heraufziehenden internationalen Kostenpoker die Preisgespräche erst angefangen haben). Ein verstärktes Selbstbewußtsein ist also notwendiger den je, ein Bewußtsein in dem Sinne, daß sich die Verkäufer ihres gewandelten Umfeldes und ihrer Rolle darin voll bewußt werden.

Die zweite Voraussetzung besteht – nach dem Aufwachen aus den Illusionen und dem Erkennen der neuen Herausforderungen – darin, sich viel mehr als bisher ihrer Ziele und Aufgaben, ihrer Stärken und Schwächen, ihrer Erfolge und Mißerfolge (und deren Ursachen) bewußt zu werden und daraus die entsprechenden Erkenntnisse und Schlüsse zu ziehen. Und dies allein und ohne jede Anleitung. Denn viel mehr als je zuvor sind die Verkäufer aufgefordert, sich künftig selbst zu erkennen und selbst zu steuern. Verkäufer sind zu diesem neuen Selbstbewußtsein mit all seinen Anforderungen sehr wohl fähig, wie die folgenden Stellungnahmen nach einem Selbstmotivations-Seminar belegen.

Selbstkritisch schrieben sie auf den Beurteilungsbogen Aussagen wie diese: »Ich habe erkannt, daß ich mich selbst aufraffen muß, das tut kein anderer für mich!« »Ich wurde aus dem Traum wachgerüttelt, daß der Außendienst keinen Gesetzmäßigkeiten unterliegt.« »Ich bin mir bewußt, daß ich allein für meinen Erfolg verantwortlich bin und kein anderer.« In allen drei Fällen beginnt der Satz mit einem »Ich«. Genau das ist das Dilemma und die Herausforderung der Verkäufer von heute. Sie sind immer mehr auf sich selbst angewiesen.

- Früher hatten die Verkaufsleiter viel mehr Zeit für den einzelnen Verkäufer. Heute ersticken sie in administrativen Verwaltungsarbeiten, und die persönliche, individuelle Fürsorge wird vernachlässigt.
- Früher gab es jede Woche oder jeden Monat ein ganztägiges Treffen. Heute finden solche Treffen aufgrund des Kosten- und Zeitdrucks nur noch alle drei oder sechs Monate statt. Das persönliche »Sichaussprechen« kommt zu kurz.
- Früher hatten die Verkaufsleiter Zeit, jeden neuen Verkäufer intensiv auszubilden und dann seinen Fortschritt durch persönliche Begleittage überprüfen zu können. Heute wird der Verkäufer auf Seminaren im Schnelldurchgang ausgebildet und nach ein oder zwei Begleittagen auf den Kunden losgelassen. Die gründliche, Sicherheit gebende Einarbeitung fehlt. Schon nach kurzer Zeit fühlen sich dann solche Verkäufer wie Bezirksligaspieler, die von einem Tag auf den anderen in die Bundesliga katapultiert wurden: hoffnungslos überfordert. Alle diese Aussagen sind ein erster und wesentlicher Schritt auf diesem Weg zur bewußten Selbstentwicklung.

Die Fähigkeit zur Selbstmotivation

Erstes Ziel aller künftigen Führungs-, Motivations- und Trainingsmaßnahmen muß deshalb die Förderung dieses Prozesses der Selbstentwicklung sein. Die Verkäufer müssen fähig sein, sich selbst zu erkennen, über sich selbst zu bestimmen und sich selbst zu steuern. Das heißt: Sie müssen allein fähig sein, sich immer wieder zu motivieren. In diesem Prozeß der »Selbstdynamik« liegen ihre Chancen. Dazu kann ein einfaches Fünf-Stufen-Modell dienen. Dieses »Modell der Selbstfaktoren« bietet Verkaufsleitern im wesentlichen drei Vorteile:

1. Anhand gezielter Fragen können sie den Bewußtseins- und Reifezustand eines neuen Bewerbers relativ schnell erkennen.
2. Der stufenartige Aufbau – bei dem eine Stufe die vorausgehende bedingt – erlaubt es ihnen, den aktuellen Bewußtseinsstand eines Mitarbeiters erkennen und damit auch sein bestehendes Erfolgspotential ziemlich genau abschätzen zu können.
3. Die Umorientierung auf diesen Prozeß der Selbstentwicklung versetzt sie in die Lage, nicht nur den Prozeß der Selbstmotivation bei ihren

Verkäufern beeinflussen zu können, sondern auch den Verkäufer dazu zu bringen, bewußt an seiner Selbstentwicklung zu arbeiten.

Die Elemente des Modells sind Selbstverwirklichung, Selbstvertrauen, Selbstkontrolle, Selbstdisziplin und Selbstbewußtsein. Dieses Modell bedeutet,

1. daß die Erfolgschancen eines Verkäufers (oder auch Mitarbeiters) von der Stufe abhängen, auf der er sich gerade befindet, und
2. daß er seine bestimmte Stufe nur dann erreichen kann, wenn er die darunterliegenden Stufen weitgehend erfüllt hat.

Die Stufe, auf der sich ein Mitarbeiter befindet beziehungsweise die er bei den verschiedenen Selbstfaktoren bereits aufweist, kann mit eigenen Beobachtungen oder mit spezifischen Fragen und Antworten in Erfahrung gebracht werden.

Stufe 1: Selbstbewußtsein
Grundlage jedes Selbstentwicklungsprozesses ist das Selbstbewußtsein. Das heißt: Der Verkäufer muß sich seiner Stärken und Schwächen, seiner Ziele und Aufgaben, seiner Wertvorstellungen und seiner Einstellungen bewußt sein. Nur ein Beispiel dazu: Ohne Bewußtsein seiner selbst, zum Beispiel seiner Erfolgs- und Mißerfolgsursachen, kann er nichts lernen, kann er nicht einen Schritt weiterkommen. Ein Verkäufer, der nicht in der Lage ist, selbst die Ursachen seiner Erfolge oder Mißerfolge zu erkennen, kann eben diese Erfolgsursachen nicht gezielt wiederholen und wird andererseits die Mißerfolgsursachen immer wieder (unbewußt) wiederholen. Es nützt also nur wenig, wenn Verkaufsleiter dem Verkäufer seine Fehler immer wieder aufzählen, solange er sie nicht selbst, und zwar ganz bewußt, erkennt.

Darin besteht dieses völlig andere Prinzip der neuen Motivation: Der Verkäufer wird dabei nicht aufgefordert, nach einem bestimmten Schema zu handeln, um bestimmte Ergebnisse zu erreichen, sondern er muß selbst in der Lage sein, entsprechende Ursachen zu erkennen, sie zu analysieren und, darauf aufbauend, entsprechende Maßnahmen und Strategien zu ergreifen. Genausowenig soll er von außen her motiviert werden, um ein ganz bestimmtes Ziel zu erreichen, sondern er soll selbst aufgrund seiner persönlichen Wertvorstellungen (Warum arbeite ich?

Welchen Sinn hat meine Arbeit? Was möchte ich im Leben erreichen?) sein »Umsatz«-Ziel definieren und verfolgen.

Natürlich haben Verkaufsleiter bei der Förderung dieses Selbstentwicklungsprozesses, bei der Organisation des Umfeldes und bei den unternehmerischen Zielsetzungen weiter eine Schlüsselfunktion, aber die entscheidende Veränderung in der Führung und Motivation von Verkäufern lautet: Die Verkäufer müssen künftig fähig sein, sich, ihren Erfolg und ihr Leben viel bewußter und viel selbständiger als bisher zu steuern. Statt auf die Motivation von außen zu warten, müssen sie jetzt lernen, sich selbst zu motivieren. Nur so sind sie in der Lage, im Verdrängungswettbewerb, also »vor Ort«, schnell, flexibel und richtig zu reagieren. Nur auf diese Weise erreichen Vorgesetzte auch jene Einstellung, die wahre Sieger auszeichnet: den Glauben an sich und damit den Glauben, durch ihre Fähigkeiten ihren Erfolg bewußt beeinflussen zu können. Nur so erreichen sie das Gefühl der Kontrolle über ihren Erfolg wie über ihr Leben – ein unverzichtbares Gefühl auf dem Weg zu besseren Leistungen.

Den augenblicklichen Stand dieses Selbstentwicklungsprozesses und damit die bisherige Ausprägung der einzelnen Selbstfaktoren kann man bei jedem Verkäufer mit ganz speziellen Fragen und Antworten erkennen. Immer gilt dabei die Regel: Nicht der Frager, sondern der Verkäufer muß die Antworten geben. Und wenn er sie nicht weiß, dann benötigt er »Bedenkzeit«. Denn in dem Augenblick, in dem die Antwort vorgegeben ist, stoppt der Prozeß der Selbstentwicklung.

Um den Stand des Selbstbewußtseins festzustellen und zu fördern, können Führungskräfte Verkäufern folgende Fragen stellen:

Erste Frage: »Wo sehen Sie Ihre besonderen Stärken und Schwächen?« Je allgemeiner die Antworten ausfallen, um so weniger kennt sich der Verkäufer. Auf diese Weise kann er weder seine Stärken gezielt und wiederholt einsetzen noch an seinen Schwächen arbeiten. In dem einen Fall hofft er auf Zufälle, in dem anderen ist er ein Wiederholungstäter. Verkäufer sollten deshalb aufgefordert werden, in den nächsten Tagen einmal ganz gezielt auf ihre Stärken und Schwächen zu achten und sie sich anhand konkreter Beispiele bewußtzumachen (und aufzuschreiben).

Zweite Frage (zum Beispiel nach einem Begleitbesuch): »Worauf führen Sie Ihren Erfolg beziehungsweise Ihren Mißerfolg zurück?« Je präziser und genauer die Antworten ausfallen, um so stärker ist das Selbstbewußtsein ausgeprägt und um so größer ist die Wahrscheinlichkeit, daß dieser Erfolg oder Mißerfolg auch einen ganz bewußten »Lerneffekt« nach sich zieht. Es gilt zu vermeiden, selbst Antworten zu geben. Der Verkäufer muß lernen, sich selbst zu analysieren. Andernfalls macht er immer wieder die gleichen Fehler, die schließlich ein immer stärkeres Gefühl der Hilflosigkeit in ihm auslösen.

Dritte Frage (zum Beispiel nach einem Mißerfolg): »Was würden Sie das nächste Mal besser oder anders machen?« Der Sinn der Frage ist: Ein guter Verkäufer ist bewußt oder unbewußt in der Lage, nach Mißerfolgen seine bisherige Strategie in Frage zu stellen und eine neue Strategie oder Vorgehensweise zu entwickeln. Entweder durch eigene Beobachtungen oder durch eigene Erkenntnisse. Nur das allein verschafft ihm das Gefühl, Kontrolle über seinen Beruf, seinen Erfolg und sein Leben zu haben.

Vierte Frage: »Was haben Sie in letzter Zeit persönlich für Ihre Weiterbildung/Fachkompetenz getan?« Ein Verkäufer, der noch nicht verstanden hat, daß er selbst, und zwar auf eigene Kosten und auf eigene Initiative hin, etwas für seine persönliche Weiterbildung unternehmen muß, und statt dessen nur auf die Initiative seines Verkaufsleiters wartet (beziehungsweise die sogar noch ablehnt), hat sich nicht nur von der wichtigsten Quelle seiner Entwicklung abgeschnitten, sondern zeigt in der Ablehnung der Weiterbildung auch eine ausgesprochen unreife Haltung. Denn er lehnt Seminare ab, weil er in den bisherigen Seminaren noch nie den entscheidenden Tip bekommen hat, der ihm die Überredung aller Kunden, den sofortigen Abschluß ermöglicht. Das ist es, was er sich in Wirklichkeit von einem Seminar erhofft. Doch das ist genauso illusionär, wie sich als Erwachsener etwas vom Christkind zu wünschen.

Kurzum: Erst mit diesem Selbstbewußtsein wird bei einem Verkäufer ein bewußter Lerneffekt in Gang gesetzt. Ohne dieses Bewußtsein aber werden ihn auch der beste Tip und das beste Seminar nicht mehr berühren als Worte, die in den Wind gesprochen wurden.

Stufe 2: Selbstdisziplin

Niemals wird ein Verkäufer überdurchschnittliche Erfolge erreichen, dem es an Selbstdisziplin fehlt. Verkäufer hängen in ganz besonderer Weise von dem Gesetz der Wahrscheinlichkeit ab. Es besagt, daß ein Verkäufer pro Tag eine bestimmte Anzahl von Kontakten machen muß, um seine Umsatzziele zu erreichen.

Dieses Gesetz der Wahrscheinlichkeit kann von den Profis verfeinert werden, aber es wird niemals seine grundlegende Gültigkeit verlieren.

Nur die einzelnen Erfolgsquoten mögen sich ändern. Ein Verkäufer, dem dieses Gesetz noch nicht bewußt ist, beziehungsweise der dagegen verstößt, dem fehlt ganz eindeutig die Basis seines Verkaufserfolges. Mit folgenden Fragen kann man die Ausprägung seiner Selbstdisziplin feststellen und fördern:

Erste Frage: »Wie viele Kontakte brauchen Sie für einen Gesprächstermin, und wie viele Gesprächstermine brauchen Sie für einen Abschluß?« Ein Spitzenverkäufer kennt seine Erfolgsquoten. Er beantwortet sie nicht nur prompt, sondern er spricht sogleich davon, wie er sie verbessern könnte. Nur der »disziplinlose« Verkäufer kennt sie nicht so genau (weil in seinem Bezirk die Dinge ja ganz anders liegen!) und verrät damit, daß er in Wirklichkeit von dem Zufall, der plötzlichen Glückssträhne oder den ganz großen Abschlüssen träumt. Seine Illusion ist aber nichts anderes als eine Flucht aus der Realität.

Zweite Frage: »Wann und wie planen Sie Ihre Arbeitswoche?« Der gute Verkäufer plant sie vielleicht am Donnerstag- oder Freitagabend oder am Wochenende und nimmt sich dafür oft mehrere Stunden Zeit. Nur der »disziplinlose« Verkäufer verzichtet auf eine exakte Wochenplanung, »weil doch jeder Kunde und jedes Verkaufsgespräch ganz anders ist«. Eine Aussage, die beweist, daß er seinen Erfolg in Wirklichkeit vom Zufall abhängig macht.

Stufe 3: Selbstkontrolle

Selbstkontrolle bedeutet, inwieweit der Verkäufer in der Lage ist, vor schwierigen Verkaufsgesprächen oder nach etlichen Mißerfolgen seine Gedanken und Gefühle, also seine Stimmung, unter Kontrolle zu halten. Das ist wichtig, denn die Leistungskonstanz ist von der Stimmungskonstanz abhängig. Jeder Abfall einer Stimmung – hervorgerufen von negativen Gedanken der Angst, des Zweifels, des Ärgers oder der Frustration – bewirkt auch einen sofortigen Leistungsabfall. In schwierigen Fällen bewirken dann Serien von Mißerfolgen einen so (unkontrollierten) negativen Eigendialog, daß der Verkäufer sich geradezu in die Resignation hineinredet und schließlich zur Aufgabe treibt. Ferner: Nie wird ein Verkäufer die nächste Stufe des echten Selbstvertrauens erreichen, wenn er nicht einmal die notwendige Selbstkontrolle aufbringt, um seine täglichen Besuchsquoten einzuhalten, und wenn er nicht in der Lage ist, nach Mißerfolgen seine Gedanken unter Kontrolle zu halten, sondern sich »unkontrolliert« in Selbstzweifeln, Aggressionen oder sonstigen

Mißstimmungen verliert. Mit folgenden Fragen kann man den Grad der Selbstkontrolle feststellen und fördern:

Erste Frage (zum Beispiel nach einem schweren Mißerfolg): »Was denken Sie jetzt? Was fühlen Sie jetzt?« Wenn nur die schlechte Stimmung artikuliert, den »Umständen« die Schuld gegeben oder Selbstanklagen geäußert werden, dann ist dieser Verkäufer noch weit von einer Spitzenleistung entfernt. Denn je stärker der Stimmungsabfall nach einem Mißerfolg ist, um so größer ist auch der Leistungsabfall und um so länger dauert es für ihn, sich wieder in eine positive Stimmung zu versetzen. Mit einer negativen Stimmung und mit der Ausstrahlung eines Verlierers aber kann er keine Kunden überzeugen. Im Gegenteil: Die kommenden Mißerfolge in Serie sind schon programmiert. Außerdem: Nach Erfolgen sind gute und schwache Verkäufer gleich gut. Die Spreu trennt sich erst nach Mißerfolgen vom Weizen.

Gute Verkäufer fallen nach Mißerfolgen in ihrer Stimmung nicht wesentlich ab. Sie wissen, daß sie letztlich durch ihre Kompetenz, ihren Einsatz und das Gesetz der Wahrscheinlichkeit bald wieder Land sehen. Sie machen sich auch selbst nicht fertig, sondern bauen sich eher durch gezielt positive Gedanken wieder auf. Sie zeigen gegenüber Mißerfolgen entweder eine gewisse Gleichgültigkeit oder eine bewußte Trotzhaltung. Nach dem Motto: Jetzt erst recht.

Zweite Frage (nach einem Mißerfolg): »Was wollen Sie jetzt tun?« Der Verkäufer ohne Selbstkontrolle zeigt jetzt Spuren der Resignation oder ist unangemessen euphorisch (»Den nächsten Kunden schließe ich dafür hundertprozentig ab«). Der gute Verkäufer macht einfach weiter, bleibt bei seinem Konzept. Seine einzige Änderung: Er nimmt sich noch weniger Zeit als üblich für das Mittagessen, um so schnell wie möglich wieder in den Tritt zu kommen. Ganz anders sein schwächerer Kollege: Er gönnt sich nach Mißerfolgen ein besonders üppiges Mahl, so daß ihm die Schwere seiner Mißerfolge erst so recht bewußt wird.

Stufe 4: Selbstvertrauen

Ohne Selbstvertrauen gibt es keine Erfolge. Denn das Selbstvertrauen beeinflußt nicht nur die Ausstrahlung, sondern auch die Stärke des Verkaufsgesprächs. Je stärker das Selbstvertrauen ist, um so höher ist auch der Kampfgeist entwickelt. Eine klare Logik. Denn ein hohes Selbstvertrauen kommt ja nur durch bewußt erkämpfte und erlebte Erfolge zustande, und große Erfolge wiederum kommen nur durch einen hohen Kampfgeist zustande. Mit folgenden Fragen kann man zum Beispiel den Grad des Selbstvertrauens ansprechen:

Erste Frage: »Was tun Sie, wenn Sie trotz der üblichen Kontaktzahl an diesem Tag noch keinen Abschluß gemacht haben?« Gute Verkäufer zeichnen sich dadurch aus, daß sie resultatorientiert arbeiten. Das bedeutet: Wenn sie pro Tag zwölf Kunden ansprechen sollen, aber trotz einer normalen Quote von zehn Kontakten pro Abschluß an diesem Tag noch keinen Vertrag geschrieben haben, dann besuchen sie noch so lange Kunden, bis sie einen Abschluß erreicht haben. Verkäufer ohne Selbstvertrauen gehen handlungsorientiert vor. Sie sollen zwölf Kunden besuchen, also besuchen sie zwölf.

Zweite Frage: »Wie oft sprechen Sie einen potentiellen Kunden nach einer ersten Absage noch an?« Verkäufer ohne Selbstvertrauen sprechen einen Kunden einmal, bestenfalls zweimal an, und wenn er dann noch immer »keine Zeit« hat oder »nein« sagt, dann geben sie auf.

Dritte Frage: »Was tun Sie persönlich, um Ihre Verkaufserfolge zu erreichen?« Verkäufer mit Selbstvertrauen investieren selbst in ihren Erfolg, weil sie glauben, daß es sich für sie bezahlt macht.

Verkaufen: kein »Job«, sondern Berufung

Stufe 5: Selbstverwirklichung

Sie wird dann erreicht, wenn der Verkäufer die anderen vier Stufen bewältigt hat und wenn er seinen Beruf auf eine ganz bestimmte Art und Weise betrachtet. Für ihn ist Verkaufen dann kein Job mehr, sondern eine »Berufung«. Er ist gern Verkäufer. Das heißt: Er weiß genau, welche Vorteile ihm dieser Beruf bietet, und er weiß ebenso genau, welche Nachteile beziehungsweise Konsequenzen er dafür in Kauf nehmen muß. Er weiß, wie hoch der Preis für seinen Erfolg ist, und er ist auch ganz bewußt bereit, den Preis dafür zu zahlen.

Erfolge sind für ihn dann nicht nur Zahlenergebnisse – etwa der Spitzenplatz auf der Rangliste oder ein hohes Provisionseinkommen. Ein großer Verkaufserfolg ist dann das Gefühl, das Beste gegeben zu haben. Das ist auch die Definition der Selbstverwirklichung. Fragen zur Selbstverwirklichung sind zum Beispiel:

Erste Frage: »Was machen Sie am liebsten?« Ein guter Verkäufer wird »erfolgreich verkaufen« antworten.

Zweite Frage: »Was bedeutet für Sie Erfolg?« Für den guten Verkäufer bedeutet es Selbstbestätigung, das Gefühl, aus sich und seinen Fähigkeiten das Beste gemacht zu haben.

Auch der schwächere Verkäufer, der noch nicht einmal in der Lage ist, seine tägliche Besuchsquote zu erfüllen, träumt von der Selbstverwirklichung. Aber die besteht nach seiner Meinung nicht darin, ein kompetenter und anerkannter Spitzenverkäufer zu werden, sondern eher in dem Wunsch, möglichst schnell viel Geld zu verdienen, um dann mit spätestens 50 Jahren aufhören und auf einer schönen Insel ein Luxusleben führen zu können. So malt er – statt die Realitäten anzuerkennen, zu akzeptieren und daran zu wachsen – weiter an seinen Illusionen. Zu diesen Illusionen gehört natürlich auch die Vorstellung, daß die Kunden seine »Freunde« sind, daß er »Berater« statt Verkäufer ist und daß eines Tages die »ganz große Chance« kommt. Wahrscheinlicher ist, daß im Zeichen des härter werdenden Wettbewerbs eher das große Erwachen kommt. Aber vielleicht ist das dann seine erste wirklich große Chance.

Von der Kundengewinnung zur Kundenbindung

Pflege der Geschäftsbeziehungen und aktives »Beschwerde-Management«

Joachim Scharioth

Kundenbindung ist das Gebot der Stunde. Der Grund für eine solche Strategie ist sehr einfach, denn alle Erfahrungen zeigen: Es ist fünfmal teurer, einen neuen Kunden zu gewinnen, als einen bestehenden an sich zu binden, um mit ihm weitere Geschäfte zu machen. Amerikanische Untersuchungen haben in einer bisher nicht gekannten Deutlichkeit gezeigt, daß in erster Linie das Geschäft mit dem bereits existierenden Kunden Gewinn bringt und daß nirgendwo so schnell der Gewinn eines Unternehmens gesteigert werden kann wie im Ausbau des Geschäftes mit den eigenen Kunden.

Es gibt nahezu keine Geschäftsbeziehung, mit der man bereits im ersten Jahr Gewinne machen kann, denn die Werbungskosten für neue Kunden sind heute fast immer höher als der Basisgewinn, der mit den ersten Aufträgen realisiert werden kann.

Erst im Laufe der Geschäftsbeziehung wird der Basisgewinn erzielt. In kundenorientierten Unternehmen wird die Kundenbindung mit dem Kundenbindungsgrad gemessen: Das sind im allgemeinen solche Kunden, die am Anfang und am Ende eines Jahres aktive Kunden sind, als Prozentsatz von allen Kunden am Anfang des Jahres. Unberücksichtigt bleiben also alle neu gewonnenen Kunden. Unterschiedliche Bereiche oder Werke von Großunternehmen sind dabei als verschiedene Kunden zu behandeln.

Zu der bereits erwähnten Tatsache, daß es so viel billiger ist, zusätzliche Geschäfte mit den eigenen Kunden zu machen, als neue zu gewinnen, kommt hinzu, daß man bei Kunden, die man kennt, die operativen Kosten auf das reduzieren kann, was der Kunde wirklich fordert. Für unbekannte Kunden muß man in der Regel auch solche Leistungen »zur Sicherheit« erbringen, die gar nicht erforderlich sind. Hinzu kommt die Ersparnis bei den Werbekosten, denn wer wirbt billiger und besser als der eigene zufriedene Kunde?

Oft wird ein sehr bedeutender Faktor gar nicht berücksichtigt: Innerhalb einer bestehenden Geschäftsbeziehung kann sowohl der Lieferant als auch der Belieferte günstigere Preise dadurch erzielen, daß sich die Ausschreibungs-, Bestell- und Controllingkosten beim Belieferten aufgrund seiner Kenntnis der üblichen Geschäftsabwicklung reduzieren lassen und der Lieferant, der ein detailliertes Wissen über den tatsächlichen Bedarf des Kunden hat, seine Kosten optimieren kann. Somit erzielen beide durch günstigere Preise zusätzliche Gewinne.

Die Strategie der neunziger Jahre erfordert vor allem die Pflege der Geschäftsbeziehungen und damit eine Verlagerung des Marketing-Schwerpunktes von der Kundengewinnung zur Kundenbindung. Kundenbindung heißt aber nicht Ausruhen auf dem bisher Geleisteten, sondern aktives Marketing: Die Bedürfnisse der Kunden ständig zu beobachten, veränderte Markt- und Umfeldbedingungen sensibel zu erkennen und vor allem zu handeln zur Verbesserung der Servicequalität und der eigenen Ertragssituation.

Maßnahmen zur Kundenbindung müssen auf zwei Ebenen stattfinden: Zum einen gilt es, jeden einzelnen Kunden zufriedenzustellen, auf seine Anregungen und Beschwerden einzugehen. Zum anderen muß man das eigene Leistungsangebot auf die Kundenbedürfnisse ausrichten und entsprechend der Veränderung dieser Kundenbedürfnisse innovativ und dynamisch kundenorientiert handeln.

Philip Kotler hat vor der American Marketing Association das Database-Marketing als unbedingte Voraussetzung für die Betreuung des einzelnen Kunden angeführt. Er spricht damit ein Thema an, das auch nach unserer Erfahrung die größte Hürde für eine erfolgreiche Kundenorientierung ist: die Pflege der Kundenadressen. Viele Geschäftsleitungen sind überzeugt, hervorragende Kundenadressen zu besitzen. Aber sehr oft stellt sich heraus, daß die Firmenkunden zwar als »Unternehmen« gespeichert sind, aber die Bedeutung der Kunden für das Unternehmen nicht erkennbar ist oder das Wissen über die Ansprechpartner in den Unternehmen fehlt.

Geschäfte machen aber nicht Unternehmen, sondern Menschen. Das weiß der Außendienst in der Regel und hat diese Informationen, aber sie werden nicht für ein umfangreiches Marketing aufbereitet. Daraus folgt, daß der gesamte Außendienst zu einem Teil des Marketing werden muß, denn er ist derjenige, der die notwendigen Daten – selbstverständlich unter Beachtung des Datenschutzgesetzes – sammelt. Er weiß, wer in welchem Unternehmen der Ansprechpartner ist für Qualität, für Bestellungen, für Weiterverarbeitung, für Verkauf oder für Vertrieb. Wie kaum ein anderer kennt der Außendienst die Probleme einer Geschäftsbeziehung, und es gilt deshalb, sein Wissen für das ganze Unternehmen, insbesondere das Marketing, nutzbar zu machen.

Es ist viel zuwenig bekannt, daß sich nur etwa 4 Prozent der unzufriedenen Kunden bei Lieferanten beschweren, daß aber alle unzufriedenen Kunden mit zehn oder zwölf anderen aktiven oder potentiellen Kunden über ihre Unzufriedenheit sprechen. Dabei ist es so einfach, unzufriedene Kunden zufrieden zu machen, sofern man von ihrer Unzufriedenheit überhaupt erfährt, man ihre Klagen ernst nimmt und auf ihre Probleme eingeht. Nach amerikanischen Untersuchungen bleiben dann mehr als 80 Prozent dieser Kunden dem Unternehmen treu und werden häufig noch engere Kunden, als sie es vorher waren.

Das Problem sind die unzufriedenen Kunden, von denen man nichts weiß. Sie beschweren sich nicht – der Lieferant wiegt sich in der irrigen Meinung, alles sei in Ordnung. Nur in 10 Prozent aller Fälle gelingt es, diese Kunden im bisherigen Umfang weiterhin an sich zu binden. Diese drei Wörter »im bisherigen Umfang« weisen auf eines der schwierigsten Probleme bei der Kundenbindung hin. Gibt es ein Controlling-Instrument im Unternehmen, das zeigt, daß ein Kunde weniger bestellt? Fragt man die betreuenden Mitarbeiter, so hört man im Regelfall beruhigende Informationen: »Dieses Jahr wird nicht soviel benötigt« oder »Er hat im letzten Jahr für dieses Jahr schon mitbestellt« usw. Aber sehr selten wird überprüft, ob die Reduzierung seiner Bestellungen auf Unzufriedenheit mit den erbrachten Leistungen zurückzuführen ist.

Ein aktives Beschwerde-Management ist gerade in mageren Jahren unbedingte Voraussetzung für eine erfolgreiche Marketing-Strategie. Beschwerden sind ein auch positives Signal des Kunden. Er zeigt, daß er die Geschäftsbeziehung fortsetzen möchte. Der unzufriedene Kunde, der sich nicht meldet, hat die Geschäftsbeziehung dagegen schon abgeschrieben.

Die Einzelkundenbetreuung ist aber nur die eine Seite. Mit ihr hat man noch keine Übersicht, inwieweit es generell gelingt, die Kunden an sich zu binden. Unter den sich beschwerenden Einzelkunden finden sich natürlich auch Querulanten. Um die Bedeutung der eingehenden Klagen einordnen zu können, gilt es, die Kundenbindungsintensität zu überwachen. Hierzu dient ein »Happy customer Index«. Mit ihm wird gemessen, inwieweit es tatsächlich gelingt, die Kunden an das eigene Unternehmen zu binden und sie auch bei aggressivem Werben der Konkurrenz gegen ein zu schnelles Hinundherwechseln immun zu machen. Mit diesem Index läßt sich anhand einer Kennzahl feststellen, ob die Kundenbindungsintensität steigt oder sinkt. Zudem zeigt der Index, welche organisatorische Einheit und welche Zweigstelle gegenwärtig besondere Aufmerksamkeit erfordern. Man kann so rechtzeitig wissen, wann ein Expansionsprozeß aufgrund von Gefahren für die Kundenbindung konsolidiert werden muß beziehungsweise wann es sinnvoll ist, von den Anstrengungen der Kundenbindung auf Kundengewinnung umzuschalten. Der Index sagt aber noch nicht, wie man seine Anstrengungen für die verschiedenen Leistungselemente so optimiert, daß sie den Kundenanforderungen voll und ganz entsprechen. Nur aus dem Wissen heraus, was dem Kunden wichtig ist und welche Leistungselemente sein Gesamturteil beeinflussen, ist es möglich festzustellen, wo Qualitätsmaßnahmen ergriffen werden müssen und wo Geld eingespart werden kann. Im einzelnen besteht Handlungsbedarf:

- bei den Motivatoren für die Kundenbindung, das heißt solchen Qualitätselementen, wo eine Verbesserung der eigenen Leistung zu einer Investierung der Kundenbindung führt,
- bei den versteckten Chancen, die noch Potentiale zur Steigerung der Kundenbindung zeigen, wenn das Potential der Motivatoren ausgeschöpft ist,
- bei den Faktoren, die man erfüllen muß, wenn es darum geht, ein bestimmtes Qualitätsniveau zu halten, bei denen aber Leistungssteigerungen über dieses Niveau hinaus keine zusätzliche Kundenbindung versprechen,
- bei den Einsparungsmöglichkeiten, das heißt den Bereichen, in denen Gelder ohne Verschlechterung der Kundenbindung zugunsten der Motivatoren abgezogen werden können.

In diese »Landkarte der Relevanz« wird nun die relative Beurteilung, die die Kunden bei der Erfüllung dieser Anforderungen zumessen, eingetragen. Man kann nun auf einen Blick erkennen, wo welche Maßnahmen am dringendsten zu ergreifen sind. Aber auch das Wissen um die Kundenbeurteilung ist erst nur ein Schritt, um ein Unternehmen auch in schwachen Zeiten stark zu machen. Es gilt, den Mitarbeitern zu vermitteln, was die Kunden wünschen, und deutlich zu machen, wo Dissonanzen zwischen Mitarbeitereinschätzungen von Kundenwünschen und die Wünsche der Kunden selbst liegen.

Zu diesem Zweck empfehlen sich Spiegelbildbetrachtungen zwischen Kunden- und Mitarbeitermeinung. Auf der Basis solcher Spiegelbildbetrachtungen ist es einfach, mit konkreten Bildungsmaßnahmen anzusetzen und gemäß den Forderungen Philip Kotlers »Total Marketing« zu betreiben. Nach innen und außen werden die gleichen Nachrichten und Schwerpunkte gesetzt. Dies gilt nicht nur für Mitarbeiter und Kunden, sondern auch für die interessierte Öffentlichkeit allgemein. Hierdurch erhält man die größte Sicherheit, daß Kundenbindung erreicht wird. Jeder Kunde und Mitarbeiter weiß, worauf es ankommt und was er erwarten kann.

Ein solches Vorgehen, die Stimme von außen und die Stimme von innen zusammenzuführen, ist nicht allein die Forderung des Marketings vor dem Hintergrund des vielzitierten »Total Quality Management«. Von daher ist Kundenbindung auch das Herz eines Qualitätsmanagements. Eine jüngere Untersuchung von Infratest Burke bei Managern der deutschen Wirtschaft hat dies noch einmal empirisch belegt.

Das deutsche Management sieht Kundenbindung und Kundenorientierung als das wichtigste Instrument des gesamten Qualitätsmanagements. Nur durch eine Stärkung können die Unternehmen im Wettbewerb der nächsten Jahre erfolgreich bestehen. Leider ist dieses Ziel vieler deutscher Manager in ihren eigenen Unternehmen heute nur unvollkommen realisiert.

Ein Informationssystem für die Steuerung knapper Mittel

Wege zu einem effizienten Marketing-Controlling

Ernst F. Schröder

Controlling ist ein Konzept zur Steuerung der Wertschöpfung im Unternehmen. Es baut auf den Funktionen Planung, Information, Analyse und Gegensteuerung auf. Es ist ein Steuerungsinstrument, das

- die zunehmende betriebswirtschaftliche Komplexität von Unternehmen transparenter macht,
- rechtzeitig Signale setzt, um Gegensteuerungsmaßnahmen einzuleiten,
- garantiert, daß Unternehmen aus ganzheitlicher Sicht geführt werden,
- dafür sorgt, daß das finanzielle Gleichgewicht für die strategische Zukunftssicherung erhalten bleibt,
- zukunftsorientiert hilft, die Engpaßprobleme von Unternehmen zu lösen.

Controlling baut auf dem Rechnungswesen auf und hilft, von der Rückschaurechnung der Finanzbuchhaltung den Blick nach vorne zu richten. Die Ebenen der Wertschöpfungssteuerung liegen im operativen Controlling, das in Zahlen verdichtete Informationen über geplante und realisierte Maßnahmen, das heißt Operationen liefert und im Schwerpunkt der kurzfristigen Ergebnissteuerung im Unternehmen dient, während das strategische Controlling an der Steuerung der Erfolgspotentiale von Unternehmen ansetzt und hilft, »hinter die Zahlen schauen zu können«.

Controlling ist ein Führungskonzept, das über die Funktionen Planung, Information, Analyse/Kontrolle und Steuerung die dezentralen Handlungen in einem Unternehmen bei arbeitsteiliger Aufgabenerfüllung auf ein gemeinsames Unternehmensziel hin ausrichtet. Im Rahmen der ab einer bestimmten Unternehmensgröße notwendigen Aufgabenteilung ist es erforderlich, ganz bestimmte Unternehmensfunktionen zu delegieren. Insofern ist Marketing-Controlling die funktionale Segmentierung des Controlling-Gedankens mit der Zielsetzung der stärkeren funktionalen Spezialisierung. Marketing-Controlling stellt dabei eine Möglichkeit der Aufgaben-Segmentierung neben dem Produktions-Controlling oder etwa dem Logistik-Controlling dar. Aufgrund der historischen Entwicklung des Controlling hat das Marketing-Controlling sehr frühzeitig seine Anerkennung dadurch gefunden, daß in marketingorientierten Unternehmungen bei dezentraler Aufgabenteilung der Marketinggedanke vom Controlling unterstützt werden mußte. Das Marketing-Controlling hat die Aufgabe, seine Aktivitäten bei der Steuerung der Wertschöpfung auf die mehr absatzbezogenen Funktionen des Unternehmens auszurichten. Es hat seine Maßnahmen auf die Lösung der Engpaßprobleme zu konzentrieren, die das Unternehmen an der Erhöhung der Wertschöpfungsraten der marktbezogenen Aktivitäten hindern.

Strategische Perspektive rückt in den Vordergrund

Das operative Marketing-Controlling hat seinen Schwerpunkt in der kurzfristigen Ergebnissteuerung und konzentriert seine Aktivitäten auf geplante und realisierte Maßnahmen, das heißt Operationen. Die Aktivitäten des operativen Marketing-Controlling setzen somit vorwiegend im quantitativen Bereich und innerhalb der Budgetperiode an.

Das strategische Marketing-Controlling steuert die Wertschöpfung des Unternehmens in den absatz- und marktbezogenen strategischen Dimensionen. Es setzt an der Steuerung der Erfolgspotentiale der Unternehmen an und hilft, primär bezogen auf die absatz- und marktbezogenen Engpaßaufgaben, »hinter die Zahlen schauen zu können«. Strategisches Marketing-Controlling arbeitet somit stärker im qualitativen Bereich ohne Beschränkung durch die Budgetperiode und konzentriert seine Aktivitäten auf Maßnahmen und Strategien, die langfristig angelegt sind und eine sensible Steuerung und Begleitung verlangen.

Es stellt sich zunehmend stärker heraus, daß die simple Unterscheidung in »operativ« und »strategisch« heute nur noch sehr schwer möglich ist. Viele Aufgaben, die die Unternehmen im operativen Bereich zu bewältigen haben, sind ohne den strategischen Rahmen und Strategien, die im operativen Bereich umgesetzt werden, gar nicht mehr lösbar. Insofern ist auch, bezogen auf das Marketing-Controlling, die Unterscheidung der Aufgabenschwerpunkte in operative und strategische Aufgaben bei der Aufzählung von einzelnen Instrumenten zwar hilfreich, in der Praxis in dieser Form aber gar nicht mehr haltbar. Die Unternehmen werden heute viel stärker als früher gezwungen, mehr strategisch orientiert zu arbeiten und damit im operativen Bereich die Umsetzung von Unternehmensstrategien sicherzustellen. Insofern wird die Unterteilung in operatives und strategisches Marketing-Controlling in der Zukunft ihren Stellenwert verlieren.

Die organisatorische Einbindung des Marketing-Controlling hat so zu erfolgen, daß die hierarchische Zuordnung ausreichend angemessen ist, um die mit der Einführung notwendigen Änderungsprozesse umzusetzen, und die Funktion als Linienfunktion ausgestattet ist, um das Controlling-Führungskonzept umzusetzen. Bezüglich des Marketing-Controlling ist neben diesen beiden Grundkriterien von besonderer Bedeutung, wie die Bereichszugehörigkeit zum Controlling oder zum Marketing generell geregelt wird. Dabei kann von folgenden Tatbeständen ausgegangen werden (Kiener, Joachim, 1980, S. 298 ff.):

- Die Institutionalisierung des Marketing-Controlling in einer eigenen Organisationseinheit ist erst ab einer bestimmten Unternehmensgröße, Bedeutung und Größe der Marketingorganisation sowie den zugrundeliegenden Aufgabenschwerpunkten sinnvoll.
- Marketing-Controlling ist organisatorisch sowohl im Controlling als auch im Marketing einzubinden. Die Grundsatzfrage dabei lautet, ob das Marketing-Controlling einerseits funktional im Marketingbereich einzuordnen ist und damit dem Controlling nur nach dem »Dotted-Line-Prinzip« arbeitet oder ob das Marketing-Controlling ein Teilbereich des zentralen Controlling ist und im Rahmen der Arbeitsteilung mehr kollegial mit dem Marketingbereich zusammenarbeitet.
- Der Marketing-Controller sollte in Abhängigkeit der grundsätzlichen Bedeutung des Marketing in der Unternehmenshierarchie ausreichend hoch angesiedelt sein.
- Auch das Marketing-Controlling ist eine Linienaufgabe, die als Querschnittsfunktion im Unternehmen arbeitet.

Die Instrumente des operativen Marketing-Controlling setzen vorwiegend innerhalb der Budgetperiode an und haben als Grundlage die Analyse und Auswertung der operativen Daten geplanter und realisierter Maßnahmen. Diese Instrumente des Marketing-Controlling können noch weitgehend dezentral eingesetzt werden und dienen der Kommunikation mit dem Absatz- und Vertriebsbereich. Es sind Instrumente, die weniger interfunktionales Arbeiten verlangen als die Strategieinstrumente.

Typische, dem Marketing-Controlling zuzurechnende Aufgaben sind die Analyse und die Auswertungen der unterschiedlichsten Marktdaten, die für die Beurteilung von marktbezogenen Aktivitäten und ihre Auswirkungen auf das Ergebnisgefüge von Unternehmungen entscheidend sind. Es handelt sich dabei um die Beobachtung von absatzrelevanten Faktoren zur Steuerung der absatzbezogenen Engpaßsektoren des Unternehmens. Elemente dieser Aufgaben können die Analyse und Auswertung folgender Größen sein:

- absatzbezogene Konkurrenzanalyse,
- Analyse und Auswertung von Marktforschungsdaten wie Marktanteile des Unternehmens, Marktanteile der Konkurrenz, Distributionswerte, Umschlagsgeschwindigkeiten, Analyse der Werbeaufwendungen der Branche, nach Wettbewerbern differenziert, Umschlag pro führendem Geschäft, Bestandssituation im Handel, Marktforschungsdaten über die Vertriebskanäle, Bekanntheitsgrade, Imagepositionen des eigenen Unternehmens und der Konkurrenz, Analyse der Marktpenetration, Wiederkaufsraten oder Preisklassenanalyse.

Die Reihe der hier anzusiedelnden Aufgaben läßt sich noch beliebig fortsetzen. So sind insbesondere die unterschiedlichen Marktdaten über die Handelskanäle heute notwendiger denn je, wie etwa:

- Marktanteile über Vertriebskanäle,
- Marktanteile bei den wesentlichen Key-Accounts,
- Erlösniveau in den einzelnen Handelskanälen,
- Umschlaggeschwindigkeit und Marktaufwendungen je Vertriebskanal,
- relative Wettbewerbsverteilung bei den Key-Accounts.

Die Beurteilung und Analyse dieser Daten reicht sehr stark in Aufgaben der Marktforschung hinein und versucht, diese für die Controlling-Aufgaben im Sinne der Unternehmenssteuerung zu nutzen.

Kernstücke jeder Controlling-Arbeit ist ein auf die Steuerung der Engpaßsektoren zugeschnittenes Informationssystem. Das Marketing-Controlling hat dafür zu sorgen, daß die Bestandteile des Controlling-Informationssystems im Sinne der Steuerung der absatzbezogenen Engpaßsektoren strukturiert, aufgebaut und situationsbezogen eingesetzt werden. Dabei liegt der Schwerpunkt des Ansatzes der Maßnahmen des Marketing-Controlling im Bereich der Produkterfolgsrechnungen, der Vertriebserfolgsrechnungen und der Kundendeckungsbeitragsrechnung. Auf dieser Basis lassen sich erstellen:

- Produktanalysen (Produktdeckungsbeitragsrechnung, Sortimentdeckungsbeitragsrechnung, Sortimentshitlisten),
- Vertriebsanalysen über Deckungsbeitragsrechnungen für Absatzgebiete, Absatzregionen oder Absatzprojekte,
- Kundenanalysen über Kundendeckungsbeitragsrechnungen zur Beurteilung von Kunden, Aktionen oder Absatzprojekte.

Die drei Schwerpunktinstrumente Produkt-, Vertriebs- und Kundendeckungsbeitragsrechnungen bauen auf der stufenweisen Deckungsbeitragsrechnung auf und segmentieren das Ergebnisgefüge der Unternehmung mehrdimensional nach den unterschiedlichen Bezugsobjekten. Es sind damit gleichzeitig die Instrumente, die, bezogen auf die absatzbezogenen Engpaßsektoren, die Ursache-Wirkung-Beziehungen des Ergebnisgefüges einer Unternehmung transparent machen. Sie stellen gleichzeitig den Einstieg für ein aktives Fixkosten-Controlling im Unternehmen dar.

Die zunehmende Komplexität von Unternehmen macht es erforderlich, für die Wertschöpfungssteuerung Instrumente einzusetzen, mit denen die Faktoren steuerbar werden, die über das mehr verantwortungsbezogene Informationssystem nicht mehr ausreichend abgedeckt werden. Hervorragende Dienste leistet dabei das Projekt-Controlling, das die Möglichkeit gibt, das Ergebnisgefüge und insbesondere den Gemeinkostenbereich diagonal steuerbar zu machen und sowohl über mehrere Verantwortungsbereiche als auch mehrere Perioden die Ergebnisprozesse im Unternehmen zu steuern. Das Projekt-Controlling

- erlaubt die controllingorientierte Begleitung von Projektaufgaben,
- ist aufgaben- und maßnahmenbezogen einsetzbar,
- ist ein Instrument zum aktiven Fixkosten-Controlling und
- ist einsetzbar für alle außerhalb der Normalentwicklung laufenden und nicht vom Budget gedeckten Aufgaben.

Projekte sind neue, zeitlich begrenzte Aufgaben mit fixiertem Start- und Endtermin. Sie werden über die Organisationsform des Projekt-Management gesteuert, das die Abwicklung von Projektaufgaben durch horizontale Koordination der funktionalen Ressourcen auf das Projektziel hin sicherstellt. Das Projekt-Controlling hat zu seiner erfolgreichen Umsetzung die nachfolgenden Bestandteile zu umfassen:

- Kenntnis der Organisationsform des Projekt-Management (»Richtlinien für Projekt-Management«),
- klare, operationale und mit vertretbarem Zeitaufwand erreichbare Projektziele,
- Projektteam mit den zur Zielerreichung ausgestatteten Kompetenzen,
- Projektauftrag und Vorgehenszeitplan,
- laufendes Projektreporting über den Projektfortschritt,
- Projektbudget.

Das Instrument des Projekt-Controlling kann im Bereich der Aufgaben des Marketing-Controllers vor allem an folgenden Aufgaben ansetzen:

- Entwicklungsprojekte (Steuerung von der Projektidee bis zur Realisierungsreife),
- Gemeinkosten-Strukturveränderungen,
- Investitionen in Produktfelder,
- Aufbau neuer Geschäftsfelder,
- Schließen von Produktbereichen,
- Beurteilung von Standortalternativen für die Herstellung von Produktlinien,
- Aufbau neuer Produktlinien,
  Beurteilung von Werbe- und Verkaufsförderungsmaßnahmen,
- Break-even-Analysen für Preisveränderungen, Wertanalyse-Maßnahmen oder Distributionsausweitung.

Instrumente des strategischen Marketing-Controlling: Strategisches Controlling setzt an der Steuerung der Erfolgspotentiale an, hilft, »hinter die Zahlen schauen zu können«, arbeitet stärker im qualitativen Bereich und sollte zum operativen Controlling regelkreisartig verzahnt ablaufen.

Der Einsatz der im strategischen Marketing-Controlling angewendeten Instrumente verlangt stärker als die operativen Instrumente ein interfunktionales Arbeiten mit anderen Unternehmensbereichen. Diese Instrumente lassen sich nicht mehr isoliert in einem Bereich einsetzen, sondern benötigen den Gedankeninput aller Unternehmensbereiche.

Instrumente für ein strategisches Controlling

Für die Erarbeitung von Unternehmensstrategien und damit für das strategische Controlling sind heute mehrere Instrumente bekannt: Potentialanalyse, Zielsetzung, Wachstumskonzept, Erfahrungskurve, Pims-Studie, Boston-Matrix, McKinsey-Matrix, Lebenszyklus-Konzept, Strategische Bilanz, Gap-Analyse, Vorteils-Matrix, Sortimentsstrategie, Produkt-Markt-Strategien, Funktionsstrategien, Schubladenpläne und Operationalisierung.

Gemeinsam ist allen diesen Instrumenten, daß sie den Prozeß der Strategieerarbeitung strukturieren und Kommunikations- und Visualisierungsinstrumente sind, um eine gemeinsam getragene Unternehmensstrategie zu finden. Die Anwendung der vorhandenen Instrumente führt aber nur dann zur Erarbeitung einer erfolgreichen Unternehmensstrategie, wenn sie mit dem notwendigen »unternehmerischen Feeling« des Management angereichert werden. Nachfolgend werden nur einige der heute bekannten Instrumente kurz betrachtet.

Potentialanalyse: Sie dient der Suche und Ermittlung der Vorsteuergrößen des operativen Gewinns. Ausgehend von der Ausgangsanalyse, werden über die Stufen vergangene Erfolge und Mißerfolge, Ursachen vergangener Erfolge und Mißerfolge, zukünftige interne Stärken und Schwächen und zukünftige externe Chancen und Risiken die Stärken des Unternehmens als langfristig wirksame Eigenarten zur Differenzierung von Wettbewerb und die Schlüsselfaktoren als die Faktoren, die für den Erfolg in dem betreffenden Geschäft von Bedeutung sind, erarbeitet. Als Ergebnis der Potentialanalyse erhält man eine Antwort darauf, wo die eigenen Stärken des Unternehmens identisch sind mit Schlüsselfaktoren, das heißt, wo das Unternehmen über solche Eigenarten verfügt, die als Basis der Differenzierung zum Wettbewerb für den Erfolg in dem betreffenden Geschäft entscheidend sind. Die Potentialanalyse ist der Einstieg in die Erarbeitung der Unternehmensstrategie und Basis des Aufbaus zukünftiger Erfolgspotentiale.

Portfolio-Technik: Sie ist im Rahmen der Strategieerarbeitung weitverbreitet. Ausgehend von der Erkenntnis, daß die Renditen sowohl in einzelnen Branchen als auch in unterschiedlichen Geschäftsfeldern sowie auch in verschiedenen Produktkategorien unterschiedlich sind, ist die Unternehmensleitung gezwungen, diese unterschiedlichen Renditegrößen derart auszubalancieren, daß ein ausgeglichenes Portfolio der Aktivitäten vor dem Hintergrund der langfristigen Unternehmenssicherung und der finanziellen Stabilität entsteht. Das Portfolio-Konzept kommt in unterschiedlichen Ausprägungen vor als:

- Branchenattraktivitäts-Geschäftsfeldstärken-Portfolio (McKinsey-Matrix),
- Marktanteils-Marktwachstums-Portfolio (Boston-Matrix),
- Wettbewerbsstärke-Lebenszyklus-Portfolio,
- Geschäftsfeld-Ressourcen-Portfolio.

In der betrieblichen Praxis hat es sich bewährt, die unterschiedlichen Portfolio-Modelle auf differenzierte Entscheidungssituationen anzuwenden. Dabei liefern diese verschiedenen Modelle unterschiedliche Ausgangspunkte für Normstrategien:

1. Nach der Segmentierung des Unternehmens in strategische Geschäftseinheiten ist es zweckmäßig, zunächst mit der McKinsey-Matrix zu starten und die einzelnen Geschäftsfelder eines Unternehmens nach der Branchenattraktivität und der relativen Wettbewerbsposition einzuteilen. Auf der Basis einer solchen Einteilung erhält man eine Aussage über die unterschiedlichen Normstrategien für die einzelnen Geschäftsfelder.
2. Aufbauend auf der oben beschriebenen Strukturierung und Positionierung der einzelnen Geschäftsfelder, empfiehlt es sich dann, für die Produktgruppen der einzelnen Geschäftsfelder mit Hilfe der Boston-Matrix die Positionierung anhand der Kriterien Marktwachstum und relativer Marktanteil vorzunehmen. Auf dieser Basis erhält man die bekannte Positionierung der einzelnen Produktgruppen nach Cashcows, Dogs, Stars und Problemkindern. Innerhalb der Boston-Matrix gelten Gesetzmäßigkeiten bezüglich Produktverlauf, Finanzstrategie und strategischer Gewinn-und-Verlust-Rechnung.

3. Über die Einteilung der einzelnen Geschäftsfelder und Produkte nach der Wettbewerbsstellung und ihrer Stellung im Produktlebenszyklus lassen sich im Rahmen eines Vergleichs mit den Normstrategien für die einzelnen Phasen Anhaltspunkte dafür finden, ob die eigene Strategie richtig angelegt ist.

Wachstumskonzept: Es beantwortet Fragen nach der übergeordneten Wachstumszielsetzung, klärt, ob das Unternehmen stärker quantitativ oder qualitativ wachsen soll, und legt fest, ob das Unternehmenswachstum aus eigener Kraft und Stärke in angestammten Bereichen durch Konzentration erfolgen soll oder ob es notwendig ist, über die Arrondierung neuer Bereiche in Form von Diversifikationsüberlegungen die eigene Geschäftsbasis auszuweiten. Diese Überlegungen sind sowohl auf Geschäftsfelder insgesamt als auch für Einzelproduktkategorien und Produktfelder anzustellen. Es bedeutet ein Denken in Alternativen, um die unterschiedlichen Möglichkeiten der Realisierung von Wachstum auszubalancieren.

Positionierungsstrategien: Die unterschiedlichen Positionsstrategien zum Wettbewerb sind von Michael Portner (1985) sehr markant herausgearbeitet worden. Ausgehend von der Frage, ob sich die Positionierung

- auf eine Profilierungsstrategie durch Differenzierung über Leistungsvorteile oder eine Kostenvorteilsstrategie begründet und
- ob mit dieser Strategie der Gesamtmarkt oder Teilmärkte aus dem Gesamtmarkt abgedeckt werden,

entstehen die unterschiedlichen Strategietypen: Qualitätsführerschaft, Produkt-Segment-Spezialisierung, aggressive Preisstrategie und Niedrigpreisstrategie.

Im Rahmen der Strategieerarbeitung wird es für jedes Unternehmen Pflicht sein, sich über die grundsätzliche Positionierung im Wettbewerb klarzuwerden. Dabei ist das Marketing-Controlling besonders gefordert, um über die Sensibilität für Absatzfragen und die Konsequenzen auf die grundsätzlichen Möglichkeiten des Unternehmens Modellalternativen zu strukturieren.

Zentrale Bedeutung der Sortimentspolitik

Sortimentsstrategie: Fragen der Sortimentsstrategie gehören zu den zentralen Fragen der Ausrichtung des Unternehmens. Dabei hängt die für ein Unternehmen zu fahrende Sortimentsstrategie von einem unterschiedlichen und sehr differenziert wirkenden Bündel von Einflußfaktoren ab. Die Beantwortung der Fragen nach der adäquaten Sortimentsbreite und damit Sortimentsstrategie ist nur im konkreten Einzelfalle möglich und dabei auch immer risikobehaftet. Unabhängig davon gelten einige Thesen, die bei der Beantwortung der Frage nützlich sind.

1. Die heutige Stagnation (beziehungsweise der Rückgang) vieler Märkte fördert die Tendenz zu breiten Sortimenten.
2. In Unternehmungen, deren angestammte Sortimentsteile überwiegend in der »Cash-cow«-Position liegen, haben Sortimentsausweitungen tendenziell einen Rückgang des relativen Ertrags zur Folge.
3. Je höher die nutzbaren Synergien sind, um so erfolgreicher ist eine Sortimentsausweitung.
4. Eine Sortimentsschwerpunktbildung zur Ausnutzung des Boston-Effekts setzt die Konzentration aller Kräfte voraus. Ist die Sortimentsschwerpunktbildung kein Vorteilsfaktor in dem betreffenden Markt, so sind die Negativauswirkungen einer solchen Maßnahme schwerwiegend.
5. Bei weitgehend stagnierenden Märkten haben massive Sortimentsbereinigungen nur selten eine positive Ertragsauswirkung.

Funktionsstrategien: Bei den aus der McKinsey- und aus der Boston-Matrix abgeleiteten Basisstrategien handelt es sich in erster Linie um Produkt-Markt-Strategien, die die grobe strategische Stroßrichtung für die einzelnen Geschäftsfelder und Produktbereiche angeben. Für die Umsetzung der Unternehmensstrategie ist es erforderlich, aus diesen sehr grob formulierten Basisstrategien hierarchische Strategien für die einzelnen Funktionsbereiche abzuleiten. Diese Funktionsstrategien enthalten alle die Maßnahmen, die von den einzelnen Unternehmensbereichen zur Umsetzung der Produkt-Markt-Strategie getroffen werden müssen. Sie stehen zu den Produkt-Markt-Strategien in einem Unterordnungsverhältnis.

Die Aufgabe des Marketing-Controlling ist es, insbesondere die Marketingstrategie und die Vertriebsstrategie mit zu präzisieren. Dabei zeigt die Marketingstrategie, welche Aktivitäten im Rahmen der Programmpolitik, der Vertriebswegepolitik oder Preispolitik für die übergeordnete Produkt-Markt-Strategie umzusetzen sind. Die Vertriebsstrategie präzisiert die einzelnen operativen Vertriebsmaßnahmen hinsichtlich der verschiedenen Vertriebskanäle, der Distributionspolitik oder der Kundenselektion.

Schubladenpläne: Jede strategische Planung besitzt kritische Strategien, die eine sehr sensible Gegensteuerung verlangen. Für diese Strategien empfiehlt sich die detaillierte Festlegung von Frühindikatoren, die den Erfolg oder Mißerfolg signalisieren. Für diese Strategien ist es darüber hinaus erforderlich, in Form von Schubladenplänen den Gegensteuerungszeitraum schon bei der Erarbeitung der Strategien zu erhöhen. Da jede strategische Planung als Denken in Alternativen ohnehin die Erarbeitung mehrerer Teilstrategien voraussetzt, empfiehlt es sich, diese Alternativstrategien in Form von Schubladenplänen für die Gegensteuerung bereitzuhalten.

Darüber hinaus kann zur Erarbeitung von Schubladenplänen auf die unterschiedlichen Szenarien zurückgegriffen werden, die im Rahmen der Strategieerarbeitung ohnehin erstellt werden. Szenarien liefern dabei die Möglichkeit, den Denkrahmen zu erweitern und unterschiedliche Wenn-dann-Konstellationen zu simulieren.

Operationalisierung: Jede Unternehmensstrategie wird operativ gemessen und gesteuert. Die Operationalisierung der strategischen Aussagen setzt an folgenden Punkten an:

1. Bei der Erarbeitung der strategischen Planung als Denkprozeß in Alternativen ist die Operationalisierung erforderlich, um die Plausibilität, Machbarkeit und den Zielerreichungsgrad einzelner Alternativen auf die langfristigen Ziele hin zu prüfen.
2. Im Stadium der Umsetzung der strategischen Planung garantiert die Operationalisierung die nachprüfbare Leitlinie im Tagesgeschäft und bildet die Basis zur Gegensteuerung.
3. Für Tagesentscheidungen besitzt die operationalisierte strategische Planung eine Filterwirkung. Sie stellt die Verzahnung zwischen operativen und strategischen Zielen her.

4. Durch Festlegung von Verantwortlichen und Terminen für die Umsetzung von Maßnahmen wird die notwendige Verbindlichkeit gesichert.
5. Eine operationalisierte strategische Planung ermöglicht in Form eines Soll-Ist-Vergleichs die Prüfung der Umsetzung der einzelnen Maßnahmen.

Bezogen auf die unterschiedlichen Teilbereiche der strategischen Planung, sind der Operationalisierungsgrad und die Konkretisierungsmöglichkeiten differenziert. Bestandteile der Operationalisierung sind: die Extrapolation, Projekte und Maßnahmen, die wesentlichen strategischen Engpaßaufgaben, die strategische Zielsetzung, die Produkt-Markt-Strategien, die Strategien der einzelnen Funktionsbereiche, Schubladenpläne, interne und externe Risikofaktoren sowie Erfolgssignale und Etappenziele.

Strategischer Plan-Ist-Vergleich: Er hat die Aufgabe, das Strategieteam und die wesentlichen Entscheidungsträger des Unternehmens über die Erfolge bei der Umsetzung der Unternehmensstrategie zu informieren und zu sensibilisieren. Im Gegensatz zum Informationssystem des operativen Controlling arbeitet der strategische Plan-Ist-Vergleich im wesentlichen mit qualitativen Informationen. Er wird ergänzt um die Informationen des operativen Berichtswesens, das die Informationen über die Umsetzung des Jahresbudgets als Etappenziel der Unternehmensstrategie enthält.

Die Teile des strategischen Berichtswesens sind das operative Berichtswesen, die Mittelfristplanung des Gesamtunternehmens, die Produkt-Markt-Strategien, die Funktionsstrategien, Prämissen, interne und externe Risikofaktoren sowie Erfolgssignale und Etappenziele.

Um die Informationen des strategischen Plan-Ist-Vergleich ausreichend zu analysieren und an die Empfänger weiterleiten zu können, empfiehlt es sich, ein Team einzuberufen, das die Aufgabe hat, die notwendigen Informationen für die Erstellung des strategischen Plan-Ist-Vergleichs aus den einzelnen Unternehmensbereichen strukturiert zusammenzufassen und sie hinsichtlich der Einhaltung der strategischen Eckpfeiler zu gewichten und zu werten. Dabei kommt dem Marketing-Controlling die Aufgabe zu, alle marketing- und absatzbezogenen Daten in dieser Richtung auszuwerten. Das Team sollte in Abständen von zwei bis drei Monaten die Ergebnisse des strategischen Plan-Ist-Vergleichs dem Strategieteam präsentieren und damit den Anstoß für weitere Diskussionen und Überlegungen zur erfolgreichen Strategieumsetzung geben.

Chancen durch das Bevölkerungswachstum

Die mittelfristigen Perspektiven des privaten Verbrauchs

Rüdiger Szallies

Bei der Bewertung mittelfristiger Entwicklungen ist es schwierig, sich von der jeweiligen aktuellen wirtschaftlichen Grundstimmung freizumachen. In der Tat liefern die Stimmung, aber auch die Fakten offenbar keinen Anlaß zu nicht einmal verhaltenem Optimismus. So nahm die aktuelle Entwicklung des privaten Verbrauchs und auch der Einzelhandelsumsätze 1992 den erwartet enttäuschenden Verlauf. Der Einzelhandelsumsatz lag 1992 real um gut 2 Prozent unter dem des Vorjahres. Im I. Quartal 1993 fiel der Umsatzrückgang noch deutlicher aus. Allerdings war dieses Ergebnis unter anderem auch deshalb unbefriedigend, weil der Sonderfaktor »Einkaufstourismus Ost«, der über einen Zeitraum von zirka 18 Monaten bis einschließlich Juni/Juli 1991 die Umsätze des westdeutschen Einzelhandels nach oben trieb, sich 1992 sukzessive auflöste.

Neutralisiert man diesen Effekt, war insbesondere die 92er-Flaute im deutschen Einzelhandel auch auf basistechnische Gründe und nicht allein auf eine Kaufzurückhaltung der westdeutschen Konsumenten zurückzuführen. Das heißt, die übliche Praxis der Vorjahresprozentuierung verzerrt ein von Sonderfaktoren geprägtes Ergebnis und macht es schlechter, als es tatsächlich ist. Die Psychologie tut dann ein übriges. Trotz dieser Einschränkungen deuten eine Reihe von Indizien darauf hin, daß der Einzelhandel in der nächsten Zeit durchaus mit Gegenwind zu rechnen hat. So macht die aktuelle Entwicklung des Konsumklimas im Augenblick wenig Freude. Sie zeigt deutlich nach unten (siehe Abbildung 1). Die Entwicklung erreichte und unterschritt im März 1993 den bisherigen Tiefpunkt im September 1982.

Die Situation ist aber nicht mit 1982 vergleichbar. 1982 hatten die Bundesbürger einen realen Einkommensverlust zu verkraften, der neben den politischen Turbulenzen im Herbst zu dem bisherigen historischen Stimmungstief führte. Die Stimmung entsprach damals der tatsächlichen wirtschaftlichen Lage. 1992 war die Stimmung schlechter als die Lage, da die aktuelle Einkommenssituation dem Bundesbürger einen – wenn

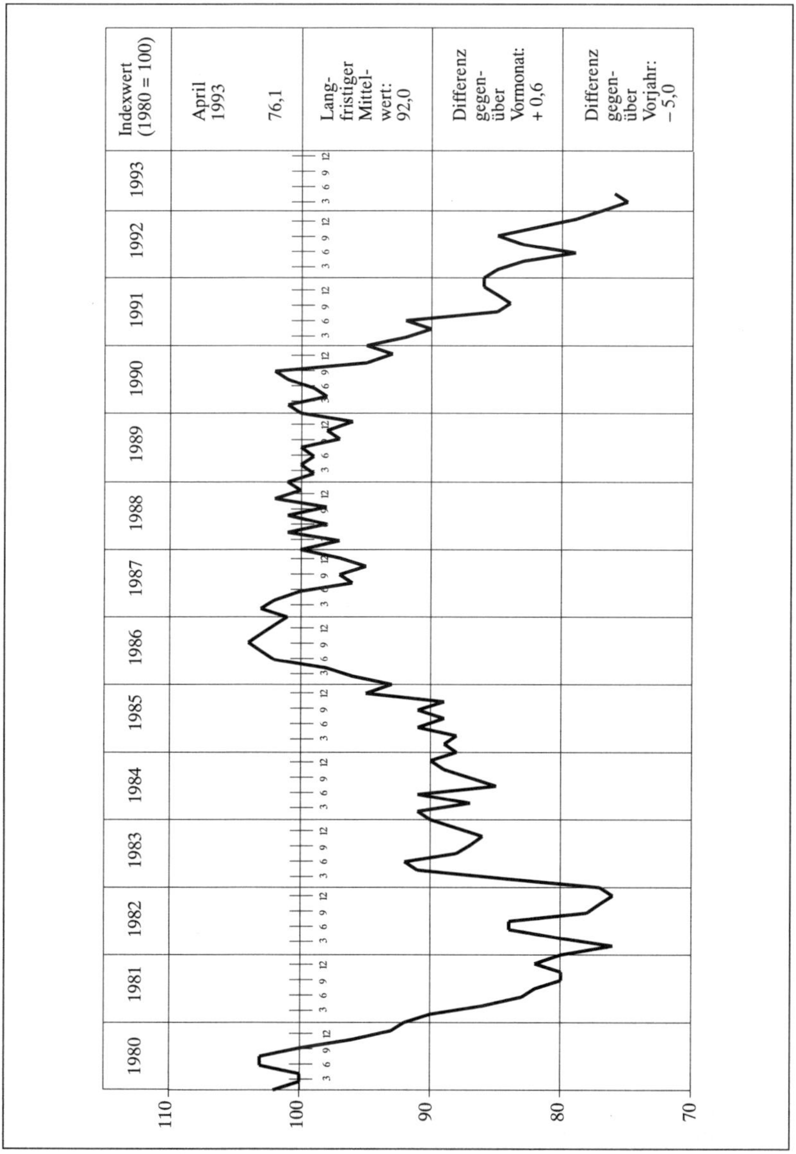

Abbildung 1: GfK-Index Konsumklima

auch nur schmalen – Kaufkraftgewinn bescherte. Es stellt sich deshalb die Frage, ob die gegenwärtige Konsumklimaentwicklung nur temporärer Natur ist oder hier bereits ein längerfristiger Trend vorliegt.

Neutralisiert man den Sondereffekt »Deutsche Wiedervereinigung«, der 1990 zu einem kurzfristigen Stimmungshoch führte, zeigen die Einkommenserwartungen der Bundesbürger in den alten Bundesländern bereits seit 1986 eine rückläufige Entwicklung auf.

Bedarf an langfristigen Gebrauchsgütern

Noch deutlicher ist der Langfristcharakter erkennbar in der Anschaffungsbereitschaft für langlebige Gebrauchsgüter. Hier weist der mittelfristige und – ausgenommen der Zeitraum 1983 bis 1986 – auch der langfristige Trendverlauf eindeutig nach unten. Der Index der Anschaffungsbereitschaft fiel 1992 erstmals unter das bisherige Tiefstniveau von 1982. Ist diese sich möglicherweise zunächst in den Köpfen der Menschen abspielende »Abkehr von den Quantitäten« ein gewichtiger Hinweis für eine bevorstehende Krise des privaten Verbrauchs?

Grundsätzlich gilt die empirische Regel, daß die Konsumentenstimmung mit einer Zeitverzögerung von zwei bis drei Monaten Einfluß auf das tatsächliche Verhalten, das heißt auf die Nachfrage nach Konsum- und Gebrauchsgütern, nimmt. Nach allen bisherigen Erfahrungen muß deshalb eine reduzierte Kaufneigung negative Konsequenzen für die Entwicklung des privaten Verbrauchs haben – sofern sich allerdings die Grundbedingungen der privaten Nachfrage strukturell nicht wesentlich ändern.

Doch gerade hier hat sich bereits seit Ende der achtziger Jahre eine Dynamik entwickelt, die in ihren Auswirkungen auf den privaten Verbrauch häufig zu wenig beachtet wird. Vor allen Dingen sind vier Faktoren herauszustellen:

- Die Wohnbevölkerung in Deutschland wird nach neuesten Prognosen des Statistischen Bundesamtes in Wiesbaden bis 1995 auf knapp 82 Millionen wachsen. Die Erkenntnis ist banal: Eine der wesentlichen Voraussetzungen für einen positiven Verlauf des privaten Verbrauchs ist eine Steigerung des Konsumentenpotentials.
- Die Zahl der wirtschaftsaktiven Altersgruppen, das sind insbesondere

die Haushaltsgründer im Alter von 25 bis 39 Jahren, nimmt bis 1995 weiter zu.

- Die deutsche Gesellschaft erhält durch den immer noch anhaltenden Strom von Ausländern beziehungsweise Aussiedlern eine »Auffrischung«. Die Alterspyramide wird sich damit wieder leicht verschieben, denn im wesentlichen sind es die jüngeren beziehungsweise mittleren Jahrgänge, die nach Deutschland einwandern.
- Auch die Entwicklung der Zahl der privaten Haushalte (von 26 Millionen Mitte der achtziger Jahre bis auf wahrscheinlich 30 Millionen Mitte der neunziger Jahre in den alten Bundesländern) hat eher positive Auswirkungen.

Letztlich zeigen diese vier Faktoren, daß die soziodemografischen Rahmenbedingungen zumindest bis Mitte dieser Dekade noch genügend Wachstumspotential für den privaten Verbrauch bereitstellen.

Als weiterer Faktor, der gleichsam wie ein »Dünger« den Boden für ein gutes Wachstum des privaten Verbrauchs anreichern konnte, ist die Kapitalausstattung der Bundesbürger anzuführen. Allein was der bundesdeutsche Durchschnittshaushalt (alte Bundesländer) 1992 inklusive Transferzahlungen des Staates, Vermögenseinkünften und anderes verdiente, nämlich etwa 5 000 DM pro Monat, ist bemerkenswert.

Doch während die Einkommen der Bundesbürger sich in den vergangenen 25 Jahren lediglich nominal vervierfacht haben, stieg die Sparquote in diesem Zeitraum um den Faktor 8 und wuchs das private Geldvermögen um den Faktor 16 auf aktuell über 3,2 Billionen DM. In diesem Betrag ist nicht einmal der liquidierbare Wert von Immobilienbesitz enthalten. Wenn auch die Schätzungen schwanken, erscheint doch der Hinweis wichtig, daß sich dieses Geldvermögen auf breite Bevölkerungsschichten erstreckt. Das heißt, die Demokratisierung des Wohlstandes ist in Westdeutschland Realität geworden. Der Konsument schlüpft dabei zunehmend aus seiner traditionellen Rolle des klassischen Sparens heraus und wird immer mehr zum »Minikapitalisten«, der mit wachsender Tendenz die Mittel und die Kompetenz hat, mit seinem Geld Geld zu verdienen.

Die exponentielle Entwicklung des privaten Geldvermögens schafft auch eine neue Kaufkraftkomponente, und zwar die der einkommensunabhängigen Kaufkraft. Rechnet man zu dieser Komponente noch den kurzfristig disponiblen Spielraum, der aus Überziehungs- und Ratenkrediten kommt, wird diese Kaufkraft, die nicht aus dem laufenden Einkommen stammt, bereits in den nächsten Jahren zirka 15 Prozent der Gesamtkaufkraft betragen.

Bei dieser Betrachtung müssen allerdings zwei Aspekte berücksichtigt werden. So darf man die Zaungäste unserer Wohlstandsarena nicht vergessen, die Arbeitslosen, die Sozialhilfeempfänger, die Rentner mit Einkommen unter beziehungsweise um 1 000 DM im Monat; auch deren Zahl (aktuelle Schätzungen gehen von zirka 7 Millionen für Gesamtdeutschland aus) wird weiter steigen, womit sich die Polarisierungstendenzen in unserer Gesellschaft verstärken werden. Die Zahl der Wohlhabenden wird aber stärker wachsen als die Zahl der Armen.

Ebenso ist ins Kalkül zu ziehen, daß die »Begehrlichkeit« des Staates wächst, am Geldvermögen der privaten Haushalte zu partizipieren. Das Ungleichgewicht zwischen privatem Wohlstand und öffentlicher Verschuldung wird immer größer, insbesondere da die Prognosen über die private Geldvermögensbildung für das Jahr 2000 eine Größenordnung von über 5 Billionen DM antizipieren. Das heißt, die nicht absehbare Größe in der Gleichung ist das Maß an Kaufkraft, das von steigenden Steuern und Sozialabgaben absorbiert wird.

Trotz der vorher aufgeführten Einschränkung sprächen aber alle anderen quantitativen Indikatoren dafür, daß die sich gegenwärtig abschwächende Dynamik in der Entwicklung des privaten Verbrauchs nur temporärer Natur ist, zumal auch ein weiterer Faktor, die rückläufige Sparneigung der Bundesbürger, den privaten Verbrauch gegenwärtig eher stützt. Ähnlich wie in den fünfziger und sechziger Jahren könnten damit die nächsten Jahre von einer Nachfrageautomatik geprägt sein, die sich aus den Komponenten wachsende Zahl von Konsumenten/Haushalten und wachsende Kaufkraft zusammensetzt. Doch der Konjunktiv ist allemal angebracht.

Weitgehend gesichert erscheint zwar die Entwicklung der demografischen Daten. Das Fragezeichen muß jedoch gesetzt werden bei der weiteren Entwicklung des frei verfügbaren Einkommens, also der Kaufkraft, die ja sehr stark beeinflußt wird vom Verlauf der Arbeitslosigkeit und der Beschäftigtenzahl. Die aktuellen Prognosen verheißen hier nichts Gutes. In diesem Zusammenhang ist ein erstaunliches Phänomen zu erörtern, das sich mit dem Ahnungsvermögen der Menschen auseinandersetzt. Die ironische Bemerkung »Das empfindlichste Organ des Menschen ist sein Portemonnaie« läßt sich nachvollziehen, wenn man die Gründe der gegenwärtig schlechten Konsumentenstimmung hinterfragt. Das Konsumklima wird maßgeblich geprägt von den Einkommenserwartungen der Verbraucher, die – wie bereits dargestellt – seit Jahren nach unten tendieren.

Wie ist es aber zu erklären, daß in einem Zeitraum realer Einkommenszuwächse die Erwartungen über die Einkommensentwicklung von immer mehr Skepsis geprägt werden?

Über die Gründe kann man nur spekulieren; zweifellos spielen verschiedene Aspekte eine Rolle. So war bereits unmittelbar vor der deutschen Wiedervereinigung – entgegen den Aussagen vieler Politiker – ein Großteil der Bundesbürger der Meinung, daß sie selbst die deutsche Einheit finanzieren müßten. Ohne es konkret erklären zu können, ahnten sie es bereits sehr frühzeitig »aus dem Bauch heraus«, daß ein derart großes Finanzierungsvolumen nur über deutlich spürbare Steuererhöhungen realisiert werden könnte.

Negative Tendenz in ganz Europa

Unabhängig von diesem Sonderfaktor könnte die sich seit 1987 abschwächende Zuversicht in bezug auf die künftige Einkommensentwicklung auch Ausdruck eines Empfindens sein, daß sich eine auf die Durchsetzung immer weiter wachsender Ansprüche kaprizierende Gesellschaft letztlich irgendwann ad absurdum führt. Ahnen die Menschen, daß das (vorläufige) Ende der Anspruchsgesellschaft eingeleitet ist? Man sollte hier nicht spekulieren. Interessant ist aber, daß diese Stimmungslage keineswegs ein typisches deutsches, sondern ein europäisches Phänomen geworden ist. Mit der Ausnahme von Dänemark und Portugal läßt sich bei den Verbrauchern in allen anderen EG-Mitgliedsländern ein weitgehend identischer Trend, das heißt ein bereits seit 1989 rückläufiges Vertrauen in die eigene und die gesamtwirtschaftliche Entwicklung ausmachen.

Ist diese »So-geht-es-nicht-weiter«-Befürchtung ein konkretes Indiz dafür, daß der Mensch bereit ist, auch tatsächlich seine Ansprüche zurückzuschrauben? Die siebziger und achtziger Jahre waren von einem stetig wachsenden Anteil frei disponibler, das heißt nicht durch fixe Ausgaben gebundener, Kaufkraft gekennzeichnet. Otto Normalverbraucher, die eigentlich längst obsolete Figur aus dem Film »Berliner Ballade« von 1948, mit seinen exakt berechenbaren Nachfragestrukturen wurde immer mehr abgelöst von einem Konsumenten, dessen Einkommensspielräume es erlaubten, sich ein breites Spektrum an Konsumoptionen offenzuhalten. *Anything goes,* das heißt, »Markus Möglich« verdrängte immer mehr den Regelkonsumenten, der seinen Durchschnittskonsum im Rahmen eines relativ starren Verhaltenskorsetts abwickeln mußte.

Nachdem aber das quantifizierbare Maß an Lebensstandard weitgehend erfüllt war, der Ausstattungsgrad mit langlebigen Gebrauchsgütern ein bisher nie gekanntes Niveau erreicht hatte, setzte allerdings keine Befriedigung ein. Fast das Gegenteil ist der Fall, denn mit wachsendem Sättigungsgrad sank eher die Lebenszufriedenheit. Der stetige Rückgang der Anschaffungsneigung scheint deshalb auch kein kurzfristiges Phänomen zu sein, sondern Ausdruck eines Einstellungswandels, der mehr qualitative Elemente in den Vordergrund der Bedürfnishierarchie des Menschen rückt. Die Phase der Anhäufung zum Teil vordergründiger Statussymbole ist damit möglicherweise abgeschlossen, schon allein deshalb, weil der aktuelle Zeitgeist beziehungsweise auch das direkte soziale Umfeld das schnöde Konsumieren um jeden Preis als eine zu materialistische, zum Teil sogar dekadente Attitüde ablehnt. Vom Postmaterialismus also zu einer neuen Bescheidenheit?

Diese Interpretation wäre zu einfach und träfe nicht den Kern des Einstellungswandels. Der Mensch und Konsument der neunziger Jahre sucht nach anderen, neuen Formen des Konsums. Der zu mechanistische Begriff vom »Verbraucher« ist nicht mehr in der Lage, diese neue Einstellungs- und Verhaltenslinie wiederzugeben. Der Mensch sträubt sich innerlich immer mehr dagegen, sich zum bloßen »Verbraucher« degradieren zu lassen. Die Trendlinie von »Ich bin, was ich habe« zu »Ich bin, wie ich etwas ausgebe, das heißt, wie ich lebe« unterstreicht, daß sich unter Umständen immer mehr Menschen davon lösen, die bloße Demonstration eines Besitzstandes als primären Konsumzweck zu sehen. Der seinen Individualismus auslebende Mensch der neunziger Jahre wird, gerade weil es ihm seine finanziellen Freiräume erlauben, seine Lebensweise, seinen Konsumstil und damit auch seinen Status immer mehr nach qualitativen Zielen orientieren.

Wie sich Statussymbole verändert haben, zeigt eine GfK-Studie Ende der achtziger Jahre. Als Merkmale, woran der Status eines Menschen zu erkennen ist, wurden genannt:

1. der Bekanntenkreis, mit dem man verkehrt,
2. die Kleidung, beziehungsweise das »Outfit«,
3. die Bücher, die man liest,
4. der Beruf, den man ausübt,
5. die Gegend, in der man wohnt.

Was ist an dieser Rangfolge bemerkenswert? Gegenüber früher sind erhebliche Änderungen festzustellen. Klassische Statussymbole, wie beispielsweise das Auto, haben an Bedeutung verloren. Nach oben gerückt sind dagegen die Kleidung beziehungsweise Aspekte, die sich auf das direkte Lebensumfeld beziehen, Bekanntenkreis, Beruf, Wohngegend, quasi als Drehscheiben, auf denen individuelle Lebensart plaziert wird.

Das heißt, neben der Kleidung beziehungsweise im übertragenen Sinne dem Äußeren, das wie eigentlich auch schon früher (»Kleider machen Leute«) eine tragende Rolle in der Offenlegung der Persönlichkeit beziehungsweise der Person, die man darstellen möchte, übernimmt, sind es mehr die mittelbaren, indirekten Symbole, die offenbar den Status eines Menschen prägen. Sie deuten allerdings keinesfalls darauf hin, daß die Menschen zunehmend Sinnverwirklichung außerhalb der klassischen Konsumsphäre suchen, das verbrämte Ideal vom einfachen Leben anstreben wollen. Deswegen wird es auch keine grundlegende Abkehr vom Konsum, sondern lediglich eine Art Konsumsublimierung geben.

Zweifellos ist es richtig, daß der Mensch und Konsument, der die Segnungen eines prallen Wohlstandes im wahrsten Sinne des Wortes vor sich her trägt, durchaus mitunter Neigungen zeigt, das Schlichte und Einfache dem täglichen Einerlei der Rumpsteaks, Filets usw. vorzuziehen. Ist das eigentlich echte Bescheidenheit? Bescheidenheit ist doch eher Zurückhaltung, Altruismus. Sich bescheiden heißt letztlich, bewußt Konsumverzicht üben. Sicherlich gibt es diese Menschen, möglicherweise wird ihr Anteil an der Gesamtbevölkerung sogar wachsen. Eine quantitativ entscheidende Größe sind sie deswegen noch lange nicht und werden es wohl auch in naher Zukunft nicht werden.

Denn wenn es so wäre, dann würde die Sparquote in der Bundesrepublik deutlich nach oben schnellen, dann würde sich beispielsweise auch das Spendenaufkommen beträchtlich vergrößern – »der Zehnte« für die Armen im eigenen Lande und in der Dritten Welt. Davon sind wir weit entfernt. Das frei verfügbare Einkommen belief sich 1992 auf zirka

1,8 Billionen DM, das Spendenvolumen, Feigenblatt und Beruhigungspille für den satten Wohlstandsmenschen, machte gerade bescheidene 0,2 beziehungsweise 0,3 Prozent des verfügbaren Einkommens aus. Die häufig zitierte neue Bescheidenheit muß deshalb eher im Sinne einer kalkulierten Bescheidenheit verstanden werden. Das Einfache, Schlichte, Natürliche, vormals sogar Proletarische wird sublimiert zu einem neuen Konsumstil nach dem Prinzip der raffinierten Vereinfachung. Der Genuß des Einfachen, die Betonung des Schlichten als gewollter Kontrast zum Opulenten demonstriert dementsprechend ein höheres Konsumniveau, befreit offenbar von der unausgesprochenen Unterstellung, sich lediglich im Konsum verwirklichen zu wollen. Der zeitweilige Überdruß am Überfluß sucht nach Ventilen, die den moralischen Druck beziehungsweise die Schuldgefühle, sich zu unbedenklich in der Wohlstandsgesellschaft auszuleben, reduzieren. Daß die Präferenz des ausgeprägt Einfachen im Sinne Oscar Wildes »Ich habe einen einfachen Geschmack, für mich ist das Beste gerade gut genug« durchaus teuer sein kann, ist dabei nicht außergewöhnlich, sondern durchaus normal. Das heißt, qualitativ weniger konsumieren ist nicht gleichbedeutend mit weniger Geld ausgeben. Die Abkehr von den Quantitäten ist deshalb auch nicht gleichzusetzen mit der Befürchtung, daß damit die mageren Zeiten für den Konsum angebrochen sind. Sollte der Mensch in der Lage sein, sich die Dinge zu leisten, die sein Leben erlebnisreich und komfortabel gestalten, wird er auch sein Geld dafür ausgeben.

Seine »Investitionen« in mehr Lebensqualität sind aber immer häufiger bezogen auf Ausgabenbereiche, für die die Begriffe »Konsum« oder »Verbrauch« tatsächlich als Verhaltenscharakterisierung kaum geeignet sind. Das verlängerte Wochenende eines sehr zeittypischen Doppelverdienerpaares (ohne Kinder, unverheiratet zusammenlebend), prall gefüllt mit Aida-Aufführung in Verona am Freitagabend, Weinverkostung im Friaul am Samstag und Besuch der Vernissage einer Glaskünstlerin in Salzburg am Sonntag unterstreicht in bewußt überspitzter Form die lustvollen Möglichkeiten eines Menschen, der, zum »Lebenserotiker« geworden, den Anspruch auf Kultur zum Lebensprinzip erhebt. Kulturgenuß bezieht sich dabei nicht nur allein auf die Wohn-, Eß- oder Reisekultur, sondern auch darauf, daß immer mehr Menschen kraft Bildung und freier Zeit in der Lage sind, das differenzierte Spektrum des Kunstangebots zu nutzen beziehungsweise für sich zu gestalten.

»Kreatives« Angebot als Engpaß

Diese Dimension des »Konsums« ist – obwohl respektable Größenordnungen davon betroffen sind – statistisch nur sehr schwer zu erfassen (siehe obiges Beispiel). Die von der amtlichen Statistik festgelegten und normierten Ausgabenbereiche der privaten Haushalte verbergen zum Teil sogar diese neuen Konsumstrukturen.

Damit allerdings kein Mißverständnis aufkommt: Nicht jeder kann und will diesen elitären Konsumanspruch realisieren und praktizieren. Das Rückgrat des privaten Verbrauchs wird immer noch geprägt vom Briefmarkensammler, Golffahrer, Grüne-Blatt-Leser, Fernsehserienenthusiasten, Sonntagnachmittagsgriller und vom Fußball-Fan. Nur löst sich auch dieser sogenannte Durchschnittsverbraucher immer mehr von einer Konsummentalität, die sich lediglich darin erschöpft, sein Geld einer bloßen Bedarfsdeckung zuzuführen. Die Abkehr von den Quantitäten kann deshalb auch nicht als Grund für einen möglicherweise ausgeprägten Rückgang des privaten Verbrauchs beziehungsweise der Einzelhandelsumstände verantwortlich gemacht werden.

Nicht die Nachfrage, sondern das kreative Angebot ist der Engpaß. Das heißt, Industrie, Dienstleister und Handel müssen sich immer mehr jenseits dieser reinen Bedarfsdeckungsfunktion bewähren, wenn sie diesen anspruchsvolleren und gleichzeitig unberechenbareren Konsumenten erfolgreich ansprechen wollen.

Zieht man ein knappes Fazit, bleibt eine ambivalente Aussage bestehen: Rückläufige Realeinkommen, steigende Arbeitslosigkeit, sinkende Beschäftigungszahlen werden sich zwar kurzfristig dämpfend auf die private Nachfrage auswirken, mittelfristig werden jedoch zumindest bis in die zweite Hälfte der neunziger Jahre hinein die veränderten soziodemografischen Faktoren positive Impulse setzen können. Ob die Angebotsseite in der Lage sein wird, diese Möglichkeiten erfolgreich umzusetzen, muß offenbleiben.

Werbung: komplizierter, aufwendiger – aber auch effektiver?

Neue Anforderungen an die Unternehmenskommunikation

Volker Nickel

Der Ausspruch gilt als Weisheit. Er wird immer wieder prominenten Unternehmern in den Mund geschoben: »Die eine Hälfte meines Werbeetats ist zum Fenster hinausgeworfen; ich weiß nur nicht, welche Hälfte.« Diesen Satz soll Henry Ford als erster gesagt haben – aber niemand weiß es genau. Seit es moderne Werbung gibt, geistert er durch die Gazetten.

Weise ist diese Erkenntnis aber kaum. Denn sie drückt anstelle von umfassendem Verstehen und Wissen um Sinn, Ziel und Wirkung von Werbung eher Ratlosigkeit aus. So kommt es, daß der unauflösbare Wesensbestandteil für Waren und Dienstleistungen, noch immer als betriebswirtschaftlicher Kostenfaktor und weniger als Investition in die Zukunft der Marktanteile und damit des Unternehmens bewertet wird.

Zu allem Übel erscheinen nun auch noch über den neunziger Jahren bedrohliche Zeichen an der Wand. Sie legen nahe: Effiziente Werbestrategien gehören der Vergangenheit an. Professorale Mahner sprechen von »Informationsüberlastung durch eine Werbeflut«; die Atomisierung der Medienlandschaft greift beängstigend um sich; Marketing-Chefs beschwören die Inflation der Werbemark; Leiter von Werbeagenturen mokieren sich über die »laienhafte« Werbung ihrer Konkurrenz. Und die Werbeträger? Addiert man Äußerungen über die jeweils andere Gattung, müßte Werbung in Massenmedien betriebswirtschaftlicher Unfug sein.

Die Wirklichkeit sieht anders aus. Im vergangenen Jahr wurden in Deutschland für Werbemaßnahmen in den Medien rund 45 Milliarden DM investiert – ein gutes Drittel davon in Honorare, Gehälter und Werbemittelproduktion und zwei Drittel in die Medien. 1993 prognostiziert der Zentralverband der deutschen Werbewirtschaft (ZAW) ein Volumen der Werbeinvestitionen von insgesamt 47 Milliarden DM. Und allen Widrigkeiten des Wettbewerbs zum Trotz oder vielleicht gerade deshalb: Auf den Chefetagen der deutschen Wirtschaft hat sich das positive Meinungsklima für Werbung weiter verbessert – von 54 Prozent 1990 auf 62 Prozent 1991 (Verbraucher Analyse 1990/91). Ein weiteres

Indiz der Wertschätzung von Werbung als Wettbewerbsmittel ergibt sich aus einem Vergleich: Der Anteil der Werbeinvestitionen am Bruttosozialprodukt beträgt rund 1,6 Prozent. Der kaum spürbare Rückgang ist rein mathematisch – durch die Vereinigung Deutschlands eilte das Bruttosozialprodukt kurzzeitig davon (siehe Tabelle 1 und 2).

Werbung steht also hoch im Kurs: noch? Für den Blick auf die neunziger Jahre deuten bereits bisherige Veränderungen an, daß sich zwar nicht der Wert der Werbung selbst, wohl aber die Bedingungen für effektive Marktkommunikation geändert haben und sich weiter ändern werden.

Im Wort Wettbewerb steckt bereits das Wort Werbung: sich um die Wette beim möglichen Käufer bewerben. Und das haben in der zurückliegenden Dekade immer mehr getan. 1979 wurden erst 29 988 Marken beworben; zehn Jahre weiter waren es bereits 48 877 – eine Steigerung um 63 Prozent. Die Zahl der Einschaltungen in der Markenwerbung wuchs dagegen nur um ein Drittel von rund 1,8 Millionen auf 2,4 Millionen. Der Grund: Eine Kampagne wird im Durchschnitt weniger oft geschaltet als früher. Und es gibt auch einen deutlich erkennbaren strukturellen Wandel bei den Investitionen in Werbung. Dies verdeutlicht eine von der Nielsen Werbeforschung durchgeführte Teilbeobachtung der Bruttowerbeeinnahmen ausgewählter Medien. In der Zeitspanne zwischen 1976 und 1991 rutschte die Zigarettenwerbung von Rang 8 der werbeintensivsten Branchen auf Position 35, Putz- und Pflegemittel von Rang 13 auf 39, Spirituosen von 5 auf 17 und Waschmittel von Rang 9 auf Platz 14. Der Automarkt liegt nunmehr als werbeintensivste Branche auf Platz 1 (vorher 2), die EDV-Branche auf Platz 7 (vorher 46) und die Massenmedien – woran auch hier der starke Wettbewerb deutlich wird – auf Rang 3 (vorher 18).

Der Wettbewerbsdruck wird aber auch aufgrund genereller Ursachen weiter ansteigen und auf Werbeinvestitionen Einfluß nehmen:

- Die Vereinigung Deutschlands heizt mittelfristig den hausgemachten Wettbewerb an. Je stärker die Unternehmen in Ostdeutschland konkurrenzfähige Waren und Dienstleistungen auf den gesamtdeutschen Markt bringen, desto häufiger werden sie auch als werbende Konkurrenten in Erscheinung treten.
- Immer mehr Unternehmen aus den EG-Partnerländern drängen auf den deutschen Markt, der in der Mitte Europas zu einem ökonomi-

Werbe-investitionen	**Alte Bundes-republik**	**Deutschland gesamt**			
			Ergebnisse		Prognose
	1989	1990	1991	1992	1993
Gesamt	37,0	39,5	43,4	47,0	49,6
Honorare, Werbemittel-produktion, Medien (in Prozent)	+ 5,7	+ 6,8	+ 9,9	+ 8,8	+ 5,5
davon Einnahmen Werbeträger	22,6	24,5	28,1	31,1	33,0
(in Prozent)	+ 9,0	+ 8,8	+ 14,6	+ 10,4	+ 6,0
Quelle: Zentralverband der deutschen Werbewirtschaft (ZAW)					

Tabelle 1: Werbeinvestitionen in Deutschland (gerundete, nominale Beträge in Milliarden DM)

Jahr	**Werbeinvestitionen (WI)**		**Bruttosozialprodukt (BSP)**		**Anteil WI am BSP**
	Mrd. DM	Prozent	Mrd. DM	Prozent	Prozent
1985	31,1	+ 4,9	1 834,5	+ 4,0	1,70
1986	32,1	+ 3,3	1 936,1	+ 5,5	1,66
1987	33,6	+ 4,6	2 003,0	+ 3,5	1,68
1988	35,0	+ 4,1	2 108,0	+ 5,2	1,66
1989	37,0	+ 5,7	2 245,2	+ 6,5	1,65
1990	39,5	+ 6,8	2 425,5	+ 8,0	1,63
1991	43,4	+ 9,9	2 615,2	+ 7,8	1,66
1992	47,0	+ 8,8	2 867,8	+ 9,7	1,64
Quelle: Zentralverband der deutschen Werbewirtschaft					

Tabelle 2: Werbung und Volkswirtschaft

schen Schwerpunkt heranwächst – mit 80 Millionen Einwohnern und mittelfristig weiter wachsender Wirtschaftskraft zum kaufkräftigsten und damit für die europäischen Länder zum attraktivsten Absatzmarkt.

– Angetrieben werden Wettbewerb und Werbung zusätzlich durch das Zusammenwachsen des EG-Binnenmarkts mit den EFTA-Staaten zum Europäischen Wirtschaftsraum (EWR) und der sich daraus entwickelnden Erweiterung der Europäischen Gemeinschaft.

Langfristig wird darüber hinaus die zu erwartende Entwicklung der ost-mitteleuropäischen Länder Rückwirkungen auf den Wettbewerb im deutschen Markt haben. Erfreulich zwar für das deutsche Exportgeschäft, daß sich allmählich funktionierende Werbestrukturen auch in diesem Teil Europas bilden. Umgekehrt aber werden die Unternehmen aus dieser Region des Kontinents mit ihrem neuen Werbewissen demnächst in die westeuropäischen Märkte drängen – speziell auf den großen deutschen Markt. Und sollte die Liberalisierung des Welthandels im Rahmen des Allgemeinen Zoll- und Handelsabkommens (GATT) gelingen, wird auch von dort der Wettbewerb national wie auf den Weltmärkten weiter angefacht. Die Konsequenzen dieses zum Teil bereits in Gang gekommenen Prozesses veränderter Wettbewerbsbedingungen sind in ihrer epochalen Tiefe und Breite noch keineswegs überall bewußt.

Für größere und große Unternehmen in Deutschland und Europa ist internationaler Wettbewerb nichts Neues. Diese Firmengruppen produzieren bereits jetzt in Standards, die den internationalen Wettbewerb nicht zu fürchten brauchen. Ihre Strategie wird in den neunziger Jahren dahin gehen, die jeweilige Marktposition bei zunehmender Konzentration zu sichern. Sie sind gegenwärtig dabei, ihre Marktkommunikationspolitik – also auch die Werbung – an die neuen Marktverhältnisse anzupassen.

Völlig anders zu bewerten ist die Situation derjenigen Unternehmen, die bisher lediglich auf Märkten arbeiteten, die keinem internationalen Wettbewerb ausgesetzt waren. Ob regionaler Zulieferer mit konkurrenzlosem Standortvorteil, Monopol-Anbieter für Behörden, Handwerk oder Freiberufler: all diese Unternehmen müssen sich jetzt auf härtere Wettbewerbsbedingungen vorbereiten.

Umdenken muß vor allem ein großer Teil des werbungtreibenden Mittelstands, wenn es um das Marketinginstrument der Kommunikationspolitik geht. Werbung – als Teil der zentralen strategischen Unternehmenspolitik – spielt bei unserer mittelständischen Wirtschaft in der Rangfolge der Marketinginstrumente zu häufig noch die Rolle des fünften Rads am Wagen. Wenn die internationale Konkurrenz im kaufkräftigen deutschen Markt noch mehr Marketing aufmarschieren läßt, dann gehen jene heimischen Anbieter unter, die ihre Werbeflagge dort nicht hochhalten oder erst gar keine aufziehen. Nicht die Großen werden die Kleinen fressen, sondern die Schnellen die Langsamen. In diesem Ausleseprozeß spielt das Werbekonzept eine wichtige Rolle.

Mittelständische Unternehmen stellen ein bedeutendes wirtschaftliches Potential. Auf sie entfallen in Westdeutschland zwei Drittel aller Erwerbstätigen. Sie erwirtschaften rund die Hälfte des Bruttosozialprodukts. Da wiegt es schwer, daß das Deutsche Institut für Wirtschaftsforschung feststellt: Kleine und mittlere Unternehmen in West- und Ostdeutschland sind nicht ausreichend auf den EG-Binnenmarkt vorbereitet. Das kann sich bitter rächen. Es läßt sich heute – auch ohne großartige Prognosestudien – voraussagen: Die Vollendung des Gemeinsamen Marktes eröffnet neue Dimensionen für die Wirtschaft und wirkt gleichzeitig auf die Entscheidungsprozesse der Unternehmen ein. In Europa und besonders in Deutschland nimmt die Anzahl der werbenden Unternehmen zu. Das Werbeaufkommen steigt, weil mehr Teilnehmer mit mehr Produkten und Dienstleistungen am Werbemarkt auftauchen.

Wettbewerb ist ungemütlich, aber effektiv. Er zwingt dazu, etwas zu unternehmen, um die Dinge besser zu machen als bisher. Wenn die Konkurrenz auf den Märkten wächst, dann fördert oder stabilisiert diese Entwicklung zwar die Umsätze von Werbeagenturen und Medien, doch läuft der Motor des Werbegeschäfts mit höherer Drehzahl, verbraucht er auch mehr Benzin: Werbeaktivitäten sind für die Unternehmen nicht nur Investitionen in die Zukunft, sondern zunächst betriebswirtschaftliche Kosten. Steigt die Werbeintensität insgesamt, dann kann bei wirkungsarmer Werbung auch der Wert der Werbemark sinken, weil nun eine größere Anzahl von Anbietern auf demselben Markt konkurriert – also um Aufmerksamkeit ringt.

Die Unternehmen – insbesondere deutsche – suchen daher immer häufiger nach einer Kostendämpfung ihrer Werbeetats. Ihre Kritik und diejenigen der Werbeagenturen in jüngster Zeit an den Kosten für Mediaschaltung ist ein deutliches Signal der Sensibilisierung der Wirtschaft in Sachen Werbung.

Und das ist unternehmerisch verständlich: Verschärfter Wettbewerb erzwingt geradezu permanente Erhöhung der Effizienz aller Werbeinvestitionen. Ausgaben für Werbung müssen in einer Weise angelegt werden, daß sie mit Gewinn wieder zurückkommen. Und daher läßt sich voraussagen, daß die Diskussion um effiziente Werbung und erfolgreiche Medien noch zunehmen wird. Man kann dies auch als Frage stellen: Wieviel kann die werbungtreibende Wirtschaft für die Steuerung ihrer Werbemittel noch zahlen?

Wenn das Vergangene das Fundament der Zukunft ist, dann muß der werbenden Wirtschaft auf den ersten Blick angst und bange werden. Denn je nach Medium scheint die Werbemark nur noch 50 Pfennig oder gar noch weniger wert zu sein.

Explosion bei der Zahl der Werbebotschaften

Wie aber soll Werbung noch funktionieren, wenn eine Invasion der Medien zu beobachten ist? Das Medienangebot in Deutschland hat sich in den achtziger Jahren in der Tat erheblich ausgeweitet (siebe Tabelle 3):

- Zwischen 1982 und 1992 nahm die Anzahl der Titel bei Tageszeitungen von 398 auf 425 zu (+ 6,5 Prozent). Die tatsächlich verbreitete Auflage stieg in diesem Zeitraum von 26 Millionen auf über 35 Millionen Exemplare (+ 39 Prozent).
- Noch dynamischer entwickelten sich die Publikumszeitschriften – fast explosionsartig. In den achtziger Jahren verdoppelte sich die Anzahl der auf den Markt gebrachten Titel von 296 auf 610 (+ 106 Prozent). Während hochauflagige Massenblätter an Verbreitung einbüßten, erhöhte sich die Anzahl der Spezialtitel und damit deren Gesamtverbreitung deutlich.

  Entsprechend der steigenden Titelzahl kletterte auch die durchschnittlich verbreitete Auflage bei Publikumszeitschriften in den vergangenen zehn Jahren von rund 91 Millionen Exemplaren auf rund 161 Millionen (+ 77 Prozent).
- In dieser Dekade zwang die technische Entwicklung gleichzeitig die Politik dazu, die Modernisierung der Funkmedien freizugeben. Die Folge: Die Zahl der Fernsehveranstalter stieg deutlich an. Entsprechend vermehrten sich die empfangbaren TV-Programme von 10 auf

	Anzahl[1]			Auflage[2]		
	1982	1992	Prozent	1982	1992	Prozent
Tageszeitungen	398	425	+ 6,8	25,5 Mio.	35,4 Mio.	+ 38,8
Wochenzeitungen	48	31	– 35,4	2,0 Mio.	2,4 Mio.	+ 20,0
Anzeigenblätter	842	1 150	+ 36,6	32,0 Mio.[3]	65,6 Mio.	+ 105,0
Publikumszeitschriften	296	610	+ 106,1	91,1 Mio.	160,9 Mio.	+ 76,6
Fachzeitschriften	741	951	+ 28,3	17,7 Mio.	24,3 Mio	+ 37,3
Kundenzeitschriften	31	43	+ 35,5	15,4 Mio.	25,5 Mio	+ 65,6
Branchen-Fernsprechbücher Gelbe Seiten	71	83	+ 16,9	20,8 Mio.[4]	25,9 Mio.	+ 24,5
Massendrucksachen	–	–	–	2,1 Mrd.	4,3 Mrd.	+ 105,0
Fernsehprogramme[5]	10	65	+ 550	–	–	–
Höhrfunkprogramme[6]	13	197	+ 1 414	–	–	–
Plakat-Anschlagstellen	230 803	282 000[7]	+ 22,2	–	–	–
Filmtheater	3 495	3 667	+ 4,9	124,5 Mio.	107,6 Mio.[7]	– 13,6
					(Kinogänger)	

Quelle: Zentralverband der deutschen Werbewirtschaft (ZAW), Bonn 1993
1) IVW-Titel – 2) Tatsächlich verbreitete Auflage laut IVW – 3) Angaben von 1981 – 4) Druckauflage – 5) Deutschsprachige Programme inklusive regionaler Fernsehprogramme und zusätzlicher Privatangebote in lokalen Kabelnetzen (Quelle: DIW-Studie 9/92) – 6) Deutschsprachige UKW-Programme inklusive privater Programme mit lokaler/regionaler terrestrischer Verbreitung (Quelle: DIW-Studie 9/92) – 7) ZAW-Schätzung

Tabelle 3: Eine neue Vielfalt bei den Medien (Anzahl der Werbeträger in Deutschland)

65 (je nach technischer Ausrüstung der Haushalte) und die Programme des Hörfunks von 13 auf 197.
Ähnlich schnell entwickelte sich die Menge werbender Informationen. Die Zahl der geschalteten Spots aller TV-Veranstalter explodierte von 162 000 im Jahr 1986 um mehr als das Doppelte auf 366 im Jahr 1991. Vor sieben Jahren wurden insgesamt noch 3,6 Stunden TV-Werbung pro Tag auf allen verfügbaren Kanälen gesendet; 1991 betrug die Sendezeit addiert rund 8 Stunden.

Diese Zunahme von redaktionellen und werblichen Angeboten ist auch bei den Publikumszeitschriften zu beobachten. Laut Auskunft des Verbandes Deutscher Zeitschriftenverleger stieg die Menge des redaktionellen Angebots im erfaßbaren Zeitraum von 1983 bis 1990 um mehr als die Hälfte (52 Prozent) und die der Anzeigen in ähnlicher Höhe (42 Prozent). Entscheidend beteiligt an diesem Zuwachs waren insbesondere Spezialtitel.

Daß es aber auch in einem expandierenden Markt Grenzen gibt, zeigt sich im Fernsehsektor bereits jetzt. Da wird mit Hilfe der Fernbedienung der Versuch unternommen, der Werbung zu entgehen (Zapping). Oder es werden planlos die Kanäle wiederholt gewechselt; auf diese Weise entsteht ein collageartiges Fernseh-Nutzungsverhalten (Switching) mit eben einem solchen Effekt auch für die Werbung. Und ein drittes, von der Medienkonkurrenz der anderen Gattung angestacheltes Problem ist die tatsächliche oder vermeintliche Aversion gegen Fernsehwerbung (Unterbrecherwerbung).

Zumindest dieser letzte Aspekt wird sich Ende der neunziger Jahre erledigt haben. Was fast 40 Jahre lang politisch auf deutschen Bildschirmen verhindert wurde – Privatfernsehen –, bedarf der nachholenden Gewöhnung. Die Fernsehzuschauer werden auf Dauer verstehen, daß sie die zusätzlichen Programme nur sehen können, weil Werbegelder fließen. Zapping und Switching dagegen sind grundsätzliche Frage, die gleichermaßen auch Publikumszeitschriften betreffen. Die skizzierte Explosion der Medienvielfalt hat ein anderes Schreckgespenst an die Werbewand gemalt: »Informationsüberlastung« durch die Medieninvasion.

Aber auch solche Reizvokabeln zeigen mehr Hilflosigkeit und Ausrede bei wirkungslos gebliebener Werbung anstelle unternehmerischer Denkweise nach dem Prinzip: Probleme schaffen Chancen. Ebenso wie es keine Marktsättigung gibt, sondern nur falsche Produkte, gibt es keine Informationsüberlastung, sondern allenfalls falsch gestaltete und in den falschen Medien plazierte Werbung. Der Konsument von 1993 ist auch im Jahr 2000 noch erreichbar.

Die Mediennutzung ist stabil und nicht etwa rückläufig. Technologischer Wandel und andere wesentliche Faktoren der Verfügbarkeit von Medien (Zunahme der Menge) beeinflussen das Zeitbudget auch in Zukunft nur unwesentlich. Was sich weiter verändern wird, ist das Nutzungsverhalten: Eine Zeitschrift wird nicht mehr wie früher von vorn bis hinten, sondern selektiv gelesen. Das geschieht nun auch beim Fernsehen mit Hilfe der Fernbedienung. In Deutschland folgt der »Deregulierung« des Sendens nun auch eine »Deregulierung« des Sehens. Es entstehen immer neue Gruppen von Zuschauern – es bilden sich in den neunziger Jahren wie zuvor bei den Zeitschriften Fan-Gemeinden für bestimmte gleichartige Programme und Sendeplätze.

Die Medienstruktur der Gegenwart und der Zukunft gibt den werbungtreibenden Unternehmen Möglichkeiten, die Konsumenten besser zu erreichen als früher. Heute steht nicht mehr nur die große Pauke, sondern ein ganzes Orchester für Werbung zur Verfügung. Das will dirigiert sein – einfühlsam und kraftvoll zugleich, unternehmerisch also. Die Schwierigkeit besteht immer mehr darin, die richtigen Medien auszuwählen und verläßliche Zahlen über Nutzer und Nutzung zu haben. Die werbenden Unternehmen kommen in Zukunft immer weniger drumherum, deutlich die beiden Forschungsgebiete Medien und Werbewirkung zu unterscheiden. Aufgabe der Medien ist mehr denn je, die Leistung ihres Werbeträgers bezogen auf den Werberaum nachzuweisen. Wer wirbt, muß wissen, in welchen Werbeträgern seine Werbeinvestitionen optimale Wirkungsvoraussetzung antrifft. Was aber zum Beispiel eine Anzeige bei den Umworbenen bewirkt, ob die Werbeziele des einzelnen Unternehmens erreicht sind, das ist vornehmlich Sache der werbenden Unternehmen. Je neutraler hier Forschung inszeniert wird, desto besser.

Und was bringen neue Spielarten der Marktkommunikation den werbenden Unternehmen in den neunziger Jahren? Moden mitzumachen ist grundsätzlich nicht falsch, aber wagnisreich und teuer. Da reicht ein Blick in den Papierkorb von früher hochgelobten »neuen Medien« und ihrer behaupteten Effizienz. Stadtfernsehen und Bildschirmtext, Bildplatte und Videokassette, so heißen einige von ihnen, die an Medienwirkung doch nicht hielten, was Betreiber versprachen. Wer das Nachlaufen von Moden in der Werbearbeit für unternehmerische Modernität hält, kann rasch in betriebswirtschaftliches Grübeln geraten.

Auch in Zukunft, das muß der Werbungtreibende wissen, verbieten die Europäische Fernsehrichtlinie und deshalb der deutsche Rundfunkstaatsvertrag sowie die daraus folgenden Werberichtlinien Schleichwerbung oder verschleiernd ausgedrückt »Product Placement«.

Und Sponsoring, eine gleichfalls in den vergangenen Jahren hochgehandelte »zukunftsweisende« Werbeform? Für die neunziger Jahre gilt auch hier, was die emsigen Befürworter häufig vernebeln: Sponsoring muß richtig im Instrumentarium der Kommunikationspolitik eines Unternehmens gewichtet werden. Nüchtern rechnende Unternehmen werden sich fragen müssen, was es ihnen betriebswirtschaftlich bringt, wenn ihr Name oder der ihrer Ware beispielsweise in Fernsehsendungen – abgelenkt durch das Sportereignis selber – im optischen Brei der Mitkonkurrenten verwischt. Und beim Umweltsponsoring wächst der gesellschaftliche Verdacht, daß es sich häufig nur um Alibi-Aktionen handelt und eher ein schlechtes Gewissen beruhigen soll. Zu bedenken ist auch, daß über die Wirkung von Sponsoring und Sportwerbung seriöse Forschungsergebnisse noch immer die Ausnahme sind. Wenn die Werbung in den neunziger Jahren aufwendiger wird – und das ist abzusehen –, dann geht es für das werbungtreibende Unternehmen nicht um die pauschale Frage, welches Medium das »bessere« ist und welche Form die geeignetere, sondern vielmehr darum, in welchem Mix bestimmte Werbeziele am besten auch tatsächlich erreicht werden können.

Ein weiteres Feld, das mit Blick auf die Zukunft werbungtreibende Firmen irritiert, betrifft effiziente Werbestrategien in bezug auf denjenigen, um den sich alles letztlich dreht: den Konsumenten. Eine verwirrende Anzahl immer wieder in die Fachpresse lancierter Typen-Etiketten werden den Bürgern als Verbraucher angeheftet. Dieses Zerhacken einzelner Bevölkerungssegmente mit Hilfe amerikanischer Typologien mag ganz unterhaltsam sein; für strategische Planung und Bestimmung taktischer Mittel sind sie zu oberflächlich. Jede Branche, fast jede einzelne Firma hat ihren ganz speziellen Kundenkreis und Gruppen von zu Umwerbenden. Je nach Werbeziel muß dort sondiert und gefiltert werden.

Im Alltagslärm des Wettbewerbs verstellen oberflächliche Typologisierungen häufig den Blick auf gesellschaftliche Metamorphosen, auf Prozesse des Wandels in der Gesellschaft, die für effektive Werbestrategien entscheidend sein können. Einige Unternehmen glauben sogar noch immer, sie selber steuerten mit Marketing das Verbraucherverhalten. Tatsächlich wird ihnen gar nicht der Einfluß bewußt, von dem sie gesteuert werden. Seit in Deutschland der Käufermarkt den Verkäufermarkt abgelöst hat, entscheidet der Konsument als Nutzer der angebotenen Waren und Dienstleistungen, was geschieht.

Tendenz zum Individualismus

In den neunziger Jahren hat es die werbungtreibende Wirtschaft mit Trends zu tun, von denen die folgenden herausragen:

1. Werbung wird es mit immer besser gebildeten Bürgern zu tun haben. Antriebskraft ist hier unter anderem der Arbeitsmarkt. Er verlangt immer höhere Qualifikation von männlichen und weiblichen Beschäftigten. Bereits heute übersteigt die Anzahl der Studenten jene der Lehrlinge. Die Gruppe der Arbeiter wird immer kleiner, jene der Angestellten und im Dienstleistungssektor Beschäftigten größer.
2. Die Position der Frau in der Gesellschaft ändert sich. Ihr Einfluß auf Politik, Wirtschaft und Medien wächst – wenn auch zu langsam, so doch stetig und beständig. Die Frau der neunziger Jahre hat neue Normen, neue Werte, neue Orientierungsmuster in ihrem Leben. Die Folge: Typisch »weibliche« Fähigkeiten wie Sensibilität, Intuition und Emotionalität spielen heute bereits eine größere Rolle.
3. Der Trend zum Individualismus prägt in den neunziger Jahren entscheidend das Konsumverhalten auf den Märkten und in bezug auf Medien. Produktdifferenzierung gewinnt immer mehr an Bedeutung, weil der Konsument Wahlfreiheit will.
4. Der gesellschaftliche Demokratisierungsprozeß in den Familien führt immer häufiger zu Kaufentscheidungen, die gemeinsamen Einflüssen unterliegen. Das betrifft Waren des alltäglichen Bedarfs ebenso wie hochwertige Verbrauchsgüter.
5. Die Politik ignoriert es, und die Unternehmen haben es bisher zuwenig wahrgenommen: Die Lebenssituation Jugendlicher hat sich grundlegend in den vergangenen zwanzig Jahren verändert. Jugendliche leben heute im partnerschaftlichen Bereich, im Freundes-, Medien- und Konsumbereich ein Leben aus eigenem Recht. Sie tun dies in einem abgeschirmten Raum und auf einer ökonomisch zwar

abgesicherten, aber von ihnen aktiv durch eigene Arbeit nicht hergestellten wirtschaftlichen Grundlage. Sie besitzen frühe soziale und kulturelle Beteiligung am Erwachsenenleben. Diese Ausgangslage gewährt ihnen große Bandbreiten für eigene Selbstentfaltung und ermöglicht ihnen einen hohen Grad von Autonomie, Spontaneität, Kreativität und Individualität. Es gibt zahlreiche Nachweise einer selbstbewußten Lebensführung der Jugendlichen jenseits der Trampelpfade der Erwachsenen.

6. Weitaus prägender wird eine weitere Entwicklung sein: Politik, Wirtschaft und Medien müssen sich auf einen fast dramatischen Wandel der Altersstruktur einrichten. Nach der jüngsten Vorausberechnung des Statistischen Bundesamtes nimmt die Bevölkerung zwar bis zur Jahrtausendwende noch auf 81 Millionen Menschen zu, sinkt dann aber bis zum Jahr 2030 auf knapp 70 Millionen. Noch entscheidender wird sich der drastische Umbau der Altersstruktur in diesem Zeitraum ausnehmen: Die Anzahl Jugendlicher unter 20 Jahre nimmt in den nächsten Jahrzehnten um fast ein Drittel ab (von 17 Millionen auf 12 Millionen). Der Anteil der Bevölkerung ab 60 Jahre wächst dagegen um die Hälfte von gegenwärtig 16 Millionen auf dann mehr als 24 Millionen Einwohner. Ihr Anteil an der Gesamtbevölkerung explodiert von 20 Prozent auf dann 35 Prozent. Die nachrückende Generation der älteren Konsumenten wird also wesentlich größer – und ist nicht mehr zu vergleichen mit den Jahrgängen zuvor. Sie werden ähnliche Bedürfnisse und Wünsche haben wie die Jüngeren. Sie sparen nicht mehr, um ihren Kindern und Enkeln Vermögen zu vererben, sondern verstehen unterdessen, ihr Leben zu genießen. Die »neuen Alten« verfügen über das größte Einkommen pro Person aller Altersgruppen.
7. Auch insgesamt steigt das Geldvermögen der privaten Haushalte an. Bereits gegenwärtig haben die Konsumenten 3 000 Milliarden DM angespart bei 300 Milliarden DM aufgenommenen Krediten (1991).

Der Trendsatz der achtziger Jahre setzt sich auch im neunziger Jahrzehnt fort und muß in der Werbestrategie berücksichtigt werden: Die Menschen als Käufer von Produkten und Dienstleistungen sind immer konsumerfahrener und kritischer. Ihr Anspruchsniveau – auch und gerade in bezug auf Werbung – steigt und wird differenzierter, teils widersprüchlicher und vielschichtiger.

Den deutschen Einheitskäufer gibt es nicht. So wie bei einem Hanseaten und einem Bayern zwar Elemente deutscher Mentalität anzutreffen sind, so unterscheiden sie sich doch im täglichen Leben und wollen dementsprechend werblich angesprochen sein. Ebenso ist ein Thüringer längst noch kein Sachse und ein Mecklenburger kein Brandenburger. Das gleiche gilt für den europäischen Markt. Für Menschen überall in der Welt ist die kulturelle Identität ein entscheidendes Kriterium. Unterschiede in Religionen, Werten und Traditionen beeinflussen die Reaktionen der Menschen auf Produkte und Werbeansprachen. In jedem Land, in jeder Region will der Umworbene ein Produkt, das für *ihn* gemacht ist und nicht für irgendwen irgendwo auf der Welt.

Als Fazit ist deshalb hier festzuhalten: Wer als Unternehmen seine Werbekosten zu Investitionen in die Zukunft machen will, muß seine Ohren ganz dicht an die Lebensbilder und Einstellungen, Verhaltensweisen und Biographien der umworbenen Menschen legen. Absenderorientierte Werbung kann bestenfalls nur Zufallstreffer landen. Empfängerorientierte Werbeaktivitäten optimieren dagegen Werbeaufwendungen zu Investitionen in die Zukunft des Unternehmens und seines Marktes. Die Strategie der Differenzierung wird daher das herausragende Merkmal von Werbeauftritten sein.

Das macht die Zusammenarbeit zwischen werbungtreibenden Unternehmen und Werbeagenturen in den neunziger Jahren nicht leichter. Das gegenwärtige Wetterverhältnis zwischen Kunde und Agentur ist in Deutschland von »wolkenlos strahlend« (36 Prozent) bis »wechselnd bewölkt« (65 Prozent) durchgängig stabil – laut einer Erhebung der Gesellschaft für internationale Marktanalysen, München.

Der Druck der Auftraggeber von Werbung auf Leistung und Kosten bei den Werbeagenturen kann aber zu unnötigen Spannungen führen. Die werbenden Firmen müssen sich darüber im klaren sein, daß die von ihnen immer stärker geforderte zusätzliche Beratung um den eigentlichen Werbeauftrag herum auf Dauer nicht ohne Entlohnung bleiben kann. Nur betriebswirtschaftlich gesunde Werbeagenturen sind zu Höchstleistungen fähig. Das Aufteilen oder gar Kürzen klassischer Budgets in viele kleine Budgeteinheiten produziert zusätzliche Arbeitseinheiten, die Geld kosten.

Die weitverbreitete Auffassung, es gäbe in der Werbeagenturlandschaft einen »Abschied von der klassischen Full-Service-Agentur«, entspricht nicht der Wirklichkeit. Ein großer Teil des Mengenwachstums von Mediaagenturen resultiert aus einer zusätzlichen Serviceleistung: Werbeagenturen gründen Mediatöchter, um das Gestrüpp der Medienvielfalt optimal für den Kunden einsetzen zu können. Der Werbungtreibende muß allerdings mit der Agentur in Zukunft noch stärker der Gefahr begegnen, daß Kreation und Werbemitteleinsatz separat voneinander geplant werden. Die Werbung der Zukunft muß mehr denn je in ein Gesamtkonzept eingebunden, also aus einem Guß sein.

Werbung künftig aus »einem Guß«

Unabhängig von den hier skizzierten betriebswirtschaftlichen Faktoren für Wirtschaftswerbung rückt in den neunziger Jahren nach einer Phase relativer Beruhigung auch die Frage nach moralischem Verhalten und ethischen Grundsätzen wieder stärker in den Vordergrund. Wer Werbung für Waren und Dienstleistungen in Deutschland betreibt, muß dies bei jeder einzelnen Werbemaßnahme mit ins Kalkül ziehen.

Gewiß: Es wird angesichts der explodierenden Medienvielfalt für die Werbungtreibenden immer schwieriger, öffentlich Aufmerksamkeit zu erringen. Deshalb braucht Werbegestaltung ein Höchstmaß an Kreativität. Kreativität heißt schöpferisches Denken. Schöpferisches Denken löst Probleme, indem Phantasie und Erfahrung zusammengeführt und verknüpft werden. Werbung ohne Kreativität ist wie eine Küche ohne Koch.

Keine Frage: Werbung wird für die anbietende Wirtschaft aufwendiger und komplizierter. Sie erfordert mehr Wissen und Entscheidungskraft. Je komplexer aber ein Phänomen und seine Ursachen sind, desto mehr Möglichkeiten eröffnen sich, es zu steuern: Die Kapitäne brauchen gute Steuermänner.

Kundenbindung und Wettbewerbsvorteile

Wie Technik kundenfreundlich gestaltet wird

Erich Brendl

Wirtschaftlich schwierige Zeiten stellen an produzierende Unternehmen besondere Anforderungen. Dazu zählen vor allem:

1. Die *Effektivität* der Sachleistung: Besonders mager geht es in Branchen zu, in denen Produkte und Konditionen zwischen Wettbewerbern aus der Sicht des Käufers auswechselbar sind; er wählt das nächste Sonderangebot. Die Gegenstrategie lautet, im gleichen Maße Beziehungsqualität aufzubauen wie Sachqualität an Effektivität einbüßt.
2. Die *Effizienz* der Leistungserstellung: Kundenfreundliche Technik erspart Folgekosten, die unzufriedene Käufer auslösen; sie wird gar zu einer der wenigen verbliebenen Kostensenkpotentiale, wenn der Personalabbau schon Ablauf- und Qualitätsprobleme verursacht, Finanzamt oder Tarifpartner das Fett guter Jahre gleich abgeschöpft haben oder die Entwicklungsreife der Branche gar keine fetten Jahre mehr in Aussicht stellt.
3. Die *Kommunikation*: Mager werden die Erträge auch dort, wo die »Tech« so »high« ist, daß sie Käufer überfordert, deshalb bei ihnen Ablehnung und Unsicherheiten auslöst. Den Wettbewerb gewinnt dort derjenige, der die Schere zwischen technischem Fortschritt und Anwenderkompetenz kommunikativ am kundenfreundlichsten zu schließen vermag.

Der gemeinsame Nenner dieser drei Strategieansätze heißt »total quality«. Sie laufen auf eine Kehrtwendung hinaus: Vom Hineindrücken der Produkte in den Markt zur gezielten Sogwirkung auf sie mittels zufriedener Kunden. Zufriedenheit kann erst aus dem Umgang mit dem Produkt erwachsen. Deshalb schlägt sich dieses Konzept in einer Schwerpunktverlagerung von der Vor- auf die Nachverkaufsphasen nieder. Konkret: Verkäufer und Bedienungsanleitung erklären nicht mehr Produktfunktionen, sondern helfen dem Produktbenutzer seine Erwartungen zu erfüllen und seine Schwierigkeiten dabei situativ zu meistern. Durch eine solche benutzerorientierte, kundenfreundliche Profilierung setzt sich ein Anbieter vom produktorientierten Wettbewerb ab, er verschleißt seine Kräfte nicht mehr mit dessen Gerangle, kann sich darauf konzentrieren, bei Kunden Verunsicherung abzubauen und statt dessen Vertrauen und Zufriedenheit aufzubauen. Ergebnis: Seine Folgekosten aus Beziehungs-Nichtqualität sinken, er vermag vielfach sogar seine Konditionen zu verbessern.

Technik ist wertneutral, der Brockhaus umschreibt sie als »Umgestaltung der Natur zu Produkten«. Erst in Verbindung mit Mensch und Umfeld erlangen Produkte Bedeutung und Bewertung. Technikfeindlichkeit erwächst zum Beispiel aus einem Gefühl oder Ohnmacht gegenüber den Gefahren umgestalteter Natur. Oder: Ein Skalpell kann Leben retten und vernichten, die Hand, die es führt, ist maßgebend. Technisch besehen bedeutet das Zusammenwirken von Produkt und Mensch eine »Funktionspaarung« (zum Beispiel ergonomisch). Zwar unterliegt der Mensch auch Gesetzmäßigkeiten der Technik (zum Beispiel körperlich der Kybernetik oder Chemie), doch für sein »Funktionieren« spielen Prinzipien der Psychologie eine ebenso große Rolle wie die Gesetze der Physik für das Funktionieren von Produkten. Wird dies bei der Kommunikation zwischen diesen beiden »Teilsystemen« nicht gebührend berücksichtigt, verwandeln sich die Nahtstellen zu Bruchstellen. Dann wird aus einem technisch erstklassigen Produkt durch eine zweitklassige Anleitung eine drittklassige Lösung für den Benutzer.

»Kundenfreundlich« kennzeichnet eine Qualität der Beziehung zwischen dem Produktbenutzer und dem Lieferanten; sie baut sich auf aus dem Produktumgang, der persönlichen Betreuung und dem Organisationsverhalten zum Beispiel bei Reklamationen. Wenige Käufer suchen Affären, die meisten Partnerschaft. Erst zufriedene Kunden empfehlen weiter, kaufen erneut oder andere Produkte desselben Herstellers. Das verlangt ihm mehr ab als Etikette, nur Vermeidung von Uneinigkeiten oder Eingehen auf Erwartungen, deren Erfüllung Kunden für selbstverständlich halten. Übrigens: Wiederholte Erfüllung wird zur Selbstverständlichkeit; deshalb steigt auch dieses Anspruchsniveau ständig. Gefahrlosigkeit der Produktnutzung ist eine solche Selbstverständlichkeit. Doch hat jedes Produkt technische Restrisiken; es gibt auch kein Produkt, bei dem Inkompetenz oder Fehlbedienung nicht Gefährdungen auslösen könnte. Die *Produkthaftung* berücksichtigt beides dahinge-

hend, daß sie verbietet, eine Mindeststufe an Sicherheit zu unterschreiten. Sie drückt aus, was das Recht im Namen seiner Gesellschaft zum Schutz von Benutzern als selbstverständlich erachtet. Der Erfolgsmaßstab »kundenfreundlich« verlangt stets mehr an Effektivität und Kommunikation.

Rechtliche Mindestauflagen für Produkte

Es ist zweckmäßig, sich bei der Bestimmung des eigenen Standorts und dessen Korrektur an drei Strategiestufen zu orientieren. Die erste erfüllt die Mindestauflagen seitens des Rechts und der Vertragspartner zum Beispiel aus Schutzgesetzen. Die zweite geht von den Rahmenbedingungen aus und erfüllt sie nach dem Prinzip des kalkulierten Risikos (Optimierung von Folge- gegen Minderungskosten). Das betrifft die Auslegung sowohl von Rechts- als auch von Marktrisiken wie Kulanzkosten, Austauschaktionen oder Imageverluste. Erst die dritte Strategiestufe sucht offensiv nach Wettbewerbsvorteilen aus Kundenorientierung und Chancen-/Risikooptimierung (zum Beispiel in der Abstimmung von technischer mit hinweisender Sicherheit).

Eine Technik, die die Mindestauflagen der *ersten Stufe* nicht erfüllt, gilt als gesellschaftsfeindlich und wird deshalb erst gar nicht zum Markt zugelassen. Ein Beispiel dafür sind die Schutzverordnungen, die EG-weit dafür sorgen sollen, daß im sogenannten harmonisierten Bereich nur Produkte in den Verkehr gebracht werden, die mit deren Mindestmaß an Sicherheit »conform« sind. Solche *Konformität* dokumentiert ein CE-Zeichen. Aufsichtsbehörden überwachen die korrekte Handhabung durch Formalvergleich mit den Auflagen, bei Anleitungen für Maschinen zum Beispiel, ob die in der Maschinen-VO aufgeführten und infrage kommenden Gliederungsinhalte berücksichtigt sind und bei Importen eine vollwertige Ausgabe in der nationalen Amtssprache der Benutzer vorhanden ist.

Das kalkulierte Risiko der *zweiten Stufe* verlangt Kompetenz im Umgang mit Wahrscheinlichkeiten; die Lösung braucht weder technisch noch kundenfreundlich auszufallen, es gibt auch Möglichkeiten, Verluste juristisch oder versicherungstechnisch tragbar zu machen. Die *traditionelle Produkthaftung* stellt auf die gebotene Sorgfalt des Herstellers ab. Danach hat er alles ihm »technisch mögliche und wirtschaftlich zumutbare« zu tun, um Gefährdungen zu verhindern. Generalklauseln stufen die technische Mindestsicherheit ab nach:

- anerkannten Regeln der Technik, das ist die herrschende Auffassung der Praktiker, für die die einschlägigen Normen einen ersten Anhalt geben;
- dem Stand der Technik, der den Fortschritt einbezieht, der sich nach Auffassung der Mehrheit der einschlägigen Spezialisten bereits bewährt hat;
- dem Stand der Wissenschaft und Technik, der auf die Erkennbarkeit der Gefährdung ohne Rücksicht auf die Machbarkeit abhebt.

Die *Instruktionshaftung* bezweckt den Schutz vor technisch verbliebenen, rechtlich zulässigen Restrisiken und verpflichtet den Hersteller darüber hinaus, erkennbare Inkompetenzrisiken der Benutzer zu kompensieren. Dazu heißt es im Zinkotom-Urteil: »Der Hersteller muß im konkreten Fall mehr tun, als gesetzlich geregelt ist (dort in der Druckgas-VO), weil Gesetze (und Normen) nur generelle Mindestanforderungen vorgeben können.« Die Rechtsfindung dazu stellt auf personenbezogene und situative Angemessenheit ab. Das bedeutet, daß nicht der vernünftige Durchschnittsbenutzer in bestimmungsgemäßen Normalsituationen, sondern der Grenzbenutzer (zum Beispiel Analphabeten oder Kinder) in Grenzsituationen (zum Beispiel Störfällen) zu schützen ist. Zur Lenkerverkleidungs-Verurteilung kam es, weil Motorradfahrer mehrheitlich Windschlüpfrigkeit mit Fahrstabilität gleichsetzen und dabei die Funktionspaarungsrisiken übersehen, der Motorradhersteller davor aber nicht gewarnt hatte. Das Milupa-Urteil beruht auf der Gewohnheit, Kleinkindern gesüßten Tee in Nuckelflaschen zu verabreichen, und der zunächst unterlassenen und dann unzureichenden Warnung, nachdem der Hersteller das Kariesrisiko hätte kennen müssen.

Das *Produkthaftungsgesetz* (PHG) pegelt die Mindestsicherheit nicht von den Sorgfaltspflichten des Herstellers her ein, sondern geht von den berechtigterweise herrschenden Sicherheitserwartungen der Anwender aus. Da die traditionelle Rechtssprechung diesen Maßstab bereits vorab in die Sorgfaltspflichten integriert hatte, konnte der BDI von einem nahtlosen Anschluß des PHG an diese sprechen, und auch weil das PHG wesentliche Anspruchsmöglichkeiten des traditionellen Rechts eingeschränkt oder gar nicht enthält (zum Beispiel auf Schmerzensgeld), kam es in drei Jahren seines Bestehens zu keinem Urteil auf seiner Basis. Weniger bekannt ist die durch die US-Rechtspraxis hinlänglich belegte Tatsache, daß sich die Haftung für Warnungen gar nicht »ohne Verschulden« handhaben läßt. Denn man kommt bei der Beurteilung von Warnungsmängeln einfach nicht um die Angemessenheit herum, und das ist ein Sorgfaltsmaßstab; die vorstehend aufgeführten Fälle verdeutlichen dies. Die Verteufelung der gesamten Produkthaftung beruht darauf, daß daran interessierte Kreise den mangelnden Durchblick der Adressaten dazu mißbrauchen, diesen Extrem- als Normalrisiken zu verkaufen. So gibt es Agenturen für Dokumentation, die vorgeben, Anleitungen spezifisch auf die Einhaltung des PHG zu prüfen beziehungsweise die »Rechtssicherheit« verheißen, obwohl sie nur einige der in Betracht kommenden Gesetze formal und zum Beispiel die laufende Rechtssprechung überhaupt nicht berücksichtigen. Daß solch ein vollmundiger Pfusch bei Ergebnisverantwortlichen überhaupt beachtet wird, läßt sich kaum vorstellen, muß aber aus der Verbreitung solcher Selbstdarstellungen und der Schützenhilfe dazu seitens der Verbände und Presse geschlossen werden.

Zu erwähnen ist noch, daß bei der Beurteilung von »Angemessenheit« Meinungsstreits vermeidbar geworden sind. Die experimentelle Methodik der Psychologie ist inzwischen soweit, daß sie diese mit einer Objektivität im voraus zu bewerten vermag, die selbst von amerikanischen Laiengeschworenen anerkannt wird. Dazu werden zunächst die Grenzrisiken ermittelt, aus diesen die mit schwerer Personengefährdung selektiert, für diese die geschäftspolitisch passende Wirksamkeit hinweisender Sicherheit gewählt (zum Beispiel als statistische Signifikanz) und schließlich entsprechend diesen Qualitätsforderungen eine Warnung strukturiert und gestaltet.

Die anerkannten Regeln strukturieren Warnungen wie folgt:

- das Gefährdungsniveau;
- die Gefahrenquelle und deren Natur;
- mögliche Verletzungen/Schäden;
- wie sich diese vermeiden lassen;
- Konsequenzen bei Nichtbeachtung.

Die Gestaltung sucht die Wahrnehmung und Deutungsmuster der zu Warnenden so zu aktivieren, daß das erforderliche Schutzverhalten (zum

Beispiel direkt als Reflex jenseits des Nachdenkens) mit einer dem sicherheitspolitischen Niveau entsprechenden Wahrscheinlichkeit ausgelöst wird. Gestaltungsmittel dazu sind Piktogramm, Signalwort, Farbe, Größe, Schriftart, Plazierung und andere; einige Gestaltungsregeln sind – mit kulturellen Unterschieden – genormt, darüber hinausgehende Qualität bedarf psychologisch geleiteter Kreativität. In den USA rechnet sich der Aufwand für gerichtsfeste Warnungen. Ausgetestet kosten sie 10- bis 30 000 $, womit sich zum Beispiel ein Abwehr- und Haftungsrisiko von einer Million $ und mehr über zehn Jahre auf ein Fünftel und weniger senken läßt. Bei uns lohnt sich solches Vorgehen allein für Haftungsrisiken nicht. Denn der durchschnittliche Schadenersatz für Warnfehler beläuft sich hierzulande auf etwa 30000 DM bei nur fünf bis zehn Urteilen im Jahr; 100000 DM werden praktisch nicht überschritten, es sei denn, es kommt zur Schadenswiederholung aufgrund des gleichen Fehlers, dann liegt aber eine Verletzung der Produktbeobachtungspflicht vor. Außergerichtlich übersteigt die Zahl der Vergleiche zu Instruktionsmängeln die der gerichtlichen schätzungsweise bis zum Zehnfachen, dafür ist ihr Durschnittsbetrag deutlich niedriger.

Vergleichsweise erreicht die Summe der Gewährleistungs- und Kulanzkosten, die auf Mängel produktbegleitender Information zurückzuführen sind, in einigen Firmen zweistellige Prozentsätze vom Umsatz, ohne daß dies überhaupt erfaßt ist. Offenkundig können die Verlustrisiken aus Imageeinbußen und Rückrufen im Einzelfall um Zehnerpotenzen höher liegen als jedes Produkthaftungsrisiko. Kein Wunder also, daß hier der erwähnte Stand der experimentellen Methodik von total-quality-bewußten Firmen – auch bei uns schon – eingesetzt wird, um sich Gewißheit zu verschaffen, mit welchen Qualitätsforderungen sie sich in welchem Maße gegenüber bestimmten Mitbewerbern einen Vorsprung im Hinblick auf die Kundenzufriedenheit verschaffen können. Für nicht Eingeweihte mag dies utopisch klingen, doch es steht ein Methodenarsenal zur Verfügung, das die notwendige Objektivität und Genauigkeit zu erfüllen vermag; der Hinweis ist erforderlich, weil im Neuland leicht die verfügbare Methode und nicht die Zweckmäßigkeit den Einsatz entscheidet. Wer diesen wissenschaftlichen Fortschritt zuerst in seine Praxis aufnimmt, der hat gute Chancen, fettere Weidegründe zu erreichen, ehe sich seine Mitbewerber auch auf diesen drängeln.

Für Vermarkter sind Warnungen grundsätzlich verkaufshemmend; das *kann* so sein, wenn sie zum Beispiel juristisch zur »Freizeichnung« von jedem nur denkbaren Bedienungsrisiko mißbraucht werden. Doch Warnungen können auch so gestaltet sein, daß der Kunde sich umsorgt fühlt und dieser Eindruck seine Einstellung und Beziehung zu Produkt und Hersteller positiv stärkt. Technisierte Kunden sind sich bewußt, daß es keine absolute Sicherheit gibt; deshalb honorieren sie Offenheit – zum Beispiel bezüglich der Einsatzeignung – und bewerten weniger einen Mangel an sich als vielmehr die Art und Weise, wie er beseitigt und Mangelfolgen unterbunden werden.

Die *dritte Strategiestufe* ist offensiv und kundenorientiert. Noch viel zu wenig wird für sie das Design genutzt, nicht das einer verkaufsfördernden Anmutung, sondern das als Brücke zwischen Technik und Kommunikation umschriebene »Signal«-Design. Es erübrigt den Umweg über produktbegleitende Dialoghilfen und gestattet, unmittelbar mit dem Produkt zu kommunizieren. Ein positives Beispiel bietet die Designidee eines Kfz-Herstellers, den bestimmte Unfälle amerikanischer Hausfrauen aufmerksam werden ließen; verursacht wurden sie von deren Kindern, die während der Fahrt durch Drehen des Zündschlüssels das Lenkrad blockierten; die Ersteinführung eines kindergesicherten Lenkradschlosses verschaffte diesem Hersteller einen Schub im Marktanteil von Zweitwagen.

Noch zu Zeiten der Bauhausschule umfaßte das Berufsbild des Designers eine Vielheit von Gestaltungsdisziplinen. Durch arbeitsteilige Spezialisierung kam es auch hier zu eigenständigen Berufen wie Industriedesigner, Grafiker, Typograf, Fotograf, Informationsgestalter und andere. Diese behindert eine ausgewogene Gesamtgestaltung, Voraussetzung für gute Qualität. Auch die teilweise Zusammenführung über ein Desktop-Publishing bringt wenig Abhilfe, da Bits nicht Grips ersetzen können. Flusser übersetzt Design mit »Gestaltung« und betont dessen kommunikative Möglichkeiten. Styling ist für ihn »Formgestaltung«, die er als zu Formalismus verkommenen Funktionalismus, als Oberflächenkosmetik kritisiert.

Bei Fehlbedienungsrisiken mit multinationalem Charakter hält das »Signal«-Design Einzug (zum Beispiel Selbstdiagnose der Maschine mit einer auf mehrere Sprachen umschaltbaren Anzeige). Die bleibende Vielfalt von Recht und Kultur läßt sich entweder mit technischer Sicherheit auf dem höchsten notwendigen Niveau oder mit produktbegleitenden Dialoghilfen meistern. Hier wird deutlich, wie formalistisch Debatten um die Zuordnung der Anleitung zur technischen Dokumentation sind: Wo es primär um Eingriffe in technische Funktionen des Produkts, wie in der Montage- oder Reparatur-Anleitung, geht, sind die Kriterien für die technische Dokumentation maßgebend; wo die Kommunikation zwischen Mensch und Produkt im Vordergrund steht, hat sie sich nach Kriterien der Verhaltensbeeinflussung zu richten. Geschieht dies allein dem Stand anerkannter Regeln der Germanistik und Typografie entsprechend, dann ist dies nichts weiter als ein »Text-Styling«. Der Kosten- und Standardisierungsdruck elektronischer Überkapazitäten in Verbindung mit umgeschulten Redakteuren läßt manche Agentur zum Dokumentationsstylisten werden.

»In sechs Wochen ist Liefertermin, es muß noch eine Anleitung her.« Die Konstruktion erhält den Auftrag, diese möglichst kostensparend mit Hilfe der vorhandenen Unterlagen zu erstellen. Ein bekanntes Szenario, dessen Ergebnis schon beim ersten Blick auf die Vorverkaufsdokumente zeigt, daß vor und nach Verkaufsabschluß zwei Auffassungen von Kundenorientierung angewendet werden. Dabei ist es nicht übertrieben zu behaupten, daß gute Anleitungen sich in mageren Zeiten höher amortisieren als gute Werbung: Keine Streuverluste, mehrfache Benutzung, Vermeidung von Folgekosten aus unzureichender Information, werbliche Auswirkung per Kundenzufriedenheit. Konkreter: Produkt und Anleitung werden zunehmend von potentiellen Käufern und Testinstituten gemeinsam zur Beurteilung der Eignung herangezogen. Für Anlagenbauer ist es bereits ein Einkaufskriterium geworden, wie gut die Dokumentation zum eigenen Konzept paßt; sie geben auch Pflichtenlisten und Qualitätsforderungen für die Anleitungen vor, geben Folgekosten aus nichteingehaltener Qualität an die Zulieferer weiter und sperren bei Nichterfüllung oder Verzögerung die Zahlung oder sogar den Lieferanten.

Schlußfolgerung: Eine Anpassung der *Qualitätssicherung* für produktbegleitende Dokumente an die Qualitätssicherung des Produktes selbst ist unumgänglich geworden. Der Einstieg besteht in der Aufwertung der Anleitung von einer lästigen Nebensache zu einer erfolgsentscheidenden Hauptsache durch die Geschäftsführung. Danach kann die Festlegung der Qualität entsprechend den vorstehenden Ausführungen erfolgen. Was hingegen verbreitet unter Qualität von Anleitungen verstanden wird, ist lediglich die Befolgung von Vorschriften und die subjektive Handhabung anerkannter Regeln der Text/Bild-Ausführung, also deren Oberfläche und nicht des Gehalts. Dieses Vorgehen liefe produktseitig darauf hinaus,

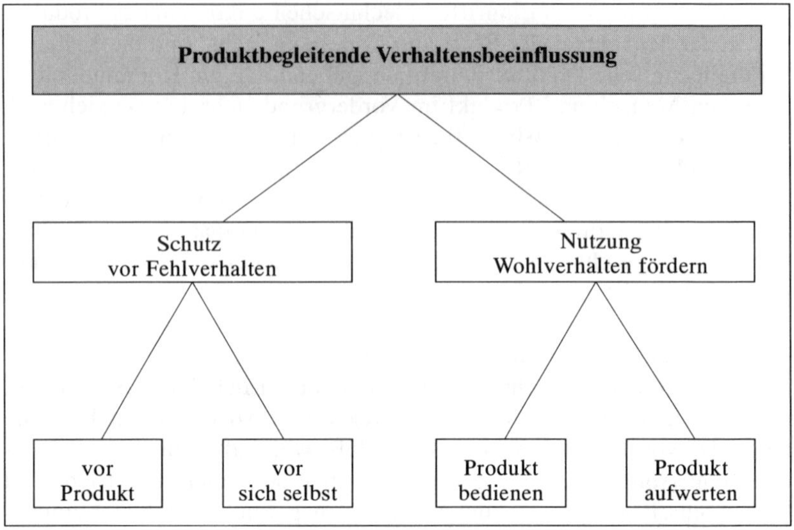

Abbildung 1: Produktbegleitende Verhaltensbeeinflussung

ohne Qualitätskonzept, Konstruktion und Prüfungen zu fertigen; das ist Bastler-, aber kein Profi-Niveau. Technische Dokumente haben Produktfunktionen zu beschreiben. Anleitungen sollen Verhalten gezielt beeinflussen. Anleitungen enthalten vier Kategorien der Verhaltensbeeinflussung, die organisatorisch, methodisch und gestalterisch unterschiedlicher Handhabung bedürfen.

Zu diesen Kategorien sind produkt- und anwenderspezifische Qualitätsforderungen zu entwickeln und vorzugeben. *Qualität* ist dann die Eignung der Gestaltung, diese Forderungen zu erfüllen. Die anderen Kommunikationskanäle von der Werbung bis zur Reklamation dürfen diesen Qualitätsforderungen nicht widersprechen oder sie beeinträchtigen; deshalb hat die Anleitung Leitbildfunktion für die gesamte Kommunikation mit den Käufern und Kunden.

Ob Kundenorientierung ein Lippenbekenntnis bleibt oder zum Erfolgsfaktor wird, einen unbestechlichen Indikator dafür stellt die Qualitätssicherung von Anleitungen dar. Ihr Ablauf sollte der des Produktes entsprechen, schon weil beide synchron zu entwickeln sind. Beim Produkt sind es bekanntlich drei Phasen (Qualitäts-Bewertungs-Methode):

1. Bedingungen/Konzept
2. Spezifikation/Konstruktion
3. Tests/Realisierung

Die Phaseninhalte sind der »immateriellen« Anleitung und dem Dienstleistungscharakter ihrer Erstellung anzupassen. Erste, aber nicht ausreichende Hinweise dazu gibt ISO 9004-2. Ob Neuerstellung oder Requalifizierung, die fachübergreifende Integration erfolgt über Design-Reviews. Der *Bedienungskatalog* umfaßt zum Beispiel Recht, Marktbeobachtung, Corporate design, Selbstbegrenzungen durch Wahl der Eignung, Zielgruppe etc. und Ressourcenzuteilung sowie bei Requalifizierung die Restrisiken des Produktes. Das *Konzept* positioniert strategisch, wählt das Qualitätsniveau und gibt die Bewertungskriterien vor. Ein Anlagenbauer benutzt zum Beispiel fünf Qualitätsstufen: Montagequalität, Konformitätsqualität, Angebots- beziehungsweise Bedienungsqualität, Schulungsqualität und bezahlte Sonderqualität.

Inhaltlich unterscheidet vor allem die zweite Phase zwischen Produkt und Anleitung. Die *»Spezifikation«* legt die Beeinflussungsziele, ihre Qualitätssicherung und die *»Konstruktion«* beziehungsweise das Gestaltungsbriefing für die *»Codierung«* durch die Autoren fest; es kommt zu

Tips für kulturneutrale Bedienungsanleitungen

- bausteinförmig strukturieren
- textsparende Visualisierung
- textarme Module mit einfachem Satzbau
- kein Jargon, durchgängige Begriffe (im Zweifel erläutern)
- keine Wortspiele
- hohe Zugriffsfähigkeit und Übersichtlichkeit
- grenznutzerbezogen, im Zweifel mehrere Kompetenzstufen
- kritische Restrisiken mit gerichtsfester Warnung
- Mehrsprachigkeit im gleichen Land beachten
- im Layout Spielraum zwischen Modulen lassen
- bei einsprachigen Anleitungen eventuell mehrsprachige Verzeichnisse oder kurze Anleitungen in Sprachgruppen
- in der Planung lokale Tests und Korrekturen berücksichtigen

ersten Entwürfen und Eignungstests einzelner Aspekte sowie nutzen-kostenoptimierenden Abstimmungen und Korrekturen. Ein aktuelles Beispiel ist die zu berücksichtigende Neunsprachigkeit der heutigen EG. Wegen ihr werden neue Anleitungen in deutsch von vornherein so aufgezogen, daß sie sich leicht und kostengünstig in andere Kulturkreise »transformieren« lassen; sie bloß zu übersetzen reicht nicht aus (siehe Kasten, Seite 241).

Feldtests der dritten Phase haben den Charakter von Endprüfungen des Gesamtprodukts unter Einsatzbedingungen. Welche Methodik anzuwenden ist, hängt von der Fragestellung ab. Expertenurteil und Anwenderbefragung können, müssen aber nicht geeignet sein. Brauchbare Antworten erhält man auch bei diesen nur, wenn die Befragungen fachgerecht durchgeführt werden, also mit Kontrollgruppen, Ausschalten von Störfaktoren, Ermittlung statistischer Signifikanz usw. Die *Realisierung* besteht aus Redaktion und Druck. Sie wird durch die Vorphasen transparenter, was von Mitarbeitern als Beschneidung gewohnter Freiräume empfunden werden kann und dann zu verdeckten Widerständen führt. Führung, Personalentwicklung und Motivation sind wesentliche Anliegen jedes Qualitäts-Systems. Wird in der Anleitung nur ein notwendiges Übel gesehen, dann entfällt der aufgezeigte Ablauf, man springt forsch und direkt in die Realisierung, hält sich an Mindestauflagen oder Klischeevorstellungen fest und überläßt die Qualität damit Zufälligkeiten.

Schwierige Suche nach geeigneten Dienstleistern

Agenturen für technische Dokumentation sind im Grunde verlängerte Redaktionstische, deren handwerkliche Ausführungsqualifikation nur soviel an Eignungsqualität zu liefern vermag, wie ihnen an Qualitätsforderungen dazu seitens des Auftraggebers vorgegeben worden ist. Ein Hersteller ohne entsprechende Qualitätssicherung wird die Agentur wählen, die sich ihm am überzeugendsten anzupreisen versteht, den niedrigsten Preis und die gewünschte Lieferzeit in Aussicht stellt. Aber Agenturen müssen wie jeder andere Zulieferant ausgewählt, leistungs- und rechtsseitig gebunden sowie überwacht werden. Dies ist bei Diensten allerdings schwieriger als bei Produkten, weshalb ihr Kaufrisiko generell auch höher eingestuft wird. Die Problematik ist offenkundig: Einer Referenzanleitung sieht man nicht an, wieviel davon auf die Agentur und die Person entfällt, die einen betreuen wird, auch nicht inwieweit sie die ihr gestellten Verhaltensziele erfüllt hat und warum beziehungsweise warum nicht; großartige Einrichtungen besagen nichts über Kompetenz, Kreativität und Zusammenarbeit. Selbst eine Zertifizierung nach ISO 9001-3 gibt nur unzureichend Auskunft über diese Fähigkeit, denn wer die Welt der technischen Dokumentation beherrscht, ist nicht automatisch dafür geeignet, verhaltensbeeinflussende Anleitungen zu erstellen.

Dieses Auswahldilemma läßt sich nur offensiv durch direktere Auswahlkriterien (zum Beispiel Vorlage des Qualitätssicherungshandbuchs für Anleitungen, eine bezahlte Probearbeit und andere) sowie durch verstärkte Bindung und Überwachung mindern. Die wichtigsten Instrumente dazu sind: eine Pflichtenliste, ein kaufmännischer (Dienst- oder Werk-)Vertrag und Qualitätssicherungsvereinbarungen. Darin werden unter anderem Bearbeitungsetappen festgelegt, Freiräume für Korrekturkosten beschränkt, die wechselseitigen Rechte und Pflichten der Kompetenz- und Verantwortungsverteilung angepaßt. Dienstleister müssen für Folgen aus fachlich unqualifizierter Arbeit einstehen (und sollten entsprechend versichert sein), vor allem wenn der Auftraggeber sie deshalb engagiert und Grund hat, sich auf ihren Fachrat zu verlassen, wie es bei Leistungen mit Zusicherungscharakter oder gutachterlicher Natur, also Risikoanalysen, Angabe anzuwendender Vorschriften, Anwendertests, haftungsrechtlichen Auslegungen und ähnlichem, nicht ungewöhnlich ist. Das Dilemma wird mit zufriedenstellender Zusammenarbeit kleiner, sollte jedoch die Aufmerksamkeit nicht einschläfern; unseriöse Dienstleister setzen auf diese »Austrittsbarrieren«.

Braucht ihr Qualitätssicherungs-System mehr als eine verlängerte Redationsbank, dann sind im allgemeinen Agenturen für technische Dokumentation fehl am Platz, auch wenn sie Fachpartner benennen; denn diese benutzen sie nur, um ihren angestammten Geschäftszweck zu verfolgen. Sie sollten vielmehr nach kompetenten *Full-Service-Beratern* für die Qualitätssicherung produktbegleitender Dokumente Ausschau halten, also Dienstleistern, die sich primär als Berater der beiden ersten Qualitätssicherungsphasen für verhaltensbeeinflussende Dokumente ausweisen können. Mit diesen besteht die Möglichkeit, am konkreten Projekt ohne ins Gewicht fallende Mehrkosten gleich generelle Weichenstellungen vorzunehmen, Mitarbeiter einweisen zu lassen, auf Abruf Know-how zu integrieren, das selbst aufzubauen und zu pflegen nicht lohnt. Der Gesamtprozeß der Erstellung produktbegleitender Dokumente ist eng mit gesamtunternehmerischen Qualitätselementen verbunden, weshalb er sich nur teilweise nach außen verlagern läßt; diese Teile wollen sorgsam abgewogen und integriert sein.

Das Konzept dieses Beitrags läuft auf die Turniervorbereitung eines Sportlers durch seinen Trainer hinaus. An der Klasse des Spielers läßt sich nichts ändern. Es wird ein wenig an der Effektivität einzelner Bewegungsabläufe und der Kondition gearbeitet. Doch das Hauptgewicht liegt darauf, die Spielanlage auf den Gegner einzustellen, denn: Bei gleicher Spielstärke und Tagesform entscheidet sich der Spielausgang in den Köpfen. Nicht anders im Produktwettbewerb. Magere Zeiten sind Turnierzeiten. Das technisch bessere Sportgerät bietet nur Vorteile, solange der Gegner nicht nachgezogen hat. Einstellung und »Sportsgeist« sind dagegen weder käuflich noch kopierbar, doch sie bilden die Grundlage für situative Überlegenheit, sie machen das Publikum beziehungsweise die Kunden zu Verbündeten und damit zu einer ökonomisch verläßlichen Basis gerade in mageren Zeiten.

V. Kapitel
Herausforderung für den Mittelstand

Grenzüberschreitende Kooperationen und Suche nach neuen Märkten

Die Herausforderungen für den Mittelstand

Jörg Mittelsten Scheid

Immer noch wird die Wirtschaft in Deutschland mehrheitlich vom Mittelstand und von Familienunternehmen geprägt. In ihnen arbeiten mehr Menschen, bei ihnen sind mehr neue Arbeitsplätze geschaffen worden als in großen Aktiengesellschaften. Dennoch stellt sich vielerorts die Frage, wie es mit dem Mittelstand weitergehen wird. In ihm sieht man die gesunde breite Basis auf der eine Volkswirtschaft aufbaut. Ihr Fehlen macht sich in den neuen Bundesländern schmerzlich bemerkbar, und Mittelstandsförderung steht mittlerweile bei allen europäischen Regierungen einschließlich der Kommission in Brüssel ganz oben auf der Prioritätenliste. Ist der Mittelstand gefährdet? Dabei stehen zwei Fragen im Mittelpunkt: Hat der Mittelstand Zukunft? Wie kann er den technischen und internationalen Herausforderungen begegnen?

Bei der Frage nach der Zukunft übersieht man leicht, daß diese schon längere Zeit begonnen haben könnte. Der Mittelstand war in Deutschland schon immer stärker ausgeprägt als in den meisten europäischen Ländern. Das mag mit der dezentralen Tradition zusammenhängen. In England ist der Mittelstand infolge der stringenten Steuergesetzgebung nach dem Zweiten Weltkrieg deutlich zurückgegangen. In Frankreich und Spanien sind Großunternehmen nach wie vor beherrschend.

In Deutschland ergab sich nach dem Zweiten Weltkrieg eine Wellenbewegung. In der Zeit von 1950 bis 1970 nahm die Bedeutung des Mittelstandes stetig ab. Der Anteil ging von 82 Prozent auf 76 Prozent zurück. Unternehmen mit weniger als 50 Beschäftigten waren davon besonders betroffen. Ab 1970 aber begann sich diese Entwicklung umzudrehen, und bis zum Jahre 1987 stieg der Anteil wieder auf 79 Prozent an. Auch hier nahmen die kleinen Unternehmen überproportional teil.

Nichts deutet in diesen Zahlen auf eine ungünstige Zukunft hin. Dennoch denkt man unwillkürlich an die Schwierigkeiten der Textilwirtschaft, der Werkzeugindustrie oder des Maschinenbaus, also Bereiche, in denen der Mittelstand vorherrscht. Da statistische Zahlen nicht vorliegen und das Schicksal von kleinen Unternehmen meist nicht bekannt ist, sollte man die Entwicklung anhand von bekannten Familienunternehmen untersuchen, die aus dem Mittelstand stammen, auch wenn sie inzwischen die kritische Grenze von 500 Mitarbeitern überschritten haben.

Natürlich fallen jedem eine Reihe von Familienunternehmen und Namen ein, die im Laufe der Zeit in Schwierigkeiten geraten sind und veräußert werden mußten: etwa Kienzle, VDO, Boge oder Fichtel & Sachs, die heute Teil der Mannesmann AG sind; Grundig, Henckell, Saba, Herberts und Bauknecht, die von größeren in- oder ausländischen Unternehmen übernommen wurden. Andere sind vom Markt verschwunden wie der Baumaschinenhersteller Esch oder das Unternehmen Bleyle. Aber auch erfolgreiche Anlehnungen fallen ins Auge, bei denen die Eigentümerfamilien als Gesellschafter erhalten blieben, wie etwa die Wacker Chemie oder Messer Griesheim, die über viele Jahre eine gut funktionierende Partnerschaft mit der Hoechst AG verbindet.

Gründe für den Verlust der Selbständigkeit

Die Gründe für Untergang oder Verlust der Selbständigkeit waren keineswegs einheitlich. Einige konnten die Nachfolgefrage nicht zufriedenstellend lösen wie Reemtsma, Herbert, Fichtel & Sachs oder Ehrenreich. Einige wurden Opfer der strukturellen Veränderungen des Textilmarktes wie Van Delden, Schulte Dyckhoff oder Gebhard. Andere konnten die weitere Entwicklung wegen hoher Kosten in Forschung und Entwicklung nicht finanzieren, was gerade auf dem Gebiet der Chemie schnell einleuchtet. Hinzu kam die Problematik der Finanzierung der Erbschaftsteuern wie im Fall des Versicherungserben Gerling, der die Deutsche Bank als Partner rief, oder wie im Fall der die Gesellschaftsblätter bereichernden Fürstin von Thurn und Taxis, die die Bank und Industriebeteiligungen des fürstlichen Hauses veräußerte sowie Preziosen bei Sotheby's unter den Hammer gebracht hat, um die Erbschaftsteuer ihres Sohnes aufzubringen.

Aber besonders in der Handelslandschaft sind große Erfolge und Innovationen in den vergangenen dreißig Jahren nicht von etablierten Riesen wie Kaufhof, Karstadt oder Hertie erzielt worden, sondern stammen aus dem privaten unternehmerischen Bereich. Namen wie Metro, Tengelmann, Otto, Quelle, Obi, Douglas Holding oder Aldi machen diese

Aussage für jedermann sofort nachvollziehbar. Gleiches gilt für neue Gebiete im Dienstleistungsbereich, etwa EDV-Beratung, Unternehmensberatung oder Gebäude-, Maschinen- oder Fassadenreinigung. Mit Ausnahme von Orgameier oder SAP Gemini sind fast alle Unternehmen jung und trotz beträchtlicher Wachstumsraten Familiengesellschaften geblieben. Hier beginnt erst jetzt ein Zusammenschluß zu größeren und vor allen Dingen internationaleren Einheiten zu wachsen. Der Eindruck drängt sich auf, daß neue Trends und Innovationen von Familiengesellschaften schneller aufgenommen und umgesetzt werden können.

Noch in den fünfziger Jahren lag der Schlüssel zum Erfolg deutlich in der Produktion. Alles, was produziert werden konnte, nahm der ausgehungerte Markt freudig ab. Aber schon in den sechziger Jahren setzte ein grundsätzlicher Wandel ein. Nicht mehr die Herstellung, sondern der Weg zum Kunden trat in den Vordergrund. Die Fülle der Angebote ließ den Kunden auswählen, und Sieger blieb, wer die Wünsche des Kunden am schnellsten erkannte. Die Nähe zum Kunden bestimmte den Erfolg. Da Handel und Dienstleistungen näher am Kunden sind als eine Produktion, entwickelten sich diese Bereiche günstiger. Hier ist die Präsenz von Familienunternehmen auch heute noch groß.

Natürlich gibt es Sektoren der Wirtschaft, die zwangsläufig von großen Aktiengesellschaften beherrscht werden. Dazu zählten die Chemie, die Energiewirtschaft, die Stahlindustrie oder die Automobilindustrie. Dennoch entdeckt man bei genauerem Hinsehen, daß auch hier der Mittelstand eine wichtige Rolle spielt. Sei es als Zulieferer etwa bei der Automobilindustrie oder als Experte für Nischenmärkte wie etwa in der Pharmaindustrie, in der Namen wie Maddaus, Schwarz oder Schwabe nur Beispiele sind für eine Reihe von mittelständischen Unternehmen, die keineswegs von den großen aus dem Markt gedrängt werden konnten. Aus der Vergangenheit gibt es also keine Tendenz zu entdecken, die zu einer abnehmenden Bedeutung der Familiengesellschaften geführt hat oder führen wird. Im Gegenteil: Es hat sich gezeigt, daß neuere Entwicklungen vom Mittelstand schneller erkannt und aufgenommen wurden. Die Großindustrie wird ihre Domäne in Branchen mit hohem Kapitalbedarf behalten. Sie wird aber auch gezwungen werden, selber flexibler und beweglicher zu werden. Die Zulieferindustrie aus dem Mittelstand kann ihr dabei behilflich sein.

Wenden wir uns also nun den neunziger Jahren zu und fragen uns, welche Entwicklungen für den Mittelstand Bedeutung haben werden.

Europa und der Binnenmarkt stehen an erster Stelle. Alle Welt ist sich einig, daß der Binnenmarkt mehr Wettbewerb mit sich bringen wird. Wie aber wird er aussehen? Mit welchen Gegnern hat man sich auseinanderzusetzen? Und welche Strategien sind dagegen hilfreich? Ich schlage vor, daß wir die drei Gebiete Industrie, Handel und sonstige Dienstleistungen ein wenig separat betrachten, um einige der zu erwartenden Veränderungen zu beschreiben. Deutschland ist das Land mit der höchsten Exportquote, das Land auch mit einem Mittelstand, der immer schon exportorientiert war. Seit dem 1. Januar 1993 jedoch ist der größte Teil nicht mehr Export, sondern Lieferung innerhalb des Binnenmarktes.

Es steht nun zu erwarten, daß die europäischen Kunden ihre deutschen Lieferanten allmählich genauso behandeln werden wie ihre inländischen Lieferanten. Der Zwang der kürzeren Lieferzeiten, mehr Flexibilität, Just-in-time-Anlieferungen und stärkere Anpassung an individuelle Wünsche werden wachsen. Für den deutschen Lieferanten wird es zunehmend schwieriger werden, in den einzelnen EG-Ländern unterschiedlich zu agieren, also die gleichen Produkte zu unterschiedlichen Preisen anzubieten oder unterschiedliche Vertriebswege und unterschiedliche Produkte aufrechtzuerhalten.

Die Europäisierung der Vertriebswege hat eine Europäisierung der Verpackung, Werbung und Produktplazierung zur Folge. Haushaltsprodukte etwa, die heute unter verschiedenen Namen in verschiedenen Ländern vertrieben werden, werden in Zukunft allmählich gleich aussehen. So erklären sich die Bemühungen, europaweite Marken zu horrenden Preisen aufzukaufen, und die Bemühungen, Namen zu finden, die überall in Europa aussprechbar sind. Preisdifferenzierungen sind heute nach Ländern üblich. Sie werden In Zukunft sowohl bei Endprodukten wie bei Zulieferprodukten immer schwerer aufrechtzuerhalten sein, weil die Abnehmer europaweit einkaufen. Gleiche Produkte werden daher zunehmend das gleiche kosten.

Dadurch wird der deutsche Hersteller seinerseits gezwungen, seine eigenen Einkaufsmöglichkeiten auszuweiten. Auch mag er sich gezwungen sehen, seinen Kunden in andere Länder zu folgen und Lieferungen dort vorzunehmen oder Zwischenläger auf seine Kosten aufzubauen. Geschieht dies, so liegt nahe, daß er sich dabei um zusätzliche Kunden oder Geschäftskontakte vor Ort kümmern wird. Er wird also zu einer stärkeren Europäisierung seines Denkens gezwungen.

Natürlich bedeutet dies mehr Wettbewerb, denn er trifft ja nicht auf leere Märkte. Der Kunde, der neu kauft, hat vorher seinen Bedarf woanders befriedigt. Es ist ein Verdrängungswettbewerb, der nur bestanden werden kann, wenn das eigenen Angebot Vorteile gegenüber dem Wettbewerber aufweist. Umgekehrt gilt das gleiche auch, weil verstärkt ausländische Anbieter im deutschen Markt auftreten werden, um zu versuchen, ihre Produkte oder Dienstleistungen auf dem Markt anzubieten.

Es gibt drei Konkurrenten, mit denen sich der Mittelstand in Zukunft verstärkt auseinanderzusetzen hat. Zum einen natürlich der ausländische Mittelstand, der sich spiegelbildlich verhalten muß wie der deutsche. Auch er muß, um seine heimischen Märkte zu verteidigen, seinen Kunden verstärkt ins Ausland folgen.

Neben den ausländischen Mittelstand tritt verstärkt die heimische Großindustrie; sie hat begonnen, zu dezentralisieren und kleine Geschäftseinheiten zu schaffen, die nun in eigener Verantwortung am Markt auftreten und sich damit ähnlich wie ein Mittelständler verhalten. Die Bemühungen zielen auf mehr Flexibilität, schnellere Entscheidungsfindung und vor allem Kundennähe, Eigenschaften, die der Mittelstand seit je der Großindustrie voraus hat. Gedanken wie Lean Production oder höhere Qualitätsansprüche werden diesen Prozeß noch beschleunigen. Andererseits bietet der Druck, der auf Großunternehmen lastet, ihre Fertigungstiefe zu verringern, dem Mittelstand im Bereich der Zulieferindustrie neue Chancen, Produktionsanteile zu übernehmen, die der Großbetrieb bisher selber in der Hand hat. Diese Entwicklung ist also auf der einen Seite für den Mittelstand bedrohlich, weil Tochtergesellschaften großer Unternehmen mit ihrer Finanzkraft und ihrem internationalen Know-how als neue Wettbewerber auftreten, auf der anderen Seite aber eine Chance, die es mit scharfem Auge zu beobachten gilt, als Lieferant in sich neu auftuende Märkte bei Großunternehmen einzutreten.

Schließlich gilt das hier Gesagte auch für ausländische Konzerne. Zwar bemüht man sich noch nicht überall um mehr Dezentralisation – in lateinischen Ländern etwa neigen die Regierungen immer noch dazu, Größe mit zukünftigem Erfolg gleichzusetzen –, aber die Entwicklung ist auch dort nicht aufzuhalten. Da Großunternehmen aber zwangsläufig internationaler ausgerichtet sind, liegt es nahe zu erwarten, daß auch ausgegliederte kleine Einheiten der Tendenz folgen werden, international zu operieren. Damit können sie in angestammte Heimmärkte des Mittelstandes eindringen. Im übrigen versuchen ausländische Unternehmen verstärkt, um sich eine Position im Binnenmarkt zu sichern, mittlere Unternehmen unter anderem in Deutschland aufzukaufen.

Eine stärkere Arbeitsteilung einerseits sowie eine Internationalisierung von Kunden und Lieferanten andererseits werden für viele Unternehmen des Mittelstandes beträchtliche Wachstumschancen eröffnen. Wem es gelingt, den heimischen Markt zu verteidigen, dem erschließen sich größere Dimensionen des europäischen Marktes von selber.

Im Sog des Binnenmarktes sind die Unternehmenszusammenschlüsse sprunghaft angestiegen. Standen 1991 die industriellen Übernahmen und Fusionen im Vordergrund, so war 1992 das Jahr der Konzentrationen von Dienstleistungen – besonders im Handelsbereich. Allerdings ist Größe kein Allheilmittel. Nicht die Großen werden die Kleinen fressen, sondern die Schnelleren werden die Behäbigeren überrunden. Da aber gerade der Mittelstand in den letzten zehn Jahren die größere Kreativität und Flexibilität gezeigt hat, stehen die Chancen für ihn nicht schlecht. Die Frage nach den erfolgsverheißenden Strategien drängt sich daher dem mittelständischen Unternehmen auf, und ihre Beantwortung beginnt mit der Untersuchung der Märkte und der vermuteten Entwicklungen, denen seine Aktivitäten gelten sollen. Daher erhält die Frage, wie man im europäischen Wettbewerb bestehen kann, für den Mittelstand gerade jetzt einen erhöhten Stellenwert.

Wo liegt die Zukunft des Einzelhandels?

Betrachten wir zunächst den Handel: Eine große Konzentrationswelle in der deutschen Handelslandschaft ist unübersehbar. Metro, Kaufhalle, Asko oder Tengelmann, Kaiser's Kaffee, Obi, A&P sind Beispiele. Bisher sind grenzüberschreitende Aktivitäten oder Zusammenschlüsse relativ selten. Aldi, Lidl und Norma haben die ersten Schritte getan. Ähnliches gilt für den Versandhandel oder Teile des Direktvertriebs. Für den Großhandel liegt ein erhöhtes Interesse auf der Hand, denn für ihn eröffnet sich eine erweiterte Zahl von Lieferanten und Einkaufsmöglichkeiten. Er bekommt es nun mit größeren Strecken, mit verschiedenen Sprachen und verschiedenen nationalen oder regionalen Kundengewohnheiten zu tun. Das erfordert ein höheres Know-how an Logistik sowie anderen Dienstleistungen, was andererseits die Wertschöpfung in der Funktion des Großhandels erhöht.

Der Einzelhandel dagegen richtet sich auf zwei Strömungen ein: Einmal wird der Druck auf die Kosten anhalten und damit Lösungsansätze fordern, Ware billiger dem Kunden anbieten zu können. Der Saarbrücker Handelsexperte Bruno Tietz rechnet mit erheblichen Umschichtungen – so wie sie auch in den Vereinigten Staaten erwartet werden – und neuen Ideen. Manche Form des Einzelhandels, die gestern noch revolutionär war, ist heute schon zu teuer geworden und wird von neuen Formen abgelöst werden. Neben die billigen und noch billiger werdenden Massenanbieter werden stärker Formen von effizienter Spezialisierung treten.

Traditionell sind viele der klassischen Mittelständler im Einzelhandel, und dort im Fachhandel, anzutreffen. Sie müssen damit rechnen, verstärkt unter den Druck von leistungsfähigen Filialunternehmen zu geraten. Fachmärkte, wie sie heute schon bestehen (Obi, Douglas, Saturn usw.), werden sich in andere Produktgruppen ausdehnen. Es wird kompetente Fachmärkte geben, die auf großen Flächen alle bedeutenden Marken und Handelsmarken führen können; es wird aber auch Fachmärkte geben, die sich auf eine Marke (Benetton, Rodier, Bulthaup, Escada) spezialisieren und über hohes Franchise- sowie Filialisierungs-Know-how sowie über die richtigen Standorte verfügen.

Neben den Stadtzentren werden Stadtrandgebiete mit größeren Flächen und einfachen Parkmöglichkeiten an Bedeutung gewinnen. Fachgeschäfte werden standortflexibler werden und jeweils entscheiden, ob ihre Kunden mehr in der City oder in Einkaufszentren zu finden sind. Der mittelständische Facheinzelhandel wird durch diese Entwicklung dazu gezwungen zu überlegen, wieweit er sich einem Fachmarkt oder Filialkonzept anzuschließen vermag. Verbundlösungen, wie etwa Einkaufsverbände, werden von Experten wegen der Selbständigkeit und Individualität der Mitglieder keine vergleichbar günstigen Chancen eingeräumt.

Von hoher Bedeutung ist dabei die Standortfrage. Wegen der restriktiven Flächenregelung in den meisten EG-Staaten ist es Neuankömmlingen nicht immer möglich, neue Handelsformen durchzusetzen. Der einheimische Fachhandel hat hier eine starke Stellung, weil er meist in der City oder am Stadtrand über gute Flächen verfügt. So kann es durchaus lohnend sein, über verschiedene Formen von Kooperation oder Einbindung in Franchise- oder Filialsysteme nachzudenken.

Auch der übrige Dienstleistungsmarkt ist eine typische Domäne des

Mittelstandes, wenn man einmal von Banken und Versicherungen absieht. Wenn es bisher wenig grenzüberschreitende Aktivitäten gab, so liegt dies daran, daß viele Dienstleistungen sich nicht dazu eignen. Restaurants, Gebäudereinigungs-, Sicherheits- und Wachdienste werden lokal nachgefragt und von Ortsansässigen durchgeführt. Dennoch gibt es auf diesem Gebiet eine Reihe von internationalen Zusammenschlüssen, besonders bei Banken (Crédit Lyonnais/BfG), Touristik (Kuoni, Thomas Cook) und Versicherungen (Colonia, Nordstern, Aachener + Münchner, die französische Mehrheitsgesellschafter haben). Daneben existieren internationale Dienstleistungsangebote: Sofitel, Hilton, Club Méditerranée, Avis und Hertz, American Express, Cooks Reisebüro oder McDonald's sind globale Konzepte, die meist von den Vereinigten Staaten ausgingen, und es bleibt abzuwarten, ob daneben eigene europäische Impulse entstehen.

Wichtiger ist allerdings die oben erwähnte Tatsache, daß Industrieunternehmen in den Dienstleistungsmarkt eindringen. Dazu werden eigene Aktivitäten in Tochtergesellschaften ausgegründet, die dann auch für fremde Kunden arbeiten. Nach einem Bericht der F.A.Z. erbringen bereits 50 Prozent aller Industrieunternehmen Dienstleistungen für andere Unternehmen. Dabei handelt es sich um Dienstleistungen aus den Bereichen technische Planung, EDV-Schulung, Wartung und Überwachung sowie Vermietung und Leasing.

Mehr und mehr kann man auch auf diesen Gebieten ein Wachstum grenzüberschreitender Angebote erwarten, weil viele der Muttergesellschaften international operierende Firmen sind. Intelligente Dienstleistungen werden nach einer Feststellung von Arthur D. Little weltweit steigend nachgefragt werden. Die Entwicklung der meist amerikanischen Beratungsgesellschaften sowie die Beteiligung von Mercedes-Benz an der französischen Gemini deuten auf eine deutlich wachsende internationale Nachfrage hin.

Als Ergänzung dieser Bemerkungen zu den Märkten Industrie, Handel und Dienstleistungen im Binnenmarkt muß nun ein weiterer Faktor erwähnt werden, der mit Europa und dem Binnenmarkt nicht zusammenhängt. Es gibt eine Wetterecke, aus der ein unerwartet kalter Wind dem Mittelstand ebenso wie der Großindustrie ins Gesicht bläst. Ich meine die Revolutionierung industriellen Denkens, wie sie von Japan zu uns gekommen ist. Schlagworte wie Lean Production, Lean Management oder Total Quality Control bezeichnen ein Denken, das es erlaubt, mit weniger Mitarbeitern mehr Produkte oder Dienstleistungen in höherer Qualität zu niedrigeren Kosten anzubieten. Der Mittelstand muß sich mit dieser Entwicklung auseinandersetzen.

Es liegt auf der Hand, daß Großunternehmen mit ihren Stabsabteilungen und internationaler Erfahrung sich konzentrierter mit diesem neuen Denken beschäftigen können. Der Abstand zu den Japanern ist in Deutschland noch groß, und es wird auch noch eine Reihe von Jahren dauern, bis Führung und Mitarbeiter die neuen Verhaltensweisen gelernt und neue Verantwortung übernommen haben. Dann aber werden erhebliche Leistungsreserven freigesetzt werden und auf den Wettbewerb einwirken. In weiten Bereichen unserer Industrie hat der nötige Lernprozeß schon eingesetzt. Der Mittelstand liegt meist noch zurück. Das ist vielleicht verständlich; denn erfolgreiche Unternehmer sind selten bereit, sich noch einmal auf die Schulbank zu setzen. Sie haben mit dem Tagesgeschäft alle Hände voll zu tun, und das flexible Eingehen auf Kundenwünsche läßt sie kurzfristig denken. Langfristige Konzepte und Planungen sind im Mittelstand ohnedies die Ausnahme. Dieser Mangel im jetzigen Augenblick kann in der Tat gefährlich werden.

Soweit der Mittelstand als Zulieferer von Waren und Dienstleistungen tätig ist, wird er vielleicht von seinen Kunden zu ähnlichen Leistungssteigerungen gezwungen. So schickt etwa die Opel AG eigene Berater zu ihren Lieferanten, um Lean-Management-Prinzipien auch dort einzuführen. Wo dies aber nicht der Fall ist, muß der Mittelstand selber die Zeichen der Zeit erkennen. Aus diesem Grunde muß Aus- und Weiterbildung in der Zukunft für ihn eine weit höhere Bedeutung als in der Vergangenheit erlangen. Die neuen Qualitätsanforderungen und Produktionsverfahren setzen eine intensive Schulung voraus. Davon sind die Mitarbeiter aller Ebenen, aber auch der Unternehmer selber betroffen. Gerade er, und vor allem er, muß die neuen Ideen begreifen und ihre Umsetzung wollen. Er muß die Art seiner Führung darauf einstellen, was in manchen Fällen ungewohnte Abgabe von Entscheidungskompetenz für ihn bedeuten wird.

Andererseits hat gerade der Mittelstand durch sein lebendiges, nahes Verhältnis zu seinen Mitarbeitern deutliche Vorteile bürokratischen Großunternehmen gegenüber. Die notwendigen Veränderungen werden bei ihm auch nicht so einschneidend sein, weil er beispielsweise gar nicht in der Lage wäre, eine ganze Führungsebene aus seinem Unternehmen abzubauen. Die persönliche Führung des mittelständischen Unternehmens räumt ihm gerade einen Vorsprung gegenüber Großunternehmen ein, weil die Durchsetzung des neuen Denkens von ihm selber sehr viel leichter vollzogen werden kann. Das Problem liegt eher in ihm selber. Er muß die neue Situation erkennen und bereit sein, umzulernen. Das aber fällt niemandem leicht, der eine Reihe von erfolgreichen Jahren hinter sich hat.

Mit der Realisierung des Binnenmarktes steht der Mittelstand vor schwierigen Herausforderungen und Entscheidungen, die weit in die Zukunft hineinreichen. Damit verbunden sind aber auch Chancen und Zukunftsperspektiven, die jeden unternehmerischen Geist reizen müssen. Wie soll er sich aber verhalten? Was ist einem Mittelständler in dieser Situation anzuraten?

Generalist oder Spezialist

1. Als erstes sollte er sich über seine Lage klarwerden. Er sollte mit seinen engsten Mitarbeitern oder Beratern eine Standortbestimmung vornehmen und daraus ableiten, welche Ziele er sich für die Zukunft steckt.
2. Hierbei kann wichtig sein, ob er im eigenen Unternehmen mehr den Generalisten oder den Spezialisten sieht. Diese Entscheidung gewinnt auf allen Märkten an Gewicht – überall sind Konzentrationsbewegungen zu beobachten, um dem Wettbewerb mit größeren Unternehmenseinheiten zu begegnen. Größe mag für den Generalisten die richtige Antwort sein, und dann wird er über Kooperationen und Zusammenschlüsse nachdenken müssen; es wird daneben immer kleinere Spezialisten geben müssen.

Generalisten bedienen ein breites Marktsegment, verfügen über eine entsprechende Produktpalette, und ihre Leistungsfähigkeit wird an ihren preisgünstigen Angeboten gemessen. Kostendegression und die logistische Beherrschung von Menschenbewegungen stehen im Vordergrund. Dem stehen Spezialisten gegenüber, die sich auf Nischen oder kleine Marktsegmente beschränken, dort aber leistungsfähiger sind. Zwar kann auch bei ihnen der Preis eine wichtige Rolle spielen, etwa als spezialisierter Zulieferer, meist aber stehen andere Merkmale im Vordergrund wie etwa Breite des Angebotes, höhere Qualität oder besonderer Service, was mit geringeren Stückzahlen verbunden ist.

Um die Frage Generalist oder Spezialist richtig beantworten zu können, kommt es darauf an, die Stärke des Unternehmens, also sein spezielles Wissen und die angesammelte Erfahrung, zu erkennen. Ist die Entscheidung zugunsten des Generalisten gefallen, spielen Marktmacht und -position und damit Größe eine entscheidende Rolle. Wo eigene Größe nicht ausreicht, werden Akquisitionen, Kooperationen und Unternehmenszusammenschlüsse, wie wir es gegenwärtig beim Stahl- und Maschinenbau erleben, erwogen oder erzwungen werden. Für den Spezialisten dagegen bleibt die alte Weisheit Richtschnur: »Schuster, bleib' bei deinem Leisten.« Investitionen in europäische Marktnischen und in die Vertiefung des Spezialwissens empfehlen sich für ihn.

3. Hat man seine Entscheidung getroffen und seine Stärken erkannt, sollte sich der Blick auf Europa richten. Mit welchen Mitarbeitern habe ich zu rechnen? Wo liegen deren Stärken und Schwächen? Wo können sich neue Märkte für mich auftun?

Dabei sollte man ruhig Berater zuziehen (auch wenn man bisher keine hohe Meinung von externen Beratern hatte). Überhaupt ist es wichtig, selber an Flexibilität zu gewinnen. Warum nicht versuchen, einen Wettbewerber aus einem Land, dem man bisher noch nicht begegnet ist, zu übernehmen? Denn aus den obengenannten Gründen wird man irgendwann doch aufeinandertreffen. Keine Angst vor der unterschiedlichen Mentalität anderer Nationen. Damit werden wir uns so oder so auseinandersetzen müssen.

Warum nicht Kooperationen versuchen? Entweder mit Wettbewerbern (also horizontal) oder mit Zulieferern, Handel oder anderen Abnehmern (also vertikal). Nach einer Studie von McKinsey haben sich grenzüberschreitende Kooperationen in den letzten drei Jahren verachtfacht. Alles, was dem Ausbau oder der Verteidigung der eigenen Stärke dient, sollte vorurteilsfrei abgewogen werden. Der Mut zu unternehmerischem Risiko ist gefragt.

4. Der Binnenmarkt schafft neue Möglichkeiten. Beispielsweise kann die Standortfrage neu überdacht werden. Jedes Unternehmen kann ungehindert seinen Standort in ein anderes EG-Land verlegen, wenn dies vorteilhaft erscheint.

Deutsche Unternehmen sind nicht nur mit den höchsten Spitzensteuersätzen der EG belastet, sie haben außerdem die höchsten Lohnstückkosten sowie die höchsten Umweltkosten zu tragen. Hier kann eine Teil- oder Ganzverlagerung Entlastung bringen. Gerade im Zusammenhang mit Kooperationen oder Beteiligungen sind solche Überlegungen anzustellen. Sie sollten im übrigen auch nicht auf den EG-Raum beschränkt bleiben. Mir sind eine Reihe von Kooperationen in Polen, der Tschechischen Republik oder Ungarn bekannt, die durch Standortverlagerungen zu günstigen Produktionskosten und damit zu höherer Wettbewerbsfähigkeit gelangt sind.

5. Es ist notwendig, das Denken über Europa hinaus zu internationalisieren. Über den Binnenmarkt darf nicht vergessen werden, daß jenseits Europas die Weltmärkte liegen. Der pazifische Markt beispielsweise wächst nach wie vor mit höheren Zuwachsraten als der Rest der Welt. Die Mahnung des VDMA-Präsidenten Berthold Leibinger muß ernst genommen werden. Nach seiner Meinung droht der deutsche Maschinenbau Marktanteile zu verlieren, weil sein Service und Ersatzteildienst im Vergleich zur japanischen oder koreanischen Konkurrenz vernachlässigt wurde.

Bemühungen um außereuropäische Märkte müssen jetzt intensiviert werden, denn auch in den großen Märkten Amerikas und Asiens verändert sich viel, und wer hier seinen Platz verliert oder nicht rechtzeitig einnimmt, wird Versäumtes nur sehr schwer nachholen können.

6. Im Hinblick auf den Binnenmarkt kann es zweckmäßig sein, europäisch geschulte oder erfahrene Führungskräfte einzustellen. Das mag teuer sein, wird sich aber auszahlen. Lean Management wird bei Großunternehmen zur Freisetzung von Führungskräften führen, weil im Ergebnis Führungsebenen ausgedünnt oder ganz abgebaut werden. Diese Führungskräfte drängen dann auf den Markt und könnten ihre Zukunft in mittelständischen Unternehmen finden. Sie werden mehr Erfahrung im Umgang mit anderen europäischen Nationalitäten haben und die Ausdehnung in andere Länder und Regionen leichter beurteilen und handhaben können.

Warum nicht eine französische oder spanische Führungskraft im deutschen Unternehmen einstellen, wenn man Aktivitäten in Frankreich oder Spanien entwickeln möchte? Sie könnten zugleich als hausinterne »Dolmetscher« dienen, wenn Reaktionen im anderen Land nicht verstanden werden.

7. Nach einer Untersuchung des Rationalisierungs-Kuratoriums der Deutschen Wirtschaft fehlt in der mittelständischen Wirtschaft weitgehend die Einsicht, wie sehr ein zukünftiger Erfolg von Aus- und Weiterbildungsmaßnahmen abhängen wird. Diese Schwäche ist oben schon

gestreift worden. Besonders kleine Unternehmen haben zu wenig erkannt, daß sie einen Bedarf an Weiterbildung auf den Gebieten Führungsverhalten und Führungswissen, Projektmanagement, Organisation und Arbeitsmethoden haben. Zu stark herrschen bei ihnen noch traditionelle Denkgewohnheiten vor.

Aber nicht nur neues Spezialwissen ist gefordert; im Hinblick auf Europa kann man mit der Sprache beginnen. Das Erfordernis, zumindest Englisch recht gut zu sprechen, liegt auf der Hand. Diese Sprache wird in der Wirtschaft des Binnenmarktes vorherrschen. Aber es ist sicher kein Nachteil, wenn man mit Kunden oder Lieferanten in ihrer Landessprache sprechen kann. Der Umweg über das Englische ist zwar üblich und gangbar, bleibt aber immer etwas fremd. Deutsch ist andererseits eine zu schwere Sprache, als daß wir sie von unseren Geschäftspartnern erwarten dürften.

Wer voller Sorge auf den Mittelstand blickt und dabei an Lean Production und den schärferen Wind im Binnenmarkt denkt, sollte nicht vergessen, daß beides schon längst begonnen hat. Der Binnenmarkt hat zwar formal am 1. Januar 1993 seine Grenzen geöffnet, aber begonnen hat er schon Jahre zuvor. Die europäische Wirtschaft hat diesen Markt gewollt. Viele Unternehmen haben sich darauf eingestellt. Fairer Wettbewerb und Marktwirtschaft sind das Element, in dem der Mittelstand sich seit je wohl fühlt. Die Gefahr für den Mittelstand liegt nicht im härteren Wettbewerb, sondern in der Beeinträchtigung von Wettbewerb. Die überall einsetzende Industriepolitik, die gutgemeinten Verzerrungen im Wettbewerb unter dem Mäntelchen, den Wettbewerb wiederherstellen zu wollen, sind die eigentliche Gefahr.

Schwere Aufgaben für die neue Generation

Zur Kontinuität in mittelständischen Unternehmen

Hans F. Buro

Ein vielen Menschen nicht bekanntes Faktum: Die mittelständischen Unternehmen sind das Rückgrat der gewerblichen Wirtschaft in allen Ländern. Sie unterscheiden sich sowohl in der Führung als auch in ihren Aktivitäten wesentlich von Unternehmen, die von angestellten Managern geführt werden. Nach innen entfällt die heutzutage übliche Anonymität, also das Verhältnis der Unternehmensleitung zu den Mitarbeitern – hier besteht eine zumeist ganz persönliche Bindung zu den »Mit-Arbeitern«. Der »Chef« ist nicht nur der Unternehmensleiter, er ist im Grunde genommen der für das Grundsätzliche Verantwortliche, zu dem man mit allen Fragen der täglichen Arbeit, aber auch mit persönlichen Problemen kommen kann. Er ist also ein »Manager zum Anfassen«. Ein solches Vorbild, das Charisma und Glaubwürdigkeit verkörpert, muß zwangsläufig ein anderes Klima in seinem Unternehmen erzeugen als das anonymer Kapitalgesellschaften.

Wir leben in einer Periode zunehmender Vereinsamung der Menschen. In einem vor wenigen Jahrzehnten kaum vorstellbaren Umfang sind bis dahin selbstverständliche Bindungen der Menschen untereinander verlorengegangen. Das ist dann verständlich, wenn man bedenkt, daß in Unternehmen, in denen statt der Eigentümer angestellte Manager, also Vorstände und/oder Geschäftsführer, die Verantwortung übernommen haben. Diesen »familienfremden« Führungskräften kann man jederzeit kündigen, und diese sind ihrerseits jederzeit in der Lage, sich andere Aufgaben zu suchen. Somit ist die persönliche und langfristige Bindung der Mitarbeiter an ihr Unternehmen hinsichtlich der Unternehmensleitung und damit der Kontinuität zumindest gefährdet. Als Folge besteht auch in mittelständischen Unternehmen die innere Zugehörigkeit zum Unternehmen selbst dort oft nur auf dem Papier. Bindungen bestehen in gewissem Umfang zu dem engeren Kreis der Kollegen.

Die selbstverständliche und oft von Stolz geprägte Bindung an ein Unternehmen, die im übrigen zu Beginn dieses Jahrhunderts auch die Großbetriebe auszeichnete, ist somit in erschreckendem Maße verlorengegangen und der erwähnten Anonymität gewichen. Damit ist nicht nur der Verlust eines unbezahlbaren Faktors für den Unternehmenserfolg zu beklagen – der »Job« als Arbeitsleistung gegen Entgelt, ganz nach Lust und Laune ausgeübt, bestimmt letztlich den heutigen Arbeitsalltag und ist damit von beträchtlichem Einfluß auf die Kontinuität in einem Unternehmen.

Wie soll ein Unternehmen Kontinuität und somit diese für jeden entscheidende Einstellung erleben, wenn dieser Faktor der menschlichen Bindung fehlt? Wir alle erfahren in unserem Leben, wie wichtig diese Bindungen sind, und auch, wie trostlos unser Dasein sein kann, wenn wir ohne Freunde unser Leben erfahren und gestalten müssen. Wir werden, wenn wir nicht ganz starke Naturen sind, wenig oder überhaupt nichts vollbringen und vor allem in schwierigen Phasen unseres Daseins dann zumeist vor aussichtslosen Situationen stehen. Wie soll aber ein Unternehmen sich bewähren können, wenn das natürliche Bedürfnis der Menschen nach Kontinuität im Leben, also nach Einbettung in einen Kreis Gleichgesinnter und Interessierter nicht erfüllt wird? Anonymität schließt Kontinuität weitgehend aus, und hier beginnt die Story von Menschen, die sich mit anderen zusammenfinden, um unternehmerische Ideen zu verwirklichen.

Initiative von kreativen Menschen

Der übliche Start ist das »Kleinstunternehmen«. Jedoch scheidet eine Vielzahl wieder aus dem Prozeß aus (die Ursachen sind häufig eine falsche Beurteilung der wirtschaftlichen Möglichkeiten, eine fehlende Vorausschau für das benötigte Kapital im Rahmen der Entwicklung und unzulängliche, nicht »mitwachsende« Mitarbeiter). Die erfolgreichen Unternehmen werden zu einem hohen Prozentsatz langfristig als Mittelbetriebe tätig sein, ganz wenige wachsen dann zu Giganten heran. Hier finden sich bekannte Namen wie Oetker, Tchibo, Aldi, Melitta, Miele, Quelle, Otto-Versand, Tengelmann, Henkel, Bosch oder Voith.

Oft sind es wenige kreative Menschen, die die Zukunftsprobleme erkennen und die die anstehenden Fragen nicht nur gedanklich lösen; sie setzen ihre Überlegungen in praktische Lösungen um, produzieren und schaffen somit ein Angebot, mit dem sie ihre unternehmerische Leistung manifestieren. Die unternehmerische Tätigkeit benötigt zur Realisierung die Unterstützung der Mit-Arbeiter, denen Ziele vorgegeben werden und die mit dieser Hilfe möglichst perfekte Lösungen schaffen. So entstehen Unternehmen, verfestigen sich oder scheiden bei unqualifizierter Führung aus. Andernfalls wachsen sie im Stil und nach den Entscheidungen des Unternehmers – es entsteht ein vom Unternehmer geplantes und gestaltetes Gebilde. Oft bedarf es eines ganzen Menschenlebens, um das Unternehmen in der gewählten Branche zu etablieren, also im Wettbewerb mit seinen Produkten beim Handel und den potentiellen Abnehmern eine langfristige Basis zu finden. Damit realisieren sich die Ideen und Innovationen des Unternehmers, die ihn zur Gründung seines Unternehmens bewogen haben.

Unternehmen bedürfen, wenn sie für die Mitarbeiter einen beruflichen Lebensinhalt bedeuten sollen, einer verständlichen und von diesen akzeptierten Philosophie. Zu einem Unternehmen »zu gehören« war früher selbstverständlich – für zahlreiche mittelständische Unternehmen gilt diese Aussage, insbesondere abseits der Großstädte, auch noch heute. Es verbindet sich damit ein großer Stolz, ein Zugehörigkeitsgefühl, das auch ebenfalls ein tragender Faktor für die Kontinuität eines Unternehmens sein kann. Eine solche Einstellung der Belegschaft ist ein wichtiger Garant zur Weiterentwicklung – gerade und auch bei einem Wechsel in der Führung – und erleichtert, richtig verdeutlicht und »gepflegt«, die Bewältigung der Aufgaben für den/die Nachfolger. Eine gelebte Unternehmensphilosophie ist somit ein entscheidender Stabilisator.

Mit ihrer Persönlichkeit und dem vom Willen zur Verwirklichung ihrer Ideen getragenen Engagement prägen Unternehmer ihr Unternehmen; sie kennen die entscheidenden Verantwortlichen an den Schaltstellen ihres Unternehmens – sie kennen auch ihre menschlichen Begabungen und Mängel, denn sie haben diese Frauen und Männer oft jahrzehntelang angeleitet und in ihren Handlungen erlebt.

Solange der Unternehmer die motivierende Kraft zur Führung seiner Mitarbeiter hat, zur Definition neuer und zukunftsträchtiger Problemlösungen fähig ist, eine langfristige fixierte Unternehmensstrategie verfolgt und diese Leitlinie, insbesondere auch im Bereich Finanzen, kontrolliert, ergeben sich für das Unternehmen lediglich Probleme überschaubarer Art. Der Unternehmer beantwortet die erfolgversprechende Zu- und Verteilung der Aufgaben und erzielt so – aus der Kenntnis seiner Führungskräfte und sonstiger Mitarbeiter – optimale Leistungen. Ein Grundproblem ist jedoch das Controlling in allen Bereichen, die die

Betriebswirtschaft heute vorgibt. Zwar geht der Unternehmer in Kenntnis der aktuellen Zahlen – zumeist unbewußt – systematisch vor und kontrolliert somit die Entwicklung seines Unternehmens, aber im Grunde stört es seine unternehmerische Aktivität, sich zu streng zu kontrollieren – es engt ihn unbewußt ein, und da er sich, zumeist beruhend auf guten Erfolgen in der Vergangenheit, in seinem Urteil sicher glaubt, traut er sich auch hier eine ausreichende Beurteilung zu. Die Erfahrung zeigt jedoch, daß Unternehmer, die sich kein auf ihr Unternehmen maßgeschneidertes Controlling leisten, sich nicht selten durch das Fehlen einer betriebswirtschaftlich unabdingbaren Funktion in für ihr Unternehmen höchst gefährliche Entwicklungen einlassen. Unterstellt man jedoch, daß die Kontrolle exakt auf die Unternehmensaktivitäten abgestimmt ist, erhält man eine stets aktuelle Antwort, so daß die Unternehmensführung ihre Maßnahmen im Rahmen des finanziell möglichen Bereichs treffen kann – es drohen dann aus diesem Bereich keine Gefahren.

Das »Mitwachsen« der Führungskräfte bei der Fortentwicklung eines Unternehmens ist keineswegs eine Selbstverständlichkeit. Qualifizierte und dem Unternehmen eng verbundene »Mit-Arbeiter« müssen im Rahmen der Ausweitung der Aktivitäten zu veränderten und vor allem auch anspruchsvolleren Leistungen befähigt und entsprechend geführt werden. Auch hier zeigt die Erfahrung, daß keineswegs alle Leitenden die Hürde höherer Qualifikation mit Erfolg nehmen können. Hier stellt sich für den Unternehmer die Grundsatzfrage – unterstellt, er sieht dieses Problem kritisch –, ob er die Persönlichkeit ist, die so manchem »Leitenden der ersten Stunde« die inzwischen erarbeitete Position nimmt und ihn mit Aufgaben seiner Fähigkeiten betraut. Leider muß man häufig beobachten, daß solche, für das Unternehmen und auch für die Person des Betroffenen notwendigen Schnitte trotz der vorhandenen Erkenntnis ihrer Unabdingbarkeit unterbleiben – ein unverzeihliches Handicap. Der Unternehmer präjudiziert damit einen Mißerfolg für das Unternehmen und den jeweils Betroffenen, und der bedingt begabte leitende Mitarbeiter erfüllt letztlich seine Aufgaben nicht und wird persönlich auch noch unglücklich. Aber was geschieht, wenn der Unternehmer plötzlich, aus welchen Gründen auch immer, oder kurzfristig seine Funktion nicht mehr wahrnehmen kann?

Je stärker die unternehmerische Persönlichkeit, um so schwieriger und schwerer zu beantworten ist die Frage seiner Nachfolge. Andererseits ist Kontinuität für jedes Unternehmen Voraussetzung für weiteren Erfolg in der Zukunft. Das Unternehmen wird von den Lieferanten, den Absatzmittlern – bei Gebrauchsgütern und Verbrauchsgütern sowie bei allen Dienstleistungen von den Konsumenten und der interessierten Öffentlichkeit –, als lebendiger Organismus erlebt. Die Mitarbeiter sind – zumeist für den vielseitig tätigen und handelnden Unternehmer – in bestimmte Eigenaktivitäten eingearbeitet. Sie haben oft über lange Jahre, zuweilen Dekaden, einen Unternehmer erlebt, der ihr Denken und Handeln, das Miteinanderkooperieren mit dem Ziel eines für alle verständlichen, also erreichbaren Erfolgs, bestimmt hat. Der Mittelständler ist die Leitfigur seines Unternehmens.

Das Unternehmen, oft aus kleinen Anfängen entwickelt, hat sich durch die Persönlichkeit des Unternehmers im Sinne des Unternehmers nach innen wie nach außen verfestigt. Es ist »sein Unternehmen«, er hat die Grundlage für den Unternehmenserfolg geschaffen, der jetzt nach seinem Ausscheiden aus dem Unternehmen gefährdet ist.

In einer Untersuchung des Institute of Management Development IMD, Lausanne, ist zu lesen, daß etwa 70 Prozent der Familienunternehmen in der ersten oder zweiten Generation scheitern. Wenn man sich vor Augen führt, daß in Europa länderunterschiedlich von 50 bis weit über 90 Prozent aller Unternehmen von Familien kontrolliert werden, muß diese Feststellung für die Kontinuität der Volkswirtschaften sehr nachdenklich stimmen. Dabei ist zu berücksichtigen, daß diese Familienunternehmen, ebenfalls wieder länderunterschiedlich, 50 bis 60 Prozent des Bruttosozialproduktes ihres Landes erwirtschaften. Für die Bundesrepublik ist ergänzend festzustellen, daß die etwa 2 Millionen Familienunternehmen zwei von drei Angestellten der gesamten arbeitenden Bevölkerung beschäftigen, jedoch nur etwa 50 Prozent des Bruttosozialproduktes repräsentieren. Interessant ist weiter, daß neben der Vielzahl kleiner und mittlerer Unternehmen weltweit ein gutes Drittel aller Großunternehmen ebenfalls von Familien abhängige Betriebe darstellen.

Die Lebenszyklen von Produkten und Verfahren haben sich bekanntlich in den vergangenen Jahren deutlich verkürzt. Um so gefährlicher ist, wenn die Frage der Nachfolge in diesen mittelständischen Unternehmen nicht frühzeitig geklärt, verbindlich festgelegt und durch die Einarbeitung eines oder mehrerer geeigneter Nachfolger für den Fall X vorbereitet wird. Zu beobachten ist, daß in einer Vielzahl von Unternehmen die Frage der Nachfolge entweder mehr oder minder bewußt verdrängt oder falsch geregelt wird. Das gilt sowohl für die Gründergeneration nach dem letzten Krieg als auch für viele Neugründungen in den sechziger und siebziger Jahren. Eine große Anzahl kleiner und mittlerer Familienbetriebe, wo sich die Patriarchen nach wie vor für unfehlbar halten und somit für das Unternehmen unverzichtbar, werden potentielle Nachfolger – auch aus der eigenen Familie – im schlimmsten Fall vergrault oder systematisch demontiert.

Gerade in mittelständischen Unternehmen spielt die Kommunikation, also das problemlose Verstehen innerhalb des Unternehmens und nach außen, die entscheidende Rolle. Der Nachfolger muß die auf den bisherigen »Boß« vertrauenden und oft eingeschworenen Mitarbeiter für sich gewinnen. Er muß ihnen gegenüber glaubhaft belegen, daß er im Sinne des bisherigen Prinzipals Kontinuität für das Unternehmen gewährleistet auf der Basis der richtigen Beantwortung der sich stellenden Zukunftsprobleme. Erschwert wird diese Bestätigung des Neuen durch die kritische Beurteilung seiner neuen Umgebung, ganz gleich, ob es sich um interne oder externe Fragestellungen handelt – er steht im Blickpunkt, er muß einen würdigen Nachfolger abgeben.

Jeder Nachfolger in der Unternehmensführung ist im Grunde ein anderer Mensch mit anderen Gaben, Interessen, Einstellungen und einer anderen Art der menschlichen Kooperation. All das kann recht positiv sein – es muß es nicht, zuweilen ist es für das Unternehmen verhängnisvoll. Der Nachfolger des Unternehmers trifft auf ein eingearbeitetes Management, das ihm zumeist anfangs mit Zurückhaltung begegnet, vielleicht auch mit einer unbewußten Ablehnung. Es handelt sich hier um emotionale und psychologische Momente, die gerade in der schwierigen Übergangsphase bei falscher Beantwortung durch den Nachfolger beträchtliche Probleme und somit Mißerfolge produziert.

Was ist unabdingbar für den Nachfolger?

- Der Respekt vor der gemeinsamen Leistung des Vorgängers mit seinen Mitarbeitern in der Vergangenheit.
- Der Zeitfaktor, also die Geduld in diesem zwischenmenschlichen Prozeß, spielt eine besondere Rolle, zumal Menschen, gerade wenn sie ständig miteinander zu tun haben, über sensible »Antennen« verfügen.
- Wer eine Belegschaft, die zu dem bisherigen Chef ein gewachsenes Vertrauen entwickelt hat, allmählich für sich gewinnt, hat im Grunde genommen das Entscheidende geschafft.

- Die Darstellung der von dem Nachfolger vertretenen Konzeption, und zwar so, daß auch die Mitarbeiterschaft in der Breite diese Darstellung begreift und sich damit innerlich einig erklärt.
- Das allmähliche Gewinnen der Mitarbeiter für den »neuen Unternehmer« durch Respektierung der von dem alten Unternehmer zusammen mit den Mitarbeitern in der Vergangenheit erbrachten Leistung.

Im günstigen Fall hat der neue Unternehmer dann ein eingearbeitetes Team im besten Sinne des Wortes für sich gewonnen und kann dann nahezu nahtlos in »seinem Unternehmen« tätig werden, vorausgesetzt, daß der Vorgänger erfolgreich war.

Wie sieht die Problematik für den neuen Unternehmer aus? Heutzutage hat sich die Vielfalt der unternehmerischen Aufgaben im Vergleich zu früher erweitert und differenziert. Die Aufgaben und Pflichten entstehen nicht nur innerhalb des Unternehmens und nach außen zu Lieferanten und Kunden, sondern auch zu der heute kritisch gewordenen Öffentlichkeit. Hierbei sind die Pflichten der Familie gegenüber den Einwirkungen, die daraus erwachsen, noch nicht einmal berücksichtigt. Derart im Zentrum eines vielseitigen Spannungsfeldes, ist die Lösung der Frage der Kontinuität in der Führung eine außerordentlich vielseitige und fordernde Aufgabe. Somit hat die Beantwortung der Frage, ob ein Unternehmen einen adäquaten und würdigen Nachfolger für den ausscheidenden Unternehmer findet, einen alles überragenden Stellenwert. Ein Unternehmen ohne diese zentrale Figur ist auf einen führungslosen Status reduziert. Die möglichen Folgen für das Überleben sind in ihrer Vielfalt nicht beschreibbar. Hier erkennt man die bestimmende Position des Unternehmers überhaupt.

Unternehmer sind Menschen und damit in ihrem physischen Dasein in gleicher Weise gefährdet wie alle anderen. Alle kennen nicht den Zeitpunkt, zu dem sie, aus welchen Gründen auch immer, ihre Position nicht mehr wahrnehmen können. Daher ist die Frage der Nachfolge in dieser herausragenden Führungsposition im Grunde das wichtigste Problem für den Unternehmer und muß – so wenig verständlich es sich für viele jüngere Unternehmer auch darstellt – recht frühzeitig erkannt und optimal beantwortet werden. Dennoch muß diese Frage des Normalfalls – auch wenn der Unternehmer über längere Zeiträume sein Unternehmen führt – immer wieder gestellt und schlüssig, vor allem aber auch rechtlich verbindlich im Interesse seiner Lebensarbeit und vor allem der Sicherung seiner Mitarbeiter und seiner Familie beantwortet werden. Dabei kann es sein, daß einmal getroffene Personalentscheidungen revidiert werden müssen. Hier beginnt das psychologische Dilemma, denn wer ist schon in jüngeren Jahren innerlich bereit, über die Frage einer Nachfolge nachzudenken, geschweige denn eine praktisch sinnvolle Lösung in den verschiedenen Lebensphasen verbindlich festzulegen?

Scheidet der Unternehmer in einem Alter aus, wo er aus physischen Gründen zweckmäßigerweise die Verantwortung in andere Hände legt, dann ergibt sich immer wieder die Problematik, daß er seinem Nachfolger – und sei der noch so qualifiziert – zu leicht in dessen Aktivitäten »hineinregiert«. Da sein Nimbus bei seinen früheren Mitarbeitern nach wie vor hoch im Kurs steht, besteht für den neuen Chef eine außerordentliche Belastung, die nicht selten zur Beendigung einer solchen Nachfolge führt, denn mit einer solchen Einstellung untergräbt der Unternehmer den Ruf und die Reputation seines Nachfolgers – er demontiert ihn. Besondere Probleme bestehen dabei in Familienunternehmen, wenn es sich um die Frage handelt, ob Kinder oder Verwandte der Familie und/oder familienfremde Menschen die Unternehmensnachfolge antreten sollen. Fast immer wird der Unternehmer und vor allem auch seine Familie die Familiennachfolge vorziehen – oft ohne Berücksichtigung der Begabungen oder Interessen der zur Nachfolge bereiten Nachkommen. Hier wird oftmals gegen die Interessen des Unternehmens, seiner Mitarbeiter und damit der Fortführung des Lebenswerks des Unternehmers gehandelt. Die wohlverstandenen Ansprüche der Familie sollten sich nach der besten Lösung für das Familienunternehmen richten, nicht nach einem falsch verstandenen Familienegoismus. Der für die Familie und somit für das Unternehmen entscheidende Fehler entsteht, wenn der Nachfolger – ganz gleich, ob er aus der Familie stammt oder ein familienfremder Manager ist – das Unternehmen selbst nicht erfolgreich im Sinne seines Vorgängers führt. Die Folgen sind für beide Parteien, also für das Unternehmen wie für die Familie, zumeist fatal.

Eine frühzeitige Beschäftigung mit diesen Themen und eine schlüssige Beantwortung der daraus resultierenden Fragen auch der Familie gegenüber sowie den maßgebenden Partnern, also den Banken, den bedeutenden Lieferanten und Abnehmern, sorgt für Beruhigung und erleichtert somit die Kontinuität.

Ein ganz wesentlicher Faktor ist das frühzeitige Einarbeiten eines potentiellen Nachfolgers, um einmal seine Befähigung für diese Funktion zu testen und ihm weiter alle Hilfen zu gewähren, die zur Erfüllung der schwierigen Aufgaben der Nachfolge vonnöten sind. Je früher diese Einarbeitung erfolgt und je selbständiger die Mitarbeiter einen solchen Menschen als »würdigen Nachfolger« erkennen, um so eher ist die Sicherung einer qualifizierten Nachfolge gegeben.

Der einmal erkorene Nachfolger muß fairerweise mit Antritt seiner unternehmerischen Aufgabe wissen, ob sich die Übernahme der Verantwortung in Schritten oder in einem Zug vollzieht. Es muß Klarheit bestehen, welche Kompetenzen er in dieser Aufgabe hat und wie weit und ob überhaupt der Firmeninhaber in bezug auf die Aufgabenstellung seines Unternehmens noch Einfluß nehmen will, oder ob er sich grundsätzlich ganz anderen Aufgaben widmet. Diese Fragen spielen für die Nachfolger eine überragende Rolle und können leicht zu Zerwürfnissen und damit Mißerfolgen führen.

In diesem Zusammenhang erscheint ein Gremium von ganz besonderer Bedeutung, das über die »Wahrung der Spielregeln der Übergabe« als neutrale und dem Unternehmen, dem Unternehmer sowie seinem Nachfolger dienende Instanz bestimmte Entscheidungs- und Korrekturrechte besitzt: der Beirat. Er ist in der Lage, als Hilfe und Unterstützung beiden Teilen – dem abtretenden wie dem neu hinzugekommenen – diese schwierige Aufgabe zu erleichtern, zumal gerade heutzutage die jeweiligen Probleme in den Unternehmen selbstverständlich weiter existieren und sich möglicherweise gerade durch die Übernahme verstärken. Die richtig ausgewählten Mitglieder eines Beirates können hier außerordentlich hilfreich bei der Installierung des Nachfolgers sein, der gerade in der Einarbeitungsphase dringlich Rat und Unterstützung benötigt. Auch zur Sicherung der Kontinuität ist ein solcher Beirat von großer Bedeutung und kann, frühzeitig installiert, auch bei einem plötzlichen Ausfall des Unternehmers die Kontinuität des Unternehmens nach innen und auch nach außen entscheidend stützen.

Ein weiterer Faktor, der in zunehmendem Maße Berücksichtigung finden muß, ist die finanzielle Absicherung des Unternehmens, aber auch die Sicherung der Familie des Unternehmers in der möglicherweise deutlich geänderten steuerlichen Situation. All diese Fragen sollten sehr frühzeitig mit dem Beirat diskutiert und für den Fall ihrer Realisierung festgelegt werden. Letztlich müssen wir davon ausgehen, daß der neue Unternehmensleiter in so mancher Hinsicht andere Kenntnisse und Begabungen hat als sein Vorgänger und daß hier möglicherweise Konsequenzen für die Besetzung des Managements bei größeren Firmen die Folge sind. Auch dieses Problem muß frühzeitig gelöst werden, zumal heutzutage geeignete Bewerber oftmals nicht in ausreichendem Umfang zur Verfügung stehen.

Für den Fall, daß der Unternehmer plötzlich durch Krankheit oder Tod ausfällt, ist der vorerwähnte Beirat ein Instrument, das das Unternehmen und seine Mitarbeiter für die Zukunft absichern kann, zumal wenn sich die bisherige Zusammenarbeit im Beirat mit dem Unternehmer harmonisch und erfolgreich gestaltet hat. Gerade in dem Fall, daß Familienmitglieder als Nachfolger nicht zur Verfügung stehen, spielt der Beirat die entscheidende Rolle als Moderator oder Koordinator von Familien- und Unternehmensinteressen. Er kann dann die Interessen des ausgefallenen Unternehmers auch seiner Familie gegenüber in der richtigen und dem Unternehmen gemäßen Weise vertreten, so daß auch hier keine zusätzlichen Komplikationen auftreten.

Jedes Unternehmen wird vom Unternehmer und den leitenden Mitarbeitern entscheidend geprägt. Der Wandlungsprozeß zu einer neuen Führung und vor allem auch damit die Verantwortung für die sich ständig erweiternden und verändernden Probleme und die Sicherung der langfristigen Unternehmensführung ist die fundamentale Pflicht jedes echten Unternehmers. Wir leben in einer Zeit, in der das Sicherheitsdenken gefährlich überhandgenommen hat und das unternehmerische Risiko gerade bei der jungen Generation nicht sehr hoch im Kurs steht.

Mittelstand als Basis der Volkswirtschaft

Wenn wir uns der Bedeutung der unternehmerischen Aktivitäten im Rahmen der europäischen Volkswirtschaften erinnern, dann sollten wir alles daransetzen, mittelständische Unternehmen zu erhalten und über viele Generationen fruchtbar tätig werden zu lassen, ohne Rücksicht darauf, ob zum Beispiel temporär familienfremde Manager die Unternehmen leiten, um den Platz für die darauffolgende Generation freizuhalten. Die heute zu beobachtende Tendenz, daß Mittelständler in großer Zahl von Konzernen aufgekauft werden – gerade in der Bundesrepublik –, wo wir auf die Kreativität und Innovation, in unproblematischer Weise realisiert, angewiesen sind, sollte in der Zukunft nicht mehr verfolgt werden. Wir brauchen den selbständigen und risikobereiten Unternehmer als Basis unserer Volkswirtschaft. Er ist der Garant für ein System, das der Gefahr des Gigantismus erfolgreich begegnen kann. Wir erleben täglich die heutzutage fast als normal empfundene Vernichtungsgewalt der Großunternehmen gegen den Mittelstand. Hier ist der persönlich tätige Unternehmer, mutig und risikobereit und von dem weit verbreiteten Sicherheitsdenken unbeeinflußt, der entscheidende Faktor zur Sicherung unserer Marktwirtschaft. Er dient mit seinem stetigen Engagement und dem ganzen Einsatz seiner Persönlichkeit seinem Unternehmen, seinen Mitarbeitern, seiner Familie und somit uns allen.

Lohnen externe Berater für den Mittelstand?

Viele Auswahlkriterien auf einem unübersichtlichen Markt

Hans F. Buro

Eine alte Erfahrung besagt »Niemand ist perfekt« und damit nichts anderes als die außerordentliche Variationsbreite von Begabungen, Kenntnissen, Erfahrungen und Interessen der Menschen, die in der Kombination recht schwer zu einem in jeder Hinsicht positiven Nutzen für ein Unternehmen entwickelt werden können. Es handelt sich hierbei nicht nur um intelligente Lösungen von Problemen, die gefunden werden müssen – die erarbeiteten Ergebnisse müssen umgesetzt, also realisiert werden, und sie müssen sich auch rechnerisch in dem sich verhärtenden Wettbewerb bewähren. Nicht nur in den technischen Branchen, also insbesondere im Maschinen- und Werkzeugbau der elektrotechnischen Industrie mit all ihren Bereichen, und in der chemischen Industrie wird die Kreativität der Mittelständler bei der sich beschleunigenden Entwicklung in großem Maße gefordert. Ihre Kreativität muß dem weltweiten Angebot Paroli bieten, und so sind gerade die Eigentümer aus dem Mittelstand, die darüber hinaus die hohen Kosten einer Produktion in der Bundesrepublik Deutschland zusätzlich erarbeiten müssen, im besonderen Maße gefordert. Diese Unternehmer sind unruhige, innovative und kreative »Geister«, die mit ihren Produkten sicher international gut im Rennen liegen, die aber andererseits, zumeist mit ihren naturwissenschaftlichen Begabungen, häufig einseitig sind und sich andererseits nicht um die nichttechnologischen Bereiche mit der gleichen Fachkenntnis und dem unerläßlichen Interesse widmen können oder wollen. Gerade ihre persönliche technische oder naturwissenschaftliche Begabung gibt oft wenig Raum für die »normalen« kaufmännischen Notwendigkeiten ihrer Betriebe. Und doch kann jedes Unternehmen nur erfolgreich sein, wenn die organisatorischen und kaufmännischen Bedingungen des Marktes solide beantwortet werden.

Hier bleibt diesen typischen Mittelständlern nur die Wahl zwischen entsprechend gut besetzten Fachabteilungen mit hohem finanziellen Aufwand oder eine dem Rahmen ihres Unternehmens entsprechende Besetzung mit normal qualifizierten Mitarbeitern, die dann jedoch gelegentlich oder über längere Zeiträume der aktiven Unterstützung durch Experten von außen bedürfen. Hierzu zählen beispielsweise, insbesondere bei den für die Bundesrepublik Deutschland stark exportorientierten Industrien, das Patentwesen oder die Werbung, also Dienstleistungen, die von Beratern erfüllt werden können. Eine solche Handhabung ist aus Kostengründen so lange sinnvoll, als diese mittelständischen Unternehmen nicht die stets kritische Wachstumsschwelle überschreiten, bei der die Bewältigung einiger durch Beratung mögliche Hilfen im eigenen Haus erfolgen sollte. Das ist immer dann gegeben, wenn erfahrene und entsprechend bezahlte Experten als Angestellte im Unternehmen mit ihrem Fachwissen ständig präsent und somit gefordert werden.

Seit längerer Zeit hat der Begriff »Lean Production« dazu geführt, daß in der Produktion in immer stärkerem Maße für bestimmte Montagegruppen die Belieferung seitens spezialisierter Vorlieferanten erfolgt. Eine ähnliche Problemstellung ergibt sich logischerweise, wenn der Mittelständler überprüft, ob seine qualifizierten Fachleute verschiedenster Bereiche auch ihrer Honorierung gemäß sinnvoll ausgelastet sind oder ob es für das Unternehmen nicht kostengünstiger ist, eine Beratung von außen für die anstehenden Probleme in Anspruch zu nehmen.

Ein weiterer Gesichtspunkt spielt eine überlegenswerte Rolle, und hier sind auch die Großunternehmen mit einbezogen. Kaum ein Management – also auch nicht bei Unternehmen mit vielen tausend Beschäftigten – läßt die anstehenden Aufgaben stets von eigenen Mitarbeitern allein ausführen. Die Bereiche Finanzen, Recht, Steuern, Personal, Technik, Patentwesen und nicht zuletzt auch Werbung und Public Relation werden nahezu überall in der Wirtschaft im Rahmen von Beratung oder sogar mit aktiven Tätigkeiten von außen unterstützt oder im wesentlichen von fremden Unternehmen erbracht. Diese Leistungen werden in Anspruch genommen, obgleich große Unternehmen über eigene, oft mit zahlreichen Fachleuten besetzte Spezialabteilungen verfügen. Es ist offenbar, daß der sich beschleunigende Wandel der Weltmärkte und der jeweiligen Sachgebiete von den zuständigen unternehmenseigenen Abteilungen nicht immer ausreichend und frühzeitig in seinen sich differenzierenden Problemen erkannt werden kann und daß diese Experten von außen oft aufgrund ihres vielseitigen Spezialwissens Informationen und Ratschläge erteilen können, die auch für den Erfolg der Großen von zuweilen fundamentaler Bedeutung sind. Es geht so weit, daß sich auch die großen Unternehmen, insbesondere bei den sich ebenfalls differenzierenden und damit verkomplizierenden Marketingaktivitäten, beraten lassen, und nicht zuletzt ist bekannt, daß die Vorstände dieser Gesellschaften Gesprächspartner der qualifizierten Unternehmensberatung häufig als längerfristige Begleiter und »Agents Provocateurs« erfolgreich einsetzen.

Es ist daher verständlich, wenn sich auch der Mittelstand dieser Beratungspraxis in immer größerem Umfang bedient, da seine Wettbewerbsfähigkeit von universalem Denken und abgesicherten Problemlösungen abhängig ist. Es ist dabei festzustellen, daß Großunternehmen für diese Beratungstätigkeiten oft Millionenbeträge aufwenden. Die Bedeutung qualifizierter Berater für den Erfolg wird also entsprechend hoch einkalkuliert, wenngleich die Honorare für die Beratung von Mittelständlern, auch wegen der Spezialisierung dieser Unternehmen und der besseren Überschaubarkeit, logischerweise niedriger liegen.

Was sind nun die Gründe für die Inanspruchnahme begleitender Hilfe selbständiger Berater? Wenn bereits die Großunternehmen sich den »Luxus« versierter Berater leisten – zumal in diesen Unternehmen im allgemeinen gut besetzte Fachabteilungen unterhalten werden –, ist für den mittelständischen Unternehmer in der Abwehr internationaler Wettbewerber diese Form der Beratung im besonderen Maße vonnöten. Und hier ergibt sich die Frage: Welche Kenntnisse, Erfahrungen und sonstigen Voraussetzungen machen eine qualifizierte Beratung aus, für die mittelständische Unternehmen in Relation zu ihrem Umsatz ebenfalls nicht unbeträchtliche Aufwendungen vornehmen müssen? Folgende Anforderungen sollen Berücksichtigung finden:

1. Der Berater muß das in Frage kommende Fachgebiet erwiesenermaßen beherrschen, und zwar aus der Sicht des Mittelstandes – die Problematik bei Großunternehmen sieht bekanntlich anders aus. Er muß sich dort nicht nur bewährt haben – und das bedingt Empfehlungen und Referenzen –, sondern seine Reputation und seine Persönlichkeit müssen für ihn sprechen.
2. Der Berater muß die Gabe besitzen, sich schnell in die ihm bis dato unbekannten, speziellen Unternehmensaktivitäten hineinzufinden und vertrauensvolle Kontakte zu den Repräsentanten des Auftraggebers, also seinen Gesprächspartnern, zu knüpfen.
3. Der Berater muß ausgezeichnete analytische Fähigkeiten besitzen und aufgrund des von ihm erarbeiteten Status eine für das Unternehmen zukunftsweisende Konzeption entwickeln können.

4. Der Berater wird mit seinen Vorschlägen und Empfehlungen begreiflicherweise bei den Betroffenen keineswegs immer auf uneingeschränktes Verständnis, geschweige denn auf Beifall stoßen. Schließlich wird er im allgemeinen erst gerufen, wenn die Probleme deutlich geworden sind, und dann stellt seine Beratung und Kritik den aktiv Verantwortlichen verständlicherweise kein gutes Zeugnis aus. Er muß daher die Gaben einer psychologisch richtigen und redlichen Überzeugung haben.
5. Der Berater muß sich als Teil des Unternehmens fühlen und handeln, damit seine Ratschläge von den jeweils betroffenen Gesprächspartnern dennoch innerlich akzeptiert werden.
6. Der Berater wird zumeist für das Unternehmen völlig neue Ideen und zu treffende Maßnahmen zur Diskussion stellen, die trotz des Mottos »Das haben wir noch nie gemacht« für das Unternehmen richtig und sinnvoll sind. Gerade das Aufbrechen von verkrusteten Denkweisen und Strukturen ist eine seiner wichtigsten Aufgaben, und nur wenn er sich dabei der Mitarbeit der von ihm zu Beratenden versichern kann, ist der Erfolg gegeben.
7. Der Berater muß als eine Art Katalysator zwischen den einzelnen Verantwortlichen des Unternehmens wirken und somit eine sinnvolle und erfolgreiche Zusammenarbeit der verschiedenen Abteilungen des Unternehmens bewirken.
8. Der Berater muß Veränderungen, die sich in allen Spezialbereichen auch während seiner Beratung ergeben, mit einbeziehen, wobei es durchaus denkbar ist, daß einmal gegebene Ratschläge von seiner Seite auch der Korrektur bedürfen.
9. Der Berater muß – auch aus Gründen der Nachvollziehbarkeit – seine Ratschläge und Konzeptionen schriftlich fixieren. Sie sollten ihn bei der Realisierung auf jeden Fall bis zum erfolgreichen Abschluß der ihm übertragenen Aufgaben begleiten.

Wenn man sich klarmacht, welche Verantwortung auf einen qualifizierten Berater zukommt, dann fällt es leicht, sich vorzustellen, welcher besonderen Gründlichkeit es bedarf, um den jeweils gewünschten Experten auch zu finden. Das Potential ist begrenzt, und eine nicht ausreichend qualifizierte Beratung kann für ein Unternehmen existenzbedrohende Entwicklungen heraufbeschwören. Es ergibt sich daher die Frage, wie sieht der Beratermarkt aus und wie geht ein mittelständischer Unternehmer vor, um den geeigneten und qualifizierten Berater zu finden?

Schließlich ist jedes Unternehmen anders als ein anderes der gleichen Branche und somit einer ähnlichen Aktivität, bedingt durch die Unterschiedlichkeit der Unternehmer selbst. Im einzelnen ist folgendes zu berücksichtigen:

1. Das Angebot in verschiedenen Beratungssparten ist unübersichtlich. Für einige Bereiche existiert noch kein festgelegtes Berufsbild und damit zumindest der indirekte Nachweis der Qualifikation für die gewünschte Beauftragung. Für einige der vorgenannten Beratungsbereiche ist die fachliche Qualifikation jedoch bescheinigt.
2. Um Fehlentscheidungen möglichst weitgehend ausschließen zu können, ist gerade in der Beratungspraxis eine Empfehlung oder Referenz von besonderer Bedeutung. Hinzu kommt, daß der letztlich zu beauftragende Berater bei den Verantwortlichen im Unternehmen auch menschlich ankommt und akzeptiert wird.
3. Als Voraussetzung für eine Beauftragung muß der Unternehmer eine Art *Job Description* erstellen, die die zu lösenden Aufgaben klar umreißt und dem potentiellen Berater aufzeigt, was von ihm erwartet wird. Diese Unterlage ist bei dem Bewerbungsgespräch des Beraters sehr entscheidend, um feststellen zu können, ob dieser Fachmann geeignet ist, die fragliche Aufgabe zu übernehmen. Umgekehrt kann der verantwortungsbewußte Berater selbst prüfen, ob er diese Aufgabe im Sinne des Unternehmers qualifiziert lösen kann.
4. Gerade heutzutage hat sich in zunehmendem Maße ein Problem aus der Tendenz gebildet, daß zahlreiche Unternehmen im Zuge der Realisierung des »Lean Management« eine Vielzahl leitender Angestellter entlassen, die nun mit mehr oder minder qualifiziertem Wissen eine Beratungsaufgabe suchen. Diese zum Teil recht erfahrenen Manager suchen die Selbständigkeit, da sie das Rentenalter noch nicht erreicht haben und sich somit eine neue Existenz aufbauen wollen. Man muß jedoch davon ausgehen, daß auch eine hohe Qualifikation im Angestelltenbereich stets nur in einem oder in wenigen Unternehmen entwickelt worden ist und daß darüber hinaus die Fähigkeit, entsprechende Ratschläge weiterzugeben und mit Dritten richtig umzusetzen, eine weitere Gabe erfordert. Beratung erfordert Überschau – für so manchen ehemaligen Angestellten eine nie ausgeübte Tätigkeit. Es ist außerdem eine alte Erfahrung, daß es sich hierbei um eine besondere Gabe handelt.
5. Letztlich ist festzustellen – und hier liegt das entscheidende Problem

jeder Beratung –, daß jedes Unternehmen in jeder Hinsicht eine eigenständige Einheit ist mit ganz speziellen Problemstellungen und daß daher eine erfolgreiche »Beratung nach Maß« auch bei einem hohen Wissensgrad nicht unbedingt gewährleistet sein kann. Schließlich sucht das Unternehmen Experten, die ein umfassenderes Wissen haben als das eigene Führungspersonal.

Wie sollte nun der Unternehmer vorgehen bei der Suche nach einem Berater, dem er menschlich und fachlich uneingeschränktes Vertrauen schenken kann? Nur die absolute Offenheit, also die lückenlose Darlegung der anstehenden Probleme mit allen vertraulichen Informationen, ist die Voraussetzung für qualifizierte und erfolgversprechende Beratung. Da zumindest nur lückenhafte Informationsquellen für die einzelnen Beratungsberufe existieren, ist es zweckmäßig, daß man sich den Industrie- und Handelskammern, den für das Unternehmen zuständigen Arbeitgeberverbänden beziehungsweise Unternehmerverbänden sowie vor allem auch mit dem Kreis von Geschäftsfreunden und Bekannten in Verbindung setzt, die möglicherweise bereits Erfahrungen mit Fachberatern gemacht haben. Ein solches Adressenmaterial sollte tunlichst erst einmal zu Verfügung stehen, damit man nicht bei dem Erstbesten hängenbleibt, sondern einen wirklich geeigneten Partner für die Beratung findet.

In den Vorstellungsgesprächen mit den auszuwählenden Beratern zeigen sich dann entweder Ansätze für eine solide Basis für eine Kooperation oder, im negativen Fall, auch die Gründe für eine Absage. Gerade dieses Gespräch auf der Basis der vorerwähnten *Job Description* ist bedeutsam, um die Denkweise und die Mentalität des potentiellen Berater-Bewerbers zu explorieren.

Ergibt sich bei einem solchen gründlichen Gespräch als Ergebnis die Möglichkeit einer auf Vertrauen gegründeten Zusammenarbeit, dann erscheint es besonders wichtig, wenn der in Aussicht genommene Berater Referenzen nennt und außerdem am Beispiel einer »Teilaufgabe« seine Fähigkeiten beurteilungsfähig demonstrieren kann.

Schließlich bedarf nach einer positiven Entscheidung diese Zusammenarbeit einer klaren vertraglichen Festlegung, wobei die Aufgabenstellung, die vorgegebene Terminierung anhand eines Ablaufplanes und der gewünschten aktiven Mitgestaltung des Beraters bei der Realisierung fixiert werden muß. Sind das Aufgabenvolumen und der zu erwartende zeitliche Beratungsbedarf festgelegt, kommt selbstverständlich die finanzielle Abgeltung als für beide Teile wichtiger Gesprächspunkt hinzu.

Auch für Familienunternehmen ist die Möglichkeit, die zumeist unerläßliche Notwendigkeit der Beratung für wichtige Aktivitäten in Form des sogenannten Beirats gegeben. Es handelt sich um ein Gremium von aus verschiedenen Bereichen stammenden Verantwortlichen, die, jeweils auf ihren eigenen Erfahrungen fußend, dem Unternehmer langfristig und nach Bedarf als Gesprächspartner zur Verfügung stehen. Sie sind im Grunde genommen jedoch mehr Advocatus diaboli und begleiten im allgemeinen ein Unternehmen nicht wie ein externer Berater. Sie ersparen andererseits in so manchem Fall die Beauftragung von Beratern, decken aber zumeist Bereiche nicht alle ab, so daß für bestimmte Aufgaben – von Unternehmen zu Unternehmen jeweils sehr unterschiedlich – die intensive Betreuung durch qualifizierte Berater vorzuziehen ist. Ein qualifizierter Beirat kann gerade hinsichtlich der Notwendigkeit des Einsatzes von Beratern wie auch ihrer Auswahl von besonderem Wert sein.

Der mittelständische Unternehmer sollte bei der Vielzahl der für sein Unternehmen zu lösenden Aufgaben erkennen, wo sein Unternehmen der unterstützenden Hilfe bedarf, wo es sich nur um temporäre Beratung oder eine längerfristige Zusammenarbeit handelt. In allen Fällen gibt er eine Vielzahl interner, oft sehr vertraulicher Informationen an Dritte, die an sein Unternehmen nur zeitweise gebunden sind und auf deren absolute Vertraulichkeit er bauen muß. Hier besteht ganz offensichtlich und sehr verständlich für viele Mittelständler eine Hürde, die sie oft nur schwer überspringen, da gerade bei diesen mittleren Unternehmen ein entscheidender Faktor für den Erfolg das interne Know-how ist. Es ist daher verständlich, wenn der Mittelstand mit seinen Problemen, im internationalen Wettbewerb oft ganz allein stehend, gewisse Reserven gegenüber Außenstehenden hat, und es ist abzuwägen, in welcher Weise er die Zukunft seines Unternehmens mit Beratern sichern kann. Nur wenn die benötigten Berater sein volles Vertrauen genießen und in ihrer Qualifikation den speziellen Anforderungen des zu beratenden Gegenstands entsprechen, dann lohnt die Beauftragung von Beratern in jedem Fall und ist ein zusätzlicher Garant für den Erfolg gegenüber den Wettbewerbern. Wenn wir uns vorstellen, was von einem noch so begabten und bis dato auch vom Erfolg begleiteten Unternehmer verlangt wird, um in der von Bürokratie und internationalem Wettbewerb geprägten Umwelt mit seinem Unternehmen bestehen zu können – denken wir nur an die erweiterten bürokratischen Voraussetzungen in der EG –, dann ist eine qualifizierte Beratung in einigen Bereichen unerläßlich und ein entscheidender Faktor für den Erfolg. Naturgemäß weiß man erst am Ende einer Beratung, wie richtig man gehandelt hat:

- Oftmals weiß man aber, daß man ohne aktive Mithilfe von außen nicht zurechtgekommen wäre. Die Frage also, ob sich externe Beratung lohnt, ist daher recht einfach zu beantworten: Probleme, die der Unternehmer mit Hilfe seiner qualifizierten Mitarbeiter nicht lösen kann, bedürfen zweifellos der Hilfe von außen.
- Die Hilfe wird nach gründlicher Prüfung des Beraters hinsichtlich seiner Qualifikation dann für den Unternehmenserfolg wichtig oder sogar entscheidend sein.
- Dann hat sie sich gelohnt.

Und nicht zuletzt: Der fachlich und sachlich für die speziellen Aufgaben des Unternehmens geeignete Berater wird dann für das Unternehmen ein unverzichtbarer »Mitarbeiter«, ein Garant für die zukünftige Entwicklung, und er wird bei der Lösung der komplizierten Probleme die Führungsleistung des Unternehmens sinnvoll ergänzen.

Unternehmensführung in der Krise

Mittel- und langfristige Exportfinanzierung

Alexander Freiherr von Bethmann

Bei einer nachlassenden Inlandskonjunktur sowie einem unübersehbaren Abschwung in der allgemeinen Weltkonjunktur, der allerdings nicht einheitlich verläuft, gilt es für den Unternehmer, größere Umsatz- und Ertragseinbrüche abzuwehren beziehungsweise einzudämmen unter Mobilisierung aller sich bietenden Strategien. Im folgenden soll der Blick auf einen vielleicht für manchen mittelständischen Unternehmer immer noch unentdeckten Bereich gelenkt werden – nämlich auf den Export.

In der Bundesrepublik gibt es zahlreiche mittelständische Betriebe, die mit interessanten technischen Produkten bislang bei der Belieferung des Inlandsmarktes mit Erfolg agiert haben. Gerade der von einem technisch ausgereiften Programm herrührende Erfolg solcher Firmen hat manchem Unternehmen dieser Kategorie oft den Blick für durchaus bestehende Absatzchancen jenseits der deutschen Grenzen versperrt. Ohne eigene Erfahrungen auf fremden Märkten und ohne eigene Exportabteilung blieb man dem vertrauten Inlandsgeschäft verschrieben. Allenfalls kam es zu einer gelegentlichen Zusammenarbeit mit etablierten international operierenden Handelshäusern, die bei Geschäften mit Auslandsbezug den eigentlichen Export besorgten. In gleicher Weise schenkte man den vielfältigen Einrichtungen der örtlichen Handelskammer zur Anbahnung und Vertiefung des Exportgeschäftes wenig Beachtung.

Für manches Unternehmen mit dem richtigen Produkt kann sich eine solche unternehmerische Abstinenz als unkluge Enthaltsamkeit und als freiwilliger Verzicht auf dringend benötigten Ersatz für sich abzeichnende Absatzlücken im Inland erweisen. Sicherlich, der Export von hochwertigen Maschinen, Geräten und Anlagen an Abnehmer in Übersee, die oft mehrjährige Zahlungsziele erwarten, stellt den bisher im Inland operierenden Unternehmer vor neuartige Probleme, Risiken und Kosten, die das Inlandsgeschäft nicht kennt. In der Bundesrepublik, als ausgesprochener Exportnation, hat man sich mit diesen Problemen intensiv auseinandergesetzt und ein Exportfinanzierungssystem entwickelt, das, richtig angewandt, auch die Abwicklung von Exportgeschäften mit mittel- und langfristigen Zahlungszielen bei trotzdem überschaubaren Risiken für den Exporteur erlaubt.

Im folgenden sollen einige wesentliche Merkmale des deutschen Exportfinanzierungssystems unter besonderer Berücksichtigung des mittel- und langfristigen Geschäftes, das erfahrungsgemäß die meisten Kopfschmerzen bereitet, aber auch erhebliche Chancen beinhaltet, aufgezeigt werden. In Frage kommenden Unternehmen mag dies ermöglichen zu prüfen, inwiefern das bestehende Instrumentarium zusätzliche Absatzchancen für ihre Produkte im Ausland eröffnen kann.

1992 machte der Export von Anlagen und Ausrüstungen etwa 57 Prozent des Gesamtexports aus. Hiervon gingen rund 75 Milliarden DM – das entspricht rund 11 Prozent der Gesamtexporte – in Entwicklungsländer, Opec-Länder und frühere Staatshandelsländer, die angesichts ihrer Kapital- und Devisenknappheit naturgemäß im Mittelpunkt einer Abhandlung zum Thema mittel- und langfristige Exportfinanzierung stehen. Das ist ein erhebliches Volumen, das in großem Umfang mittel- und langfristige Exportfinanzierungen – mitunter durch Mittel der finanziellen Zusammenarbeit (Kapitalhilfe des Bundes) ergänzt – erforderlich machte.

Der Löwenanteil des deutschen Exports ging nicht nur 1992 an Industrieländer und dürfte weitgehend genauso dort finanziert worden sein, wie der deutsche Import finanziert wurde – also durch die im wesentlichen von Inlandsbanken bereitgestellte normale Kreditversorgung der Unternehmen. Dieser riesige Block ist somit nicht Gegenstand unserer Betrachtung. Bei Exporten in solche Länder hat der Exporteur – ähnlich wie im Inlandsgeschäft – primär mit Adressenrisiken zu tun und wird daher neben den allgemeinen Markterschließungshilfen einer Bank in Form von Datenbanken, Marktstudien und so weiter auf deren Unterstützung bei der Beschaffung von Informationen über den ausländischen Abnehmer und dessen Bonität zurückgreifen.

Kreditüberlegungen, die über kurzfristige handelsübliche Usancen hinausgehen und erst recht Länderrisiken, die den in Länder der zweiten und dritten Welt liefernden Exporteur plagen, treten meist in den Hintergrund. Insofern sind hier starke Affinitäten mit dem Inlandsgeschäft gegeben. Während der größte Teil des deutschen Exports somit keine mittel- und langfristige Exportfinanzierung im eigentlichen Sinne erfordert, spielt für den restlichen Teil – den Teil, der in Entwicklungsländer, Opec-Länder und frühere Staatshandelsländer geht – die Finanzierung oft eine ausschlaggebende Rolle für den Erhalt des jeweiligen Auftrages.

Staatliche Kreditversicherung

Vor einem Überblick der in der mittel- und langfristigen Exportfinanzierung anzutreffenden Finanzierungsformen ist es sinnvoll, zunächst auf die zentrale Rolle der staatlichen Exportkreditversicherung und ihre diversen Ausfuhrgewährleistungen, die sowohl für Zahlungsziele der Exporteure als auch für (liefer-)gebundene Finanzkredite der Banken erhältlich sind, kurz einzugehen. Wegen der Komplexität dieses recht umfangreichen Gebietes sei zusätzlich auf die verschiedenen einschlägigen Informationsmerkblätter des HERMES sowie auf den überaus nützlichen, von HERMES in Abständen von sechs bis acht Wochen herausgegebenen »AGA-Report« mit aktuellen Berichten über die deckungspolitische Entwicklung hingewiesen. In der Bundesrepublik wird die staatliche Exportkreditversicherung von einem Konsortium, bestehend aus der HERMES Kreditversicherungs-AG und der Treuarbeit AG als Mandataren des Bundes bearbeitet, wobei die Federführung bei HERMES liegt, weshalb üblicherweise von »HERMES-Deckungen« gesprochen wird.

Welche Risiken sind es, die ein umfangreiches und nicht gerade billiges Deckungsinstrumentarium, wie die deutsche staatliche Exportkreditversicherung es ist, erforderlich machten, das seine Pendants auch in allen anderen exporttreibenden Industrieländern hat? Diese lassen sich zunächst in politische und wirtschaftliche Risiken unterteilen und schematisiert wie folgt beschreiben:

- Risiken vor Versand der Ware (»Fabrikationsrisiko«):
  Versichert sind die Selbstkosten des Exporteurs bei einem generellen Selbstbehalt von 10 Prozent. Eine Fabrikationsdeckung deckt das Risiko, das aufgrund von politischen oder wirtschaftlichen Ereignissen (zum Beispiel Krieg im Ausland, Embargo der Bundesregierung, vertragswidriges Verhalten des ausländischen Abnehmers, Insolvenz des Abnehmers) der Versand der Ware unmöglich wird oder dem Exporteur nicht zumutbar ist.
- Risiken nach Versand der Ware (»Ausfuhrrisiko«):
  Versichert ist die Ausfuhrforderung des Exporteurs bei einem Selbstbehalt von 10 Prozent (politische Risiken) beziehungsweise 15 Prozent (wirtschaftliche Risiken). Eine Ausfuhrdeckung deckt das Risiko der Uneinbringlichkeit der vereinbarten und entstandenen Kaufpreis-

forderung, sei es aus politischen oder aus wirtschaftlichen Gründen. Ist der Abnehmer beziehungsweise der ausländische Garant dem staatlichen Sektor zuzurechnen, haben wir es mit einer »Ausfuhrbürgschaft« zu tun. Ist der Abnehmer beziehungsweise der Garant dem Privatsektor zuzurechnen, sprechen wir von einer »Ausfuhrgarantie«. Es handelt sich hierbei um termini technici, die nicht im üblichen rechtlichen Sinn verstanden werden dürfen. Diese Unterscheidung stellt auf den Gesichtspunkt der Konkursfähigkeit ab und ist insbesondere für die Höhe der Versicherungsprämie bedeutsam.

– Das Risiko einer finanzierenden Bank (»Finanzkreditrisiko«):
Hier geht es um die Risiken einer deutschen Bank, die durch einen gebundenen Besteller- oder Bank-zu-Bank-Kredit den Bezug deutscher Lieferungen und Leistungen für einen ausländischen Abnehmer ermöglicht hat. Gedeckt ist durch eine separate Finanzkreditdeckung die im Kreditvertrag mit dem ausländischen Darlehensnehmer vereinbarte Forderung (höchstens 85 Prozent vom Auftragswert) sowie bis zu den einzelnen Fälligkeiten anfallende Zinsen mit einem – auf den Exporteur abwälzbaren (!) – Selbstbehalt von 10/15 Prozent, je nach Art des Ausfalls, beziehungsweise mit einem nicht abwälzbaren Selbstbehalt von generell 5 Prozent. In der Praxis überwiegten Selbstbehalte der letzteren Art. Für deren Übernahme verlangen Kreditinstitute in der Regel eine sogenannte »Risikoprämie«, die je nach Land und Konkurrenzsituation unterschiedlich hoch ist. Auch bei den Finanzkreditdeckungen unterscheidet man nach »Bürgschaften« und »Garantien«.

Neben den genannten drei Haupttypen gibt es eine Reihe weiterer Spezialdeckungen, womit der Bund es Exporteuren ermöglicht, ihre Risiken zu neutralisieren, wie zum Beispiel für Verträge über Bauleistungen, widerrechtliche Inanspruchnahme von Bietungs-, Anzahlungs-, Liefer- und Gewährleistungsgarantien, für Preisgleitklauseln, Wechselkursrisiken und so weiter. In begrenztem Umfang können die diversen genannten Risiken auch im in- und ausländischen privaten Versicherungsmarkt untergebracht werden, aber bei schwierigen Märkten dürfte in erster Linie die Bundesdeckung mit ihren im allgemeinen längeren Deckungsperioden in Frage kommen.

Die Indeckungsnahme von Risiken der geschilderten Art kostet natürlich Geld. Grundsätzlich – auch in den Fällen, in denen ein gebundener

Finanzkredit zum Einsatz kommt – wird das Versicherungsentgelt vom Exporteur, und zwar im Rahmen einer »Exporteurgarantie«, die auch eine Reihe weiterer Pflichten enthalten kann, getragen. Der Exporteur muß diesen wichtigen Posten auf jeden Fall als Element seiner Kalkulation berücksichtigen.

HERMES-Entgelt bei Fabrikationsdeckungen wird in Form einer Pauschale von je nach Fertigungszeitraum 1 bis 1,25 Prozent auf die Selbstkosten erhoben. Bei Ausfuhr- und Finanzkreditdeckungen setzt sich das Entgelt jeweils aus einem Grundentgelt auf Kapitalforderung und Zinsen (0,66 Prozent beziehungsweise 1,2 Prozent pro Jahr) auf die ausstehende Kapitalforderung zusammen und ist somit stark abhängig von dem einzelnen Risikoverlauf (Entstehung und Rückführung der Forderung). Hinzu kommt eine weniger ins Gewicht fallende Antrags- und Ausfertigungsgebühr.

Derzeit gibt es Überlegungen, das HERMES-Entgeltsystem neu zu gestalten. Gedacht ist an die Einführung gestaffelter Entgeltsätze für fünf verschiedene Risikoklassen, die die unterschiedlichen Länderrisiken widerspiegeln. Die offiziell vorgelegten Entwürfe der Bundesregierung werden in weiten Kreisen der Wirtschaft heftig diskutiert. Bleibt es bei den bisherigen Plänen, bedeutet das künftig für den deutschen Exporteur, daß er bei »besseren« Risiken eine Verbilligung des Entgelts erwarten kann, dagegen bei anderen Risiken, und das ist die Mehrzahl der konkreten Fälle, mit einer fühlbaren Verteuerung gegenüber den bisherigen Sätzen rechnen muß.

Alle Industrieländer verfügen über dem HERMES-System vergleichbare staatliche Exportkreditversicherungseinrichtungen. Es seien beispielsweise die britische ECGD, die französische COFAE und die italienische SACE erwähnt. Da andere Industrieländer große Exportförderungsanstrengungen unternommen haben – was in der Bundesrepublik angesichts permanenter Überschüsse im Außenhandel in der Vergangenheit als weniger dringliche Aufgabe angesehen wurde –, weisen deren Deckungssysteme gegenüber dem deutschen manche Besonderheiten auf, wie zum Beispiel Zinssubventionierungen und günstigere Selbstbehaltsregelungen, die die deutsche Exportwirtschaft zum Teil mit berechtigtem Neid erfüllen. Sie sieht daher beim HERMES-Deckungssystem, zumindest punktuell, einen Nachholbedarf, um mit der internationalen Konkurrenz gleichzuziehen.

Bedeutsam ist auch das zwischen den OECD-Staaten (mit Ausnahme der Türkei) abgeschlossene »Übereinkommen über Leitlinien für öffentlich unterstützte Exportkredite«, kurz als der »Konsensus« bekannt, das einem ruinösen internationalen Subventionen- und Konditionenwildwuchs im Exportgeschäft Einhalt gebieten soll. Es enthält für unter den Konsens fallende Geschäfte verbindliche Regelungen zu sensiblen Aspekten, wie Mindestzinssätzen, maximalen Laufzeiten und Höhe der zu leistenden An- und Zwischenzahlungen.

Wie werden nun mittel- und langfristige Exportgeschäfte finanziert? Folgende Liste von Finanzierungsformen liefert eine erste Antwort:

- Lieferantenkredite,
- Bestellerkredite,
- Forfaitierungen,
- Gegengeschäfte,
- Projektfinanzierung,
- Leasing.

Für die Zwecke dieser Ausführungen, die vorwiegend kleinere mittelständische Unternehmen mit wenig konkreten Erfahrungen im Exportgeschäft im Auge haben, scheiden die drei letzten Ansätze (bis auf das sogenannte »Vertriebsleasing« und handlichere Gegengeschäfte, wofür zahlreiche Banken einschlägige Spezialisten vorhalten) wahrscheinlich aus. Sie setzen ein für den Newcomer erst noch zu erwerbendes Knowhow voraus und sprengen normalerweise von der Größenordnung her einen mittelständischen Rahmen. Es bleiben somit im wesentlichen Lieferantenkredite, Finanzkredite als Besteller und Bank-zu-Bank-Kredite und Forfaitierungen.

Ein »Lieferantenkredit« besteht in der Einräumung eines mittel- oder langfristigen Zahlungsziels des deutschen Exporteurs an seinen ausländischen Abnehmer. Typische Zahlungsbedingungen könnten wie folgt aussehen: 5 Prozent des Auftragswertes als Anzahlung 30 Tage nach Vertragsabschluß, 10 Prozent bei Lieferung, das heißt insgesamt 15 Prozent An- und Zwischenzahlungen wie von HERMES gefordert, und 85 Prozent in 10 gleichhohen Halbjahresraten unter Anwendung eines vereinbarten Zinssatzes von x Prozent, unterlegt durch Solawechsel des Abnehmers für Kapital- und Zinsforderung.

In der Regel wird der umsichtig disponierende Exporteur ein solches Zahlungsziel von HERMES in Deckung nehmen lassen, was allerdings, wie bereits ausgeführt, zu keiner 100-Prozent-Absicherung führt, da ein 10- bis 15-Prozent-Selbstbehalt beim Deckungsnehmer bleibt. In vielen Fällen wird der Exporteur eine entsprechende »Refinanzierung« bei seiner Hausbank oder einem Spezialinstitut (siehe unten) suchen, um die Produktionszeit und den Zeitraum bis zum Zahlungseingang zu überbrücken.

Ein Nachteil von Lieferantenkrediten ist, daß sie die Bilanz des Exporteurs aufblähen. Hierdurch verschlechtern sich wichtige Bilanzkennzahlen, was im Einzelfall nicht ohne Auswirkung auf das Kreditpotential des Unternehmens bleiben kann. Somit sind dem Spielraum für Lieferantenkredite durch akkumulierende ungedeckte Selbstbehalte und Bilanzbelastung Grenzen gesetzt. Aus diesen Gründen ging der Trend in der Exportwirtschaft seit zwei Dekaden eindeutig weg vom Lieferantenkredit und hin zum gebundenen Finanzkredit, das heißt zu einem Darlehen eines deutschen Kreditinstituts unmittelbar an den Importeur beziehungsweise an dessen Hausbank zwecks Weiterleitung, wodurch dieser in die Lage versetzt wird, seinen deutschen Lieferanten bar zu bezahlen. Der Lieferantenkredit spielt heute mitunter als Vorstufe zu einer Forfaitierung eine gewisse Rolle.

Grundsätzlich kann jedes Kreditinstitut in der Bundesrepublik HERMES-gedeckte, gebundene Finanzkredite gewähren. An dieser Stelle sei aber auf zwei Spezialinstitute hingewiesen, die gewissermaßen die Säulen der deutschen Exportfinanzierung darstellen. Es handelt sich einmal um die AKA Ausfuhrkredit-Gesellschaft mbH, Frankfurt am Main, ein 1952 gegründetes Spezialinstitut für Exportfinanzierungen, deren 46 Gesellschafterbanken namhafte Häuser der deutschen Kreditwirtschaft sind. Mit ihren drei Plafonds A, B (Lieferantenfinanzierungen) und C (Besteller und Bank-zu-Bank-Kredite) unterstützt die AKA tatkräftig die deutsche Exportwirtschaft mit vielfältigen Kreditgewährungen. Die einzelnen Geschäfte werden von der Hausbank des jeweiligen Exporteurs bei der AKA entriert. Durch die Einführung eines neuen Plafond D können AKA-Bestellerfinanzierungen bei »besseren« Käuferländern künftig in DM oder in Fremdwährung auch als Margenkredite (das heißt Verzinsung auf der Basis des Interbankensatzes »LIBOR«, bei DM »FIBOR«, zuzüglich einer Marge) dargestellt werden.

Finanzierungen für Entwicklungsländer

Bei der Kreditanstalt für Wiederaufbau, Frankfurt am Main, handelt es sich ebenfalls um ein Spezialinstitut, allerdings mit wirtschaftspolitischer Aufgabenstellung. Am Kapital der KfW sind der Bund mit 80 Prozent und die Länder mit 20 Prozent beteiligt. Neben der Vergabe von Investitionskrediten im Inland und der Abwicklung der deutschen finanziellen Zusammenarbeit (früher »Kapitalhilfe«) mit Entwicklungsländern hat die KfW die Aufgabe, »im Zusammenhang mit Ausfuhrgeschäften inländischer Unternehmen Darlehen zu gewähren«, und ist nach Abschluß des deutschen Wiederaufbaus zunehmend in die Rolle einer deutschen Entwicklungsbank hineingewachsen. Das Institut unterstützt die deutsche Exportwirtschaft vornehmlich mit gebundenen Finanzkrediten im Rahmen des KfW/ERP-Exportfinanzierungsprogramms, mobilisiert aber auch zusätzlich Marktmittel zu diesem Zweck.

Beide Institute – wie übrigens die meisten größeren deutschen Kreditinstitute auch – haben sogenannte Rahmenverträge (beziehungsweise Grundverträge) mit potentiellen ausländischen Kreditnehmern (in der Regel aber nicht notwendigerweise Banken) abgeschlossen. Es handelt sich dabei um im Vorfeld abgestimmte »Fertig-Kreditverträge«, die beim Konkretwerden eines Exportgeschäftes eingesetzt werden. Da alle Standardbedingungen bereits vorab ausgehandelt wurden, können Kreditverträge in Kurzform unter Bezugnahme auf die Basisdokumentation schnell und unkompliziert, oft sogar brieflich, abgeschlossen werden. In der Regel hat sowohl die deutsche als auch die ausländische Seite ein Vorschlagsrecht für eine Einbringung in den jeweiligen Rahmen- oder Grundvertrag. Dabei sollten Einzelfinanzierungen meist eine Million DM nicht unterschreiten.

Wenn Banken auch grundsätzlich eine Bundesdeckung für ihre Finanzkredite anstreben, geben sie gelegentlich – dosiert – auch ungedeckte Kredite an ausländische Importeure beziehungsweise deren Hausbanken. Meistens handelt es sich dabei um Ergänzungskredite zu gebundenen Finanzkrediten für die Finanzierung der vom Konsensus und daher auch vom HERMES verlangten obligatorischen 15 Prozent An- und Zwischenzahlungen. Vielfach spricht man hier von »Obligokrediten« oder von »Komplementärfinanzierungen«.

Neben Bestellerkrediten hat sich die Forfaitierung als nützliches und flexibles Exportfinanzierungsinstrument etabliert. Bei der Forfaitierung handelt es sich um den Ankauf von in der Regel bankavalierten effektiv zustande gekommenen Handelsforderungen durch eine Bank beziehungsweise ein Spezialinstitut ohne Rückgriff auf den Exporteur. Die Forfaitierung kommt in der Regel für handlichere Exporttransaktionen in Frage, und meistens sind die Gesamtkreditlaufzeiten kürzer als die von gedeckten Bestellerkrediten. Das Verfahren bietet als Alternative zu gedeckten Bestellerkrediten eine Reihe von Vorteilen für den Exporteur:

- Nach Verkauf und Übertragung der bei Lieferung entstehenden Forderung erhält er den Verkauferlös und erreicht zu diesem Zeitpunkt eine 100-Prozent-Abwälzung des wirtschaftlichen und politischen Risikos ohne HERMES-Deckung.
- Forfaitierungen sehen in aller Regel Festzinssätze vor und neutralisieren somit Zinsrisiken.
- Die für eine Forfaitierung erforderliche Dokumentation ist relativ einfach. Sowohl die Forfaitierung von Wechselforderungen als auch von – in der Regel bankbesicherten – Buchforderungen ist grundsätzlich möglich.
- Forfaitierungszusagen können oft Monate vor Lieferung eingeholt werden und liefern somit eine verläßliche Kalkulationsbasis.

Sowohl für gedeckte und ungedeckte Bestellerkredite als auch für Forfaitierungen haben deutsche Kreditinstitute EDV-gestützte Kalkulationsprogramme, die für den Exporteur in anschaulicher Form eine komplette Übersicht für alle in Verbindung mit einer geplanten Exportfinanzierung anfallenden Kosten – Zinsen, Bearbeitungs- und Zusageprovision, HERMES-Entgelt, Prämien für die Übernahme von ungedeckten Selbstbehalten und so weiter – im Handumdrehen und unter Berücksichtigung mehrere Optionen liefern. Es lohnt sich, ein verfolgtes Geschäft unter wechselnden Prämissen einmal mit Hilfe eines solchen Programms durchspielen zu lassen.

Zum Abschluß eine goldene Regel: Bei Exportgeschäften empfiehlt es sich, schon in einem frühen Stadium Kontakt mit der Hausbank aufzunehmen, zumal diese normalerweise über ein Auslandsnetz verfügt, das unter Umständen entscheidende Hilfe bei der Anbahnung und Verfolgung des Geschäftes vor Ort bieten kann.

Die Autoren

Heinz W. Adams, RA, Dr.-Ing., Geschäftsführer der Dr. Adams und Partner Unternehmensberatung GmbH, Duisburg.
Hans Christian Altmann, Dr., Unternehmensberater, München.
Alexander Freiherr von Bethmann, stellvertretender Direktor der Deutsche Bank AG, Frankfurt am Main.
Erich Brendl, Dipl.-Ing., Dr. rer. pol., Industrieberater, Weinheim.
Rolf Bühner, Prof. Dr., Inhaber des Lehrstuhls für Betriebswirtschaftslehre mit Schwerpunkt Organisation und Personalwesen der Universität Passau.
Hans F. Buro, ehemaliger Vorsitzender der Geschäftsführung der Rowenta-Werke GmbH, Offenbach, Unternehmensberater, Neu-Isenburg.
Hugo Dicke, Dr., wissenschaftlicher Mitarbeiter am Institut für Weltwirtschaft, Kiel.
Bernhard Fink, Mitglied des Vorstandes des Gerling-Konzerns, Köln.
Wolfgang Glabus, Frankfurter Allgemeine Zeitung, Redakteur des »Blick durch die Wirtschaft«, Frankfurt am Main.
Ulrich Gruber, Leiter der Aus- und Weiterbildung der Hoechst AG, Frankfurt am Main.
Werner Jung, Berater bei der Unternehmensberatung Hirzel, Leder & Partner, Frankfurt am Main.
Karlheinz Küting, Prof. Dr., Inhaber des Lehrstuhls für Betriebswirtschaft an der Universität des Saarlandes, Saarbrücken.
Boris A. Lerman, Fachautor in Frankfurt am Main.
Peter Meyer-Dohm, Prof. Dr. Dr. h. c., Leiter Personalentwicklung und Gesellschaftspolitik der Volkswagen AG, Wolfsburg.
Jörg Mittelsten Scheid, Dr., Geschäftsführender Gesellschafter der Vorwerk & Co., Wuppertal, Vizepräsident des DIHT und Präsident der Kammer Wuppertal-Solingen-Remscheid.
Tyll Necker, Mitgesellschafter der Hako-Werke, Bad Oldesloe, Präsident des Bundesverbandes der Deutschen Industrie (BDI).
Volker Nickel, Sprecher des Zentralverbandes der Werbewirtschaft, Bonn.

Joachim Scharioth, Dr., Geschäftsführer der Infratest Industria GmbH, München.
Axel Schnorbus, Dr., Frankfurter Allgemeine Zeitung, Verantwortlicher Redakteur des »Blick durch die Wirtschaft«, Frankfurt am Main.
Jürgen Schreiber, Berater bei der Unternehmensberatung Hirzel, Leder & Partner, Frankfurt am Main.
Georg Schreyögg, Prof. Dr., Fernuniversität Hagen.
Ernst F. Schröder, Dr., Generalbevollmächtigter des Oetger-Konzerns, Bielefeld.
Rüdiger Szallies, Geschäftsführender Gesellschafter von ICON, Forschung und Consulting GmbH, Nürnberg.
Hans-Jürgen Warnecke, Prof. Dr. h. c. mult. Dr.-Ing., Inhaber des Lehrstuhls für industrielle Fertigung und Fabrikbetrieb der Universität Stuttgart und Leiter des Fraunhofer-Instituts für Produktionstechnik und Automatisierung, Stuttgart.
Horst Wildemann, Prof. Dr., Inhaber des Lehrstuhls für Betriebswirtschaftslehre mit Schwerpunkt Logistik an der Technischen Universität München.
Erwin Ziebart, Prof. Dr.-Ing., ehemaliger Sprecher des Vorstandes der ZF AG (Zahnradfabrik), Friedrichshafen.